ENTWICKLUNGSMATERIALIEN
IN DER SCHULE DES KINDES

Renate Götz Verlag

Maria Montessori

Entwicklungsmaterialien
in der Schule des Kindes

Übersetzung aus dem Italienischen von
Mag. Karin Pellegrini

Renate Götz Verlag

Mit freundlicher Unterstützung von Saskia Haspel und Christiane Salvenmoser, Montessori-Zentrum Wien, und Hermi Bader.

Impressum

Titel der italienischen Originalausgabe:
„L'autoeducazione nelle scuole elementari",
Copyright © The Montessori-Pierson Estates 1916

3. Auflage Oktober 2014
Copyright der deutschsprachigen Ausgabe:
© Renate Götz Verlag 2003
A-2731 Dörfles, Römerweg 6
e-mail: info@rgverlag.com
www.rgverlag.com

Digitale Fotos, Bildbearbeitung, Layout und Gesamtgestaltung by
outLINE|grafik . Eva Denk . www.outlinegrafik.at

Produktion: Druckerei Paul Gerin, Wolkersdorf . www.gerin.co.at
Printed in Austria

ISBN 978-3-9501011-7-1

INHALT

Vorwort 11
Anmerkung der Übersetzerin 16

I. GRAMMATIK 19
   I. Von der mechanischen zur intellektuellen Entwicklung der Sprache 21
   II. Das Wortstudium 26
      Vor- und Nachsilben 26
         Tafeln der Suffixe (Nachsilben) 26
         Tafel der Präfixe (Vorsilben) 29
         Zusammengesetzte Nomina 29
         Wortfamilien 30
   III. Artikel und Nomen 32
      Einzahl und Mehrzahl 33
      Männlich und Weiblich 35
   IV. Darbietungen - Aufforderungen 40
      Befehle zu den Nomina 44
   V. Adjektive (Eigenschaftswörter) 46
      Analysen 46
      Beschreibende Eigenschaftswörter 46
      Übereinstimmung zwischen Nomen und Adjektiv 51
      Beschreibende Adjektive 52
      Mengenangebende Adjektive 54
      Ordnungsangebende Adjektive 54
      Demonstrativpronomen 55
      Besitzanzeigende Fürwörter 55
   VI. Verben (Zeitwörter) 57
      Analyse 57

Wortverschiebungen 58
Darbietungen und Anweisungen zum Verb 59
Darbietungen mit Experimenten 62
VII. Präpositionen (Vorwörter) 63
Analyse 63
Wortverschiebungen 64
Darbietungen und Aufforderungen zur Präposition 65
VIII. Adverbien (Umstandswörter) 68
Analyse 68
Wortverschiebungen 69
Darbietungen und Aufforderungen zum Adverb 71
Bewegungsexplosion 72
IX. Pronomen (Fürwörter) 74
Analyse 74
Wortverschiebungen 75
Darbietungen und Aufforderungen zum Pronomen 76
Übereinstimmung zwischen Pronomen und Verb 78
Verbkonjugation 79
X. Konjunktionen (Bindewörter) 81
Analyse 81
Wortverschiebungen 82
Darbietungen und Aufforderungen zu den Konjunktionen 82
XI. Interjektionen (Ausrufungswörter) 84
Analyse 84
XII. Satzanalyse 87
Einfache Sätze 87
Veränderung der Reihenfolge der verschied. Bestandteile des Satzes 91
Zusammengesetzte und komplexe Sätze 94
Satzstellung bei Satzgefügen 101
Gleichordnende und unterordnende Bindewörter 106
Zeitenfolge 107
XIII. Die Satzzeichensetzung 110
XIV. Einteilung und Zusammenfassung der Wortarten 113
Einteilung der Worte aufgrund ihrer Bildung 113
Einteilung der Wortarten aufgrund ihrer Veränderung durch:
Geschlecht, Zahl, Person, Modus und Zeit 114
Einteilung der Wortarten nach ihrer Verwendung 115

II. LESEN ... 119

I. Ausdruck und Interpretation ... 121
    Das mechanische Lesen ... 121
    Analyse ... 122
    Experimenteller Teil - Das laute Lesen ... 125
    Das interpretierende Lesen ... 127
    Das Zuhören ... 136
    Die bevorzugten Bücher ... 137

III. ARITHMETIK ... 141

I. Rechenoperationen ... 143
    Von 1 bis 10 ... 143
    Zehner, Hunderter, Tausender ... 144
    Die Rechenrahmen ... 146
II. Das kleine Multiplikationsbrett ... 150
III. Division ... 154
IV. Mehrstellige Rechenoperationen ... 156
    Addition ... 156
    Subtraktion ... 157
    Multiplikation ... 158
    Anordnung der Multiplikation auf dem Papier ... 161
    Mehrstellige Division ... 163
V. Übungen zu den Zahlen ... 165
    Vielfache, Primzahlen, Teilbarkeit der Zahlen ... 165
VI. Quadrieren und Kubieren von Zahlen ... 176

IV. GEOMETRIE ... 179

I. Ebene Geometrie ... 181
II. Beschreibung der Entwicklungsmaterialien für die Geometrie ... 184
    Erste Serie: die geteilten Quadrate ... 184
    Zweite Serie von Einsatzrahmen: die Bruchrechenkreise ... 186
        Umwandeln der Brüche in Dezimalbrüche ... 190
    Dritte Serie: flächeninhaltsgleiche Figuren ... 192
        Einige Grundsätze zur Flächeninhaltsgleichheit ... 199
    Vierte Serie der geometrischen Einsätze: Teilung des Dreiecks ... 206
    Material der eingeschriebenen und konzentrischen Figuren ... 208

III. Dreidimensionale Geometrie 209
   Geometrische Körper 209
   Anwendungen 212
      Die Potenzen der Zahlen 212
      Der Kubus eines Binoms 212
      Gewichte und Maße 212

V. ZEICHNEN 215

I. Zeichnen geometrischer Figuren 217
   Künstlerische Kompositionen mit den Einsatzrahmen 222
II. Freies Zeichnen vom Vorbild der Natur 226

VI. MUSIK 233

I. Die Tonleiter 235
II. Lesen und Schreiben der Noten 239
      Die beiden Notenschlüssel - der Violin- und der Bassschlüssel 243
III. Die Dur-Tonleitern 245
IV. Übungen zum Rhythmus 251
   Der Gesang 262
   Musikalische Beispiele für rhythmische Übungen 264
V. Musik zum Anhören 274
   A) Erzählungen 274
   B) Beschreibungen 274
   C) Leidenschaftliche Gefühle 275
   D) Lieder und regionale Volkstänze 275

VII. VERSLEHRE 277

I. Das Studium der Verslehre in den Grundschulen 279

ANHANG 287

Maria Montessori 1913; Photograph courtesy of the archives of the Association Montessori Internationale, Amsterdam, the Netherlands.

Vorwort[1]

Alle, die sich mit der Geschichte der Pädagogik beschäftigen wissen, welchen Eindruck die beiden Bücher von Frau Dr. Maria Montessori *Die Entdeckung des Kindes* und *Die Schule des Kindes* auf die traditionellen Erziehungsmethoden hinterlassen haben.

Das zweite dieser Bücher, das lange Zeit vergriffen war, ist dieser Jahre wieder in historischer Ausgabe erschienen. Seine Sprache spiegelt die Zeit, in der es erschienen ist, und zwar 1916, wider. Die darin verwendete Terminologie ist daher notgedrungenerweise auch aus jener Zeit. Der Positivismus hinterließ auch seine Spuren in der Wissenschaft.

Ich schicke mich nun an, die Einleitung für dieses Buch mit einer gewissen Ehrfurcht vor der Autorin zu schreiben und frage mich, ob es auch anderen im Lauf ihres Lebens wie ihr gelungen wäre, sich selbst treu zu bleiben.

Im Buch *Das kreative Kind* - ein Buch, das sie später schrieb - erzählt sie, wie eine Gruppe von Kindern im Alter von drei bis sechs Jahren im Lauf ihres Lebens reift. Es waren von der Gesellschaft vernachlässigte Kinder, gewalttätig, zerstörerisch, schmutzig und kleine Vandalen. Sie entstammten dem Abschaum der Armen Roms.

Frau Dr. Montessori, die Psychologin war, schuf eine für die Kinder angepasste Umgebung mit vielen verschiedenen Anregungen, um sie zu beschäftigen. Sie gab ihnen genaue Anweisungen dazu und ließ ihnen die Freiheit, sich ihre Beschäftigungen selbst auszuwählen und auch die Zeit, die sie dafür benötigten. Das Einzige, das nicht erlaubt war, war die anderen zu verletzen oder zu beschimpfen.

Nach einigen Monaten veränderte sich das Verhalten der Kinder augenscheinlich. Frau Dr. Montessori selbst bemerkte das kaum. „Ich brauchte Zeit, um mich selbst davon zu überzeugen, mir die Veränderung nicht bloß einzubilden." - schrieb sie in vorher zitiertem Buch. „Nach jeder weiteren neuen Erfahrung sagte ich mir selbst, dass ich es noch nicht glauben will, dass ich es erst beim nächsten Mal tun werde. Auf diese Art blieb ich lange ungläubig und gleichzeitig tief bewegt und bangend."

---

[1] Vorwort von Mario Montessori aus dem Jahr 1965 zur italienischen Neuauflage des Buches „*L'autoeducazione nelle scuole elementari*" („*Schule des Kindes*").

Schließlich musste sie sich der Realität fügen.

„Eines Tages", berichtet sie auf der selben Seite, „nahm ich mein Herz in die Hände, als ob ich mir Mut machen wollte und stellte mich vor die Kinder und fragte mich selbst dabei: Wer seid ihr? Habe ich jene Kinder gefunden, die von Christus beschützt wurden und Gottes Worte im Ohr hatten? Ich werde euch folgen, um mit euch ins göttliche Reich zu gelangen."

Sie war auch immer für weitere Überraschungen bereit. Mit der Absicht, die Kinder zum Lesen zu bringen, gab sie ihnen einige Buchstaben des Alphabets und sie lehrte dabei den Klang und nicht den Namen der Buchstaben. Eines Tages, einige Wochen später, begann ein Kind plötzlich mit großer Begeisterung zu schreiben. Danach noch eines ... und noch eines: die Kinder waren erst viereinhalb Jahre alt! Das war unverständlich und unmöglich!

Ist es nicht überraschend, dass Maria Montessori die medizinische Karriere, die Professur an der Universität und den Vorsitz der feministischen Bewegung aufgab, um mit diesen Kindern zu arbeiten? Sie gaben ihr die Vision einer neuen Welt. Müssen wir uns wundern, dass sie sich gezwungen sah, ihrer Vision zu folgen und weiter die Voraussetzungen zu verbessern, die eine spontane Veränderung der Kinder ermöglichen?

Sie tauchte in das Geheimnis des Kindes ein und nichts konnte sie von ihrem Weg abbringen - und es passierten noch viele Dinge.

Ihre beiden Bücher - *Die Entdeckung des Kindes* und dieses - wurden wie eine neue Entdeckung begrüßt. Bald darauf entstand aber ein Streitgespräch, das immer noch andauert: die religiösen Menschen bekämpften sie wegen ihres Positivismus; die Positivisten verdammten sie, weil sie religiöse Elemente in ihrer Sprache benutzte; die Wissenschaftler machten sie lächerlich mangels ernsthafter Objektivität und demagogischer Ausdrücke; die Pädagogen beschuldigten sie, größenwahnsinnig zu sein, weil sie sich weigerte, andere Erziehungstheorien zu akzeptieren ..., und auch, weil sie kulturelle Programme für Kinder einführte, die noch unreif dafür erschienen ..., weil sie freiheitseinschränkend sei und anderes mehr.

Dann mischten sich noch die Politiker ein. Die Diktatur in vielen Ländern ließ die Montessori-Einrichtungen schließen und verbannte Frau Dr. Montessori wegen ihrer Theorien, so musste sie sich freiwillig ins Exil begeben. Sie könnte als die am wenigsten verstandene Pädagogin aller Zeiten in die Geschichte eingehen. Alles und alle schienen sich gegen sie verschworen zu haben, um ihre Arbeit zu schmälern und zu zerstören. Aber sie war sich ihrer Vision sicher und die Kinder beständig in ihren Entdeckungen. Nichts konnte stark genug sein, um die Wahrheit zu vertuschen. Sie reiste von einem Land zum anderen und kehrte reich und mit neuen Kräften in das Land zurück, aus dem sie vertrieben wurde.

Auch diese Tatsache beweist den Wert des Buches, das eines der beiden ist, die ihr große Anfeindung und Unverständnis einbrachten. Wenn wir es lesen, können wir den „Apostel des Kindes" (wie sie oft genannt wurde) gegen die Gesellschaft wettern hören. Von Beginn an wurde ihre Tätigkeit zur Kampagne zu Gunsten der Kinder, so wie einst der Prophet der Antike gegen die Einwohner von Sodom und Gomorrha wetterte. Maria Montessori brachte die erschreckenden Bedingungen zur Sprache, in denen die Kinder zu der Zeit, in der sie das Buch geschrieben hat, lebten. Einige ihrer Ausdrücke mögen übertrieben scheinen, vergessen wir aber nicht, dass sie provozieren musste, da sie einer festen Mauer von jahrtausendealten Vorurteilen und Unverständnis gegenüberstand. Ihr Zweck rechtfertigt aber die Verwendung jener Ausdrücke, die freilich nicht im Gebrauch eines theoretischen, wissenschaftlichen Arbeitsfeldes waren; sie sind eine klare Kundgebung, dienen nur dem vorher genannten Zweck und sind frei jeder apodiktischen Tendenz.

All das wird deutlich in ihrem Wettern - unter anderem - gegen die kindliche Phantasie und gegen ihre allgemeine Bewertung der pädagogischen und psychologischen Richtungen jener Zeit. Es ist nicht zu leugnen, dass ihre Kritiker auch übertrieben, indem sie alle Ausdrücke über einen Kamm scherten, ohne zu unterscheiden was normal und abnormal ist. Außerdem vermischten sie die konstruktiven Aspekte der Phantasie mit dem, was schlicht der Zerstreuung dient.

Wenn es den Anschein hatte, dass Frau Dr. Montessori Spiel und Phantasie missachtete und sich deren wahrer Werte nicht bewusst wäre, so ist das nicht der Fall - ihre nachfolgenden Werke zeigen deutlich ihre Wertschätzung darüber. Aber zu dieser Zeit waren eben Phantasie und Spiel verknüpft mit der natürlichen Leichtgläubigkeit der Kinder und waren somit Waffen in den Händen der Erwachsenen, die sie dazu benutzten um „wohlerzogene" Kinder zu bekommen: das heißt solche, die sie nicht belästigten.

„Geh und spiel", war der häufigste Ausspruch aus den Mündern jener, die nicht von den Kindern gestört werden wollten. Sie benutzten Geschichten von Feen nicht nur, um den Kindern eine Freude zu bereiten sondern auch, um Gehorsam zu erhalten durch Drohungen wie: das Ungeheuer würde kommen und die Kinder fressen oder die gute Fee ungehalten sein und nicht die versprochenen Geschenke bringen. Wenn man mit den Kindern ein Spiel spielte, bei dem sie ihre Vorstellungskraft brauchten, dann war oft ihre Freude durch erlittene seelische Verletzungen getrübt. Bezeichnend dafür ist auch, dass die Kinder der ersten Montessori-Schule die Spielsachen stehen ließen um sich mit dem, das als „Arbeit" betrachtet wurde, zu beschäftigen.

Glücklicherweise haben sich die Zeiten geändert und Phantasie ist nicht mehr notwendig, um Kinder zufrieden zu stellen. Berührend ist die Geschichte, die im Buch *Das kreative Kind* erzählt wird. Eine Mutter konnte ihrem Kind kein Fleisch geben und schnitt so das Brot auseinander - ein Teil vom Brot war nun das Fleisch. Das Kind war glücklich darüber und stellte sich vor, nun auch ein Stück Fleisch zu haben. Es war ihm natürlich klar, dass es nur Brot hatte.

Frau Dr. Montessori hatte natürlich nicht die Absicht, ihre philosophischen Visionen der Gesellschaft aufzuzwingen und alle anderen zu schmälern. Ihr Ziel war, wie ich schon vorher erwähnte, wachzurütteln, damit die Bedürfnisse der Kinder besser wahrgenommen werden.

Frau Dr. Montessori wünschte nie, eine Wissenschaftstheoretikerin zu sein und war es auch nie. Ihr Ansatz war der empirische. Sie hatte nie die Absicht, ein psychologisches, pädagogisches oder philosophisches System zu konstruieren. Sie wollte nur eine Orientierung geben. Ihre Direktiven wurden in allen Schichten der Gesellschaft, überall auf der Welt ausprobiert und hatten das Ziel, bei der Persönlichkeitsentwicklung behilflich zu sein.

Sie konzentrierte sich auf Phänomene und Fakten, die sie und ihre Assistentinnen während der Arbeit mit den Kindern beobachteten und erlebten. Sie versuchte dabei, das Wesentliche zu erfassen, um daraus wieder eine essenzielle Vision zu erarbeiten. Um all das zu veranschaulichen und zu erklären, bediente sie sich dabei der wissenschaftlichen Terminologie ihrer Zeit. Deswegen proklamierten gewisse Richtungen der pädagogischen Psychologie, dass das, was Frau Dr. Montessori behauptet, falsch sei. Das ist genauso logisch wie zu sagen, dass es falsch wäre, dass Kinder auf die Welt kommen, weil K. F. Wolff mit seiner „Theoria generationis" die Theorien der Animalkulisten und Ovulisten [1] zunichte machte. Die Theorien können verrissen werden, Tatsachen bleiben aber Tatsachen und diejenigen, die Frau Dr. Montessori beschrieb, wiederholen sich heute noch, auch wenn andere Theorien als richtig anerkannt werden. Sie würde sich natürlich auch auf die heute gültigen Theorien beziehen, d.h. nicht, dass ihre Theorien jetzt in Mode sein müssten. Hat sie nun den letzten Ton auf dem Gebiet der Erziehung angegeben? Sie wäre sicher nicht auf die Idee gekommen, dass es so sein könnte.

Wenn Philosophen und Pädagogen sie beschuldigten, dogmatisch zu sein und zu glauben, nur sie sei im Recht und die anderen im Unrecht, dann nur deswegen, weil sie nicht verstanden, dass Frau Dr. Montessori schon den Weg einer neuen Erziehungsrichtung angab. Sie verstand, dass die neue Erziehungswissenschaft noch in den Kinderschuhen steckte und sich in der Zukunft noch weiter entwickeln würde. Das kann man auch ihren nachfolgenden Büchern entnehmen.

„Im Potential eines Kindes steckt eine Energie, die bis jetzt noch nicht beachtet wurde. Was aber ihre Nutzung und ihr Bewusstsein darüber betrifft, befinden wir uns noch im Stadium des Galvani. Er zeigte auf, dass der Reflex der toten Froschbeine auf unbekannte Energie zurückzuführen ist. So entstand das Interesse für die Elektrizität, woraus sich in weiterer Folge die Atomwissenschaft entwickelte."

Das Zeitalter des Atoms gab Frau Dr. Montessori Recht. Um mit dem Fortschritt mitzuhalten, ist es erforderlich, dass die Menschheit immer mehr lernt - und das immer schneller. Es besteht die Gefahr, dass sie von den zerstörerischen Kräften, die von ihr selbst entwickelt wurden, vernichtet wird. Während die toleranteren und ausgeglicheneren Menschen davor warnen, steigt die Jugendkriminalität, erhöhen sich die psychischen Krankheiten, die schon die Hälfte der Bevölkerung betreffen, steigt auch immer mehr die Anzahl der analphabetischen Studenten (vor allem in den englischsprachigen Ländern).

In diesem Dilemma rückt wieder mehr das Kind in den Vordergrund, jenes, das schon Frau Dr. Montessori entdeckt hatte: das Kind, das seinen eigenen

---

[1] Anmerkung der Herausgeberin: Diese Begriffe stammen aus der Embryonenforschung. Die Anhänger der Präformationstheorie, einer im 18. Jahrhundert vertretenen Entwicklungstheorie, nahmen an, dass der gesamte Organismus im Spermium (Animalkulisten) bzw. in der Eizelle (Ovulisten) vorgebildet sei.

Weg zur geistigen Gesundung gefunden hatte, das spontan und mit Freude erfüllt schon in jungen Jahren zu lernen begonnen hatte. Die neuen Forschungen kamen zu den selben Ergebnissen wie Frau Dr. Montessori schon vor 50 Jahren.

Seit 1916, seitdem dieses Buch zum ersten Mal erschienen ist, hat es im Schulwesen schon bedeutende Entwicklungen gegeben. Das heißt, mit dem, was in diesem Buch beschrieben wird, wurde nur der Eckstein eines majestätischen Gebäudes gelegt. Unglücklicherweise wurde nichts von diesem Fortschritt bis heute veröffentlicht. Es wird nur in den jährlich abgehaltenen Kursen des Internationalen Montessori-Zentrums in Bergamo verbreitet. Es bleibt zu hoffen, dass es in naher Zukunft in einer Reihe von Büchern dem Publikum zugänglich gemacht werden wird.

Mario M. Montessori
Amsterdam 1965

ANMERKUNG DER ÜBERSETZERIN

Als langjährige Bewunderin und Verehrerin Maria Montessoris fühlte ich mich sehr geehrt und erfreut, als die Verlegerin dieses Buches, Frau Renate Götz, vor einigen Jahren an mich mit der Frage und der Bitte herangetreten ist, ob ich denn wohl vorliegendes Buch aus dem Italienischen ins Deutsche übersetzen möchte. Ich durfte durch diese Arbeit wieder ein Stück mehr mit dieser großen Pädagogin vertraut werden und bin dafür sehr dankbar.

Wenn man bedenkt, dass die erste Ausgabe dieses Buches (natürlich in italienischer Sprache) schon 1916 erschienen ist, dann kann es sein, dass so mancher Leser von den fortschrittlichen Ansichten und der Einstellung dem Kind gegenüber, die Frau Dr. Maria Montessori vertrat, überrascht ist. Es wird auch immer wieder klar ersichtlich, dass es sich dabei um eine ganzheitliche Pädagogik handelt, bei der das Kind absolut im Mittelpunkt steht.

Das vorliegende Buch ist als Übersetzung und nicht als Anwendung der Montessori-Pädagogik für die deutsche Sprache zu verstehen. Das bezieht sich vor allem auf den ersten Teil. Es finden sich immer wieder auch deutsche Beispiele nach den übersetzten italienischen Übungen. Diese sind aber bei weitem nicht als komplett zu betrachten, sondern nur als mögliche Variante. Es gibt einige deutliche Unterschiede in der Grammatik der beiden Sprachen, auf diese wird genauer in den betreffenden Kapiteln eingegangen. Die Reihenfolge und Bezeichnungen der italienischen Kategorien bleiben dabei aber erhalten. Im Deutschen gibt es zum Beispiel eine Wortart mehr als im Italienischen, das Zahlwort (Numerale), im Italienischen gehört es zur Gruppe der Adjektive (Eigenschaftswörter). Es wird daher auch kein eigener Grammatikkasten zu dieser Wortart beschrieben und diese Wortart fehlt dann auch bei den darauffolgenden Grammatikkästen. Ich möchte hier auch gleich die verschiedenen Farbangaben für die Wortarten erwähnen. Bei einigen Wortarten ist in Klammer noch eine zweite Farbe angegeben - die erstgenannten verstehen sich als die von Maria Montessori angegebenen Originalfarben. Die in Klammer angegebenen hingegen werden sowohl von einigen Ausbildern der Montessori-Pädagogik als auch von Materialherstellern für ihr dazu erzeugtes Material verwendet.

Was den Wortschatz betrifft, der in so manchen Übungssätzen verwendet wird, würde ich ihn nicht unbedingt als aktuell und direkt umsetzbar in der heutigen Zeit bezeichnen. Sprache ist etwas sehr Lebendiges und wir dürfen ihr ruhig zugestehen, dass sie sich im Lauf der Zeit auch verändert, das ist ein ganz natürlicher Prozess. Die Gedichte, die für die Satzanalyse verwendet werden, sind als Übersetzung der italienischen angegeben und enthalten daher den Reim nicht, der im italienischen Original aber durchaus vorhanden ist. Das bezieht sich auch auf den Teil VII des Buches, die Metrik (Verslehre) - es soll hiermit nur die Methode vorgestellt werden und ist daher keine Übertragung auf die deutsche Sprache.

Einen Hinweis möchte ich auch noch zum Mathematikteil des Buches geben. Bei den Farben zum bunten Perlenmaterial im Teil III, der Arithmetik, gibt es ebenso verschiedene Farbangaben, die ersteren sind die von Maria Montessori angegebenen Originalfarben, die von einem italienischen Materialhersteller auch noch verwendet werden. Bei den Farbangaben in Klammer handelt es sich um die aktuell verwendeten Farben der meisten Materialhersteller.

Die Bilder in diesem Buch zeigen in deutschsprachigen Ländern aktuell verwendete Materialien und unterscheiden sich, wie schon oben erwähnt, in einigen Merkmalen von den italienischen.

Maria Montessori verwendet eine sehr bildhafte Sprache und liebt Vergleiche, was für den deutschen Sprachraum eher ungewöhnlich ist. Sie betont damit auch immer wieder die Wichtigkeit der motorischen Entwicklung als Voraussetzung für die geistige Entwicklung.

Liebe LeserInnen, es wird Ihnen auffallen, dass meistens von weiblichen Lehrpersonen gesprochen wird und somit auch nur diese direkt angesprochen werden. Ich habe mich dabei ausschließlich an das Original gehalten.

Karin Pellegrini

GRAMMATIK

I. Von der mechanischen
zur intellektuellen Entwicklung der Sprache

Bereits im „Kinderhaus" entwickelten die Kinder die Fähigkeit, Wörter und auch Sätze zu schreiben; außerdem lasen sie Kärtchen, auf denen Tätigkeiten beschrieben waren, die sie praktisch ausführten. Sie zeigten damit, dass sie das auf den Kärtchen Geschriebene verstanden hatten. Das Entwicklungsmaterial zum Schreiben und Lesen bestand aus zwei Alphabetsätzen; ein größerer, bei dem die Vokale eine andere Farbe hatten als die Konsonanten und ein kleinerer, bei dem alle Buchstaben in einer Farbe waren. Es war aber gar nicht so einfach zu definieren, auf welcher Entwicklungsstufe sich die Kinder gerade befanden: Erkennbar war, dass das mechanische Schreiben und Lesen bei ihnen gefestigt war und sie sich gerade auf dem Weg zur intellektuellen Entwicklung befanden. Dieses „Sich auf den Weg Machen" beinhaltete als nächste Konsequenz den Schritt zur Grundschule, wo diese Entwicklung stattfinden konnte.

Der motorische Vorgang des Schreibens hatte sich bereits beim kleinen Kind mit dem ersten Teil der Methode gefestigt - mit spezifischen Übungen, so wie es auch bei der mündlichen Sprache auf natürlichem Wege erfolgt.

In einer weiteren Phase kann sich dann der „Verstand" beim schriftlichen Ausdruck dessen bedienen, was schon mechanisch beim Schreiben und Lesen gefestigt wurde. Normalerweise ist das mit fünf Jahren der Fall. Wenn das Kind beginnt, die geschriebene Sprache zu verwenden, um seine Gedanken auszudrücken, ist es reif für die Grundschule. Das passiert aber aufgrund der Reife und nicht des Alters wegen.

Die Kinder blieben bis zu einem Alter von sieben Jahren im „Kinderhaus", lernten Schreiben, Rechnen, Lesen und sogar Komponieren und so drängelten sie dann zur Schule, da sie einerseits das Alter erreicht hatten und andererseits auch für den Unterricht reif waren. Die Zeit des mechanischen Schreibenlernens war nicht genau definierbar, mit experimentellen Studien versuchten wir sie zu bestimmen. Das „Kinderhaus" und die Grundschule sind ohnehin nicht verschiedene „Paar Schuhe" - wie es beispielsweise der Fröbel-Kindergarten und die Grundschule sein könnten - bei uns ist die Schule die Fortsetzung des Kinderhauses. Daher wird auch nichts Neues begonnen, sondern der „Undefinierbarkeit" eine neue Form gegeben.

Kehren wir aber nun wieder zum „Kinderhaus" zurück und nähern wir uns dem fünfeinhalbjährigen Kind. Heutzutage beginnt der Unterricht der Grundschule ohne weiteres schon im „Kinderhaus".

Vom zweiten Alphabetsatz geht es dann weiter zu einem dritten, wo die Buchstaben des beweglichen Alphabets wesentlich kleiner sind, kalligraphisch perfekt und in einer Anzahl von *zwanzig* Stück pro Buchstabe, anstelle von vier, wie es bei den anderen war. Weiters gibt es den Alphabetsatz dreimal, jeweils in den Farben weiß, schwarz und rot. Das heißt, es gibt sechzig Exemplare von jedem Buchstaben; darüber hinaus gibt es alle Interpunktionszeichen: Punkte, Beistriche, Akzente, Apostrophe, Fragezeichen und Rufzeichen. Die Buchstaben sind aus einfachem Pauspapier.[1]

Die Verwendung dieser Alphabetsätze ist vielseitig; wir werden uns damit aber jetzt nicht näher beschäftigen.

Die Übung des Kinderhauses, bei der man Kärtchen, auf denen der Name eines Gegenstandes geschrieben steht, zum entsprechenden Gegenstand legt, fanden alle sehr natürlich. Das war das erste Lesen. Aus der Tatsache, dass das Kind den Gegenstand, der auf dem Kärtchen genannt wurde, erkannte, war für uns klar, dass das Kind lesen kann. In allen Schulen der Welt würde man dieses Vorgehen als logisch empfinden. Ich glaube, dass es für die Kinder aller Schulen, in denen sich diese Methode durchsetzt, einfacher ist, auf diese Art die Namen der Gegenstände zu lernen.

Schon seit geraumer Zeit lehren wir mit dieser Methode das *Nomen* (*Namenwort*). Warum nur das Nomen? Ist es nicht ein Teil des Satzes wie jeder andere? Wenn diese Methode dazu führt, dass sich das Kind das Nomen besser merkt, gibt es da nicht einen ähnlichen Weg, um auch andere Wortarten zu lernen (Artikel, Adjektiv (Eigenschaftswort), Verb (Zeitwort), Pronomen (Fürwort), Adverb (Umstandswort), Interjektion (Ausrufungswort), Konjunktion (Bindewort) und Präposition (Vorwort))?

Wenn man ein beschriebenes Kärtchen zum entsprechenden Gegenstand legt, so unterscheidet das Kind gleich intuitiv diese Wortart, das Nomen, von allen anderen; so wurde schon ein wesentlicher erster Schritt in der Grammatik getan.

Mit dem „Lesen" hat das Kind bereits die Wortarten unterschieden; zunächst setzte es mit dem beweglichen Alphabet alle möglichen Wörter zusammen und leistete damit schon eine wichtige Vorarbeit. Das heißt, beim Lesen entdeckt das Kind selbst die Aussprache der einzelnen Buchstaben und die Betonung dieser innerhalb des Wortes.[2]

(Anmerkung der Übersetzerin: Nach der Beschäftigung mit lautgetreuen Wörtern ist auch die Erarbeitung der Phonogramme eine wichtige Arbeit für die deutsche Sprache.)

---

[1] Es gibt auch Druckbuchstaben als bewegliches Alphabet - diese sind im Legekasten, in der Reihenfolge wie sie auf der Schreibmaschine angeordnet sind.

[2] Im Buch „*Il metodo della pedagogia scientifica*"(„*Selbsttätige Erziehung im frühen Kindesalter*") ist beschrieben, wie das Kind zu lesen beginnt: es spricht die Wörter dem Klang der einzelnen Buchstaben gemäß aus, ohne den Sinn zu erkennen. Nach mehrmaligem Lesen findet es aber die richtige Betonung und das Wort wird so wiedererkannt.

Das Kind hat somit nicht nur die Betonung des Wortes und die Aussprache der einzelnen Buchstaben analysiert, sondern gleichzeitig auch die Art des Wortes.

Es wäre sicherlich absurd, im Kindergarten eine Phonologie- und Morphologiestudie mit Vierjährigen durchzuführen! Und doch haben die Kinder genau das gemacht. Gerade die Analyse war für die kleinen Kinder das geeignete Mittel und erleichterte das mühelose Schreiben.

Wenn dieses Vorgehen mit einzelnen Wörtern sinnvoll ist, kann es nicht auch für den ganzen Satz verwendet werden? Nachdem wir schon das Nomen von allen anderen Worten unterschieden haben, sind wir bereits mitten in der Satzanalyse. Das Fühlen der Sandpapierbuchstaben und das darauffolgende Aussprechen eines Lautes war der erste Schritt in der Wortanalyse – genauso ist das Erkennen der Wortart *Nomen* der erste Schritt zur Satzanalyse. Wir brauchen also nur den Prozess fortzusetzen und vielleicht finden wir auch durch die Satzanalyse eine Erleichterung, eine Hilfe um das Kind dazuzubringen, seine Gedanken schon so früh perfekt zu Papier zu bringen.

Wir sind nun schon weit in das Gebiet der Grammatik vorgedrungen und wir machen da weiter. Es kann ein harter Weg sein, aber das macht nichts. Jenes Schreckbild der Grammatik, das nicht weniger grauenhaft ist als die herkömmlichen Methoden des Lesen- und Schreibenlernens, wandelt sich. Es wird daraus eine Aufgabe, die mit Leidenschaft betrieben wird. Die Grammatik wird auf dem Weg die Dinge zu entdecken, die das Kind geschaffen hat, zur lieblichen Begleiterin. Das Kind wird sich eines Tages im Besitz seiner Werke wiederfinden, die seiner Feder entstammen und wird nicht weniger glücklich sein als an dem Tag, an dem seine Hände die ersten Worte formten.

Tja, diese wohltätige Grammatik! Wenn sie beim Schreiben von Sätzen zur liebenswerten und unersetzlichen Helferin wird, bekommen wir von ihr gleich ein ganz anderes Bild als jenes, das wir sonst von ihr haben: wo sie die Sätze einfach zerstückelte, ohne dass dann noch irgendetwas begriffen werden konnte. Es wäre doch so einfach zu sagen: der Satz steht da, lassen wir ihn einfach so wie er ist. Warum wieder auseinandernehmen? Warum ihm den Sinn nehmen, der ihn beseelt und daraus eine Aneinanderreihung von Wörtern machen, die keinen Sinn ergeben? Warum das verderben, was da ist, um sich in eine unverständliche Analyse zu stürzen? Wenn wir die, die schon lesen können, zwingen würden, alle Wörter in einzelne Laute zu zerlegen, würden wir eine gewaltige Willensanstrengung von ihnen verlangen - das würde nur ein Sprachwissenschaftler tun, der von speziellen Erwartungen getrieben ist.

Wenn das vierjährige Kind aus Lauten, die einzeln keinen Sinn ergeben, etwas schafft, hinter dem eine Idee steht, ist es genauso mit Aufmerksamkeit bei seiner Arbeit wie der Sprachwissenschaftler, vielleicht sogar mit mehr Leidenschaft. Genauso gilt das für die Grammatik, und es wird dieselbe Freude an ihr finden; ausgehend von der Analyse, wird das Interesse an der Grammatik immer größer, bis das Kind zu dem Punkt kommt, wo der fertige Satz vor ihm liegt. Er ist perfekt geschaffen und niemand darf an ihm rühren.

Die Lautanalyse, die zum spontanen Schreiben führt, ist nicht für jedes Alter geeignet. Es sind die Vier- oder Viereinhalbjährigen, die besonderen Gefallen an ihr finden und mit Leidenschaft daran arbeiten. In keinem anderen Alter ist das so und das mechanische Schreiben wird auf diese Weise perfektioniert. Auch das analytische Studium des Satzes, das Verweilen beim Wort mit intensivem Interesse, ist auch nicht in jedem Alter gleich: es sind die fünf- bis siebenjährigen Kinder, jene leidenschaftlichen Wortliebhaber, die dafür prädestiniert sind. Sie können noch nicht viel mit Sätzen anfangen, verstehen aber die Wörter, denen sie sich mit unermüdlichem Interesse widmen.

Unsere Methode wurde als ketzerisch bezeichnet, da sie auf unorthodoxen Ansichten basiert: die erste ist, dass das Kind am besten zwischen vier und fünf Jahren zum Schreiben geeignet ist; die zweite: um die Grammatik zu studieren, ist es dazu am besten von fünfeinhalb bis sieben oder acht Jahre geeignet.

Es ist ein Vorurteil zu glauben, dass etwas konstruiert sein muss, um es analysieren zu können. Es sind die von der Natur geschaffenen Dinge, die wir analysieren, um sie zu verstehen: wir müssen ein Veilchen zerlegen, um zu sehen, wie es zusammengesetzt ist, es ist schön und perfekt, so wie es ist. Um ein künstliches Veilchen zu schaffen, machen wir zuerst die Stängel, dann die Blütenblätter, wir malen sie an, dann machen wir die Staubgefäße und kleben alles zusammen. Menschen, die handwerklich sehr geschickt sind, macht das sehr viel Freude, wenn sie dann schließlich eine perfekte Blume vor sich haben.

Die Analyse dient aber nicht nur der Zerlegung, sondern auch der Konstruktion. Um ein Haus zu bauen, geht man analytisch vor - Stein auf Stein, vom Fundament bis zum Dach; wer schon ein Haus gebaut hat, der kennt es im Detail und hat eine weitaus bessere Vorstellung von seiner Konstruktion als jemand, der es zerstören würde. Deshalb ist auch die Arbeit des Aufbauens eine längere als die des Zerstörens. Und auch das Gefühl ist ein anderes, voll Hoffnung, voll Überraschungen und schließlich Zufriedenheit ein Gebäude aufzubauen, als etwas harmonisch Aufgebautes zusammenfallen zu sehen.

Aus diesen vielen Gründen kann ein Kind, das Interesse an den Worten hat, die Grammatik gemäß seiner inneren Reife benutzen, indem es bei den einzelnen Worten verweilt. Es besitzt seine individuelle Sprache und hat die Möglichkeit, sie zu würdigen.

Die Grammatik ist für uns nicht bloß ein Buch.

So wie die *Nomen* auf Kärtchen geschrieben stehen, die die Kinder zu den entsprechenden Gegenständen legen, sind alle Wörter auf Kärtchen geschrieben. Diese sind gleich groß: Rechtecke im Ausmaß von 5 x 3,5 cm, aber von verschiedener Farbe: schwarz für das Nomen, hellbraun (hellblau)[1] für den Artikel, dunkelbraun (dunkelblau) für das Adjektiv, rot für das Verb, rosa (orange) für das Adverb, grün (lila) für das Pronomen, lila (grün) für die Präposition, gelb (rosa) für die Konjunktion und hellblau (gelb) für die Interjektion.

Diese Kärtchen befinden sich in acht speziellen Schachteln: die erste hat zwei Fächer, die zweite hingegen drei, die dritte vier usw. Jedes Fach hat einen

---

[1] Anmerkung der Übersetzerin: Die Farbangaben entsprechen den Originalfarben und werden von der AMI vertreten und verbreitet; die Farben in Klammern sind diejenigen, die heute bei einigen Materialherstellern auch üblich sind.

erhöhten Teil, in den man ein Kärtchen legen kann, auf dem der Name der Wortart steht, die sich in der Schachtel befindet. Die Kärtchen haben die Farben der entsprechenden Wortart.

Die Lehrerin stellt die Schachteln so zusammen, dass sie für das Studium von zwei oder mehr Wortarten geeignet sind.

Unsere Erfahrungen haben uns dazu gebracht, die Übungen genau vorzubereiten - das erleichtert die Arbeit.

II. Das Wortstudium

Wenn das kleine Kind zu lesen beginnt, zeigt es lebendiges Interesse daran, Worte zu lernen. Bereits im „Kinderhaus" war es beeindruckend, dass die Kinder unerschöpflich nach den Kärtchen „jagten": sie lasen eines nach dem anderen, bis sie alle Nomen gelesen hatten.

Das Kind muss sich nämlich erst seinen eigenen Wortschatz erobern: es möchte seine Gedanken ausdrücken und muss sich nun das notwendige Material dazu aneignen. Viele werden schon beobachtet haben, dass die Kinder in diesem Alter ganz aufmerksam zuhören, auch wenn man annehmen möge, dass sie unmöglich den Inhalt des Gesprächs verstehen: sie versuchen, möglichst viele Worte zu sammeln, manchmal wiederholen sie ganz stolz ein aufgeschnapptes Wort. Wir müssen nun dem Wunsch des Kindes entsprechen, indem wir ihm möglichst viel Material anbieten und Übungen zusammenstellen.

Unser System besteht aus ausreichendem Material. Allmählich zeichnen sich individuelle Unterschiede in der Auswahl des Materials ab. Für einige sind die Übungen einfach, für andere schwierig. Nicht einmal die Anordnung der Wahl ist dieselbe.

Die Lehrerin muss das Entwicklungsmaterial ganz genau kennen und auch wissen, wann sie welche Übung anbietet. Wer ein bisschen Praxis hat, weiß, dass sich dabei vieles spontan ergibt, das überraschend die Aufgabe der Lehrerin erleichtert.

Vor- und Nachsilben

Es gibt dazu Tafeln, die an der Wand fixiert sind; die Kinder können sie anschauen und auch herunternehmen.

Tafeln der Suffixe (Nachsilben)

damit werden ausgedrückt: Vergrößerung, Verkleinerung, Pejorativum usw.

1. Liste

buono (gut) - buonuccio, buonino, buonissimo;
casa (Haus) - casona, casetta, casina, casettina, casuccia, casaccia, casettaccia;
formica (Ameise) - formicona, formicuccia, formicola, formichetta;

ragazzo (Junge) - ragazzone, ragazzino, ragazzaccio, ragazzetto;
lettera (Buchstabe, Brief) - letterina, letterone, letteruccia, letteraccia;
cesto (Korb) - cestino, cestone, cestello, cestellino;
piatto (Teller) - piattino, piattello, piattone;
campana (Glocke) - campanone, campanello, campanellino, campanina, campanaccio;
giovane (junger Mann) - giovanetto, giovincello, giovinastro;
fiore (Blume) - fioretto, fiorellino, fioraccio, fiorone;
tavolo (Tisch) - tavolino, tavolone, tavolaccio;
seggiola (Stuhl) - seggiolone, seggiolina, seggiolaccia;
pietra (Stein) - pietruzza, pietrina, pietrone, pietraccia;
sasso (Stein) - sassetto, sassolino, sassettino, sassone, sassaccio;
pianta (Pflanze) - piantina, pianticella, pianticina, pianterella, piantona, piantaccia;
fuoco (Feuer) - fuochetto, fuocherello, fuocone, fuochettino;
festa (Fest) - festicciola, festona, festaccia;
piede (Fuß) - piedino, piedone, pieduccio, piedaccio;
mano (Hand) - manina, manona, manaccia, manuccia;
seme (Samen) - semino, semetto, semone, semaccio, semettino;
semplice (einfach) - semplicino, semplicetto, sempliciotto, semplicione, semplicissimo;
ghiotto (naschhaft, lecker) - ghiottone, ghiottoncello, ghiottaccio, ghiottissimo;
vecchio (alt) - vecchietto, vecchione, vecchiaccio, vecchissimo;
cieco (blind) - ciechino, ciechetto, ciecolino, ciecone, ciecaccio.

(Anmerkung der Übersetzerin: Die Bedeutung der Nachsilben als Vergrößerung bzw. Verkleinerung ist im Deutschen wesentlich geringer als im Italienischen oder existiert gar nicht).

Hier einige Beispiele für das Deutsche:

Kind - Kind*lein*	Tisch - Tisch*lein*
Stein - Stein*chen*	Schwein - Schwein*chen*

Die Übung der Kinder ist nun folgende: Mit dem Alphabetsatz in einer Farbe, z. B.: schwarz, legen sie das erste Wort einer Zeile, unterhalb wiederholen sie es mit der selben Farbe so weit die Buchstaben gleich sind, wo sich die Buchstaben ändern, wird eine andere Farbe verwendet, z. B.: rot. Somit ist nur die Nachsilbe in einer anderen Farbe;

BEISPIEL:

buono
buon*uccio*
buon*ino*
buon*issimo*

Danach wählt das Kind ein anderes Wort und macht die gleiche Übung. Oft findet es dann selbst Wörter dazu.

Bei der nächsten Tafel verändern die Suffixe die Bedeutung des Wortes: aus dem Namen, der beispielsweise einen Gegenstand bezeichnet, wird der Beruf, das Geschäft, die Tätigkeit, Sammelbegriffe, abstrakte Begriffe. Natürlich kann das Kind nicht gleich von Anfang an alle Begriffe erfassen, es kann aber wiederholt darauf zurückkommen, da die Tafeln ja immer aufgehängt sind.

II. Liste

macello	(Schlachterei)	macellaio	(Fleischhauer)
bestia	(Tier)	bestiame	(Vieh)
sella	(Sattel)	sellaio	(Sattler)
osso	(Knochen)	ossame	(Gebein)
forno	(Ofen)	fornaio	(Bäcker)
corda	(Seil)	cordame	(Tauwerk)
cappello	(Hut)	cappellaio	(Hutmacher)
foglia	(Blatt)	fogliame	(Laub)
pollo	(Huhn)	pollame	(Geflügel)
vetro	(Glas)	vetreria	(Glaserei)
calzolaio	(Schuster)	calzoleria	(Schuhgeschäft)
grato	(dankbar)	gratitudine	(Dankbarkeit)
libro	(Buch)	libreria	(Buchhandlung)
beato	(glücklich)	beatitudine	(Glückseligkeit)
oste	(Wirt)	osteria	(Wirtshaus)
inquieto	(unruhig)	inquietudine	(Unruhe)
pane	(Brot)	panetteria	(Bäckerei)
grano	(Getreide)	granaio	(Getreidespeicher)
colomba	(Taube)	colombaio	(Taubenschlag)
dente	(Zahn)	dentista	(Zahnarzt)
paglia	(Stroh)	pagliaio	(Strohhaufen)
farmacia	(Apotheke)	farmacista	(Apotheker)
frutto	(Frucht)	frutteto	(Obstgarten)
elettricità	(Elektrizität)	elettricista	(Elektriker)
canna	(Rohr)	canneta	(Röhricht)
telefono	(Telefon)	telefonista	(Telefonistin)
oliva	(Olive)	oliveto	(Olivenhain)
arte	(Kunst)	artista	(Künstler)
quercia	(Eiche)	querceto	(Eichenwald)

Deutsche Beispiele:

lehren	Lehrer	backen	Bäckerei
Mensch	Menschheit	arbeiten	Arbeiter
Bücher	Bücherei	Freund	Freundschaft
übersetzen	Übersetzer	Daten	Datei
Meister	Meisterschaft	spielen	Spieler
Tischler	Tischlerei	Land	Landschaft
Tisch	Tischler	Schlosser	Schlosserei
rechnen	Rechnung	Schloss	Schlosser
Buchbinder	Buchbinderei	zeichnen	Zeichnung
Technik	Techniker	glückselig	Glückseligkeit
verspäten	Verspätung	Fleisch	Fleischer
traurig	Traurigkeit	Apotheke	Apotheker
einsam	Einsamkeit	Telefon	Telefonistin
sparsam	Sparsamkeit	Stenotypie	Stenotypistin
fein	Feinheit		

Die Kinder machen nun folgende Übung mit zwei Alphabetsätzen:

frutto	frutteto	oliva	oliveto
canna	canneto	quercia	querceto

TAFEL DER PRÄFIXE (VORSILBEN)

III. Liste

nodo (Knoten) - annodare, snodare, risnodare
scrivere (schreiben) - riscrivere, trascrivere, sottoscrivere, descrivere
coprire (bedecken) - scoprire, riscoprire
gancio (Haken) - agganciare, sganciare, riagganciare
legare (binden) - collegare, rilegare, allegare, slegare
bottone (Knopf) - abbottonare, sbottonare, riabbottonare
macchiare (beflecken) - smacchiare, rismacchiare
chiudere (schließen) - socchiudere, schiudere, richiudere, rinchiudere
guardare (schauen) - riguardare, traguardare, sogguardare
vedere (sehen) - travedere, rivedere, intravedere
perdere (verlieren, versäumen) - disperdere, sperdere, riperdere
mettere (setzen, legen, stellen) - smettere, emettere, rimettere, permettere, commettere, promettere, sottomettere
vincere (siegen, gewinnen) - rivincere, avvincere, convincere, stravincere

Deutsche Beispiele:

hören - erhören, gehören, verhören
setzen - besetzen, versetzen, zersetzen
decken - bedecken, entdecken, verdecken
laden - beladen, entladen, verladen
tragen - betragen, ertragen, vertragen
schlagen - beschlagen, verschlagen, zerschlagen

Die Kinder können nun mit zwei Alphabetsätzen folgende Übung machen:
coprire
scoprire
ricoprire

ZUSAMMENGESETZTE NOMINA

IV. Liste

cartapecora	(Pergament)	*mezzaluna*	(Halbmond)
cartapesta	(Pappmaché)	*mezzanotte*	(Mitternacht)
madrevite	(Mutter)	*mezzogiorno*	(Mittag)
madreperla	(Perlmutter)	*acchiappacani*	(Hundefänger)
melagrana	(Granatapfel)	*cantastorie*	(Bänkelsänger)
biancospino	(Weißdorn)	*ragnatela*	(Spinnennetz)
asciugamano	(Handtuch)	*portabandiera*	(Anführer)
lavamano	(Waschtisch)	*portalettere*	(Briefträger)
palcoscenico	(Bühne)	*portamonete*	(Geldbörse)
passatempo	(Zeitvertreib)	*portasigari*	(Zigarrenetui)
guardaboschi	(Förster)	*portalapis*	(Federschachtel)
guardaroba	(Garderobe)	*lustrascarpe*	(Schuhputzer)
guardaportone	(Türsteher)	*falsariga*	(Linienspiegel)
capoluogo	(Hauptstadt)	*ficcanaso*	(Häferlgucker)

capomastro	(Polier)	cassapanca	(Sitztruhe)
capofila	(Spitze)	arcobaleno	(Regenbogen)
capopopolo	(Demagoge)	terrapieno	(Erdwall)
caposquadra	(Mannschaftsführer)	bassorilievo	(Bas-, Flachrelief)
capogiro	(Schwindel)	pianoforte	(Klavier)
capolavoro	(Meisterwerk)	spazzacamino	(Rauchfangkehrer)
giravolta	(Kurve)	pettirosso	(Rotkehlchen)

Deutsche Beispiele:

Briefträger	Straßenkehrer	Landhaus	Altersheim
Briefumschlag	Straßenbahn	Regenbogen	Geldbörse
Brieflos	Straßenschuhe	Regenschirm	Sonnenschirm
Gummistiefel	Stiefelknecht	Schlauchboot	Blumenvase
Grünspecht	Wühlmaus	Seerose	Nacktschnecke
Waldameise	Goldfisch	Badezimmer	Zimmerpflanze
Waldmeister	Fischteich	Bademantel	Feuerwerk

Die Kinder lesen ein Wort und versuchen, es auswendig mit Hilfe der beiden Alphabetsätze zu reproduzieren. Dabei werden die zwei einzelnen Teile des Wortes mit je einem Alphabetsatz geschrieben, z. B.:

carta *pecora*
bianco *spino*
piano *forte*

spazza *camino*
lava *mano*

Auf der nächsten Tafel sind Wortfamilien zusammengefasst: sie sind für Kinder hilfreich, die schon weiter in die Bestandteile eines Satzes vorgedrungen sind. Alle Wörter sind auf ein einfacheres, nicht mehr zerlegbares Wort zurückzuführen. Sie unterscheiden sich nur durch Vor- bzw. Nachsilben. Das Ausgangswort, das die Grundidee enthält, kann ein Nomen, Adjektiv oder ein Verb sein. In der ausgehängten Worttabelle sind nun einige Wortfamilien aufgeschrieben, sodass sich die Lehrerin die Mühe erspart, sie selbst zu finden. Außerdem können die Kinder damit selbstständig arbeiten. Die Kinder arbeiten wieder mit zwei Alphabetsätzen, daher kann man leicht das Stammwort erkennen.

WORTFAMILIEN

terra (Erde) - terrazzo, terremoto, terrapieno, atterrare, terreno, terriccio, terricciola, territorio, conterraneo, terrestre, terreo, terroso, dissotterrare;
ferro (Eisen) - ferraio, ferriera, ferrata, ferrigno, ferrugginoso, ferrare, sferrare, inferriata;
soldo (Geld) - assoldare, soldato, soldatesca, soldatescamente;
grande (groß) - ingrandire, grandiosità, grandioso, grandiosamente, grandeggiare;
scrivere (schreiben) - scrittura, scritto, scritturare, scrittore, iscrizione, trascrivere, sottoscrivere, riscrivere;
scuola (Schule) - scolaro, scolaresca, scolastico, scolasticamente;
bene (gut) - beneficio, beneficare, benefattore, beneficato, beneficenza, beneficamente, benedizione, benedire, benedicente, benedetto, ribenedire, benessere, benevolo, benevolmente, benevolenza, benigno, benignità, dabbene;
felice (glücklich) - felicità, felicemente, felicitare, felicitazione;

fiamma (Flamme) - fiammante, fiammeggiante, fiammeggiare, fiammella, fiammiferi, infiammare;
bagno (Bad) - bagnante, bagnino, bagnarola, bagnatura, bagnare, ribagnare;
freddo (kalt) - freddoloso, infreddatura, freddamente, raffreddore, raffreddare, sfreddare;
polvere (Staub) - spolverare, impolverare, polverino, polverizzare, polverone, polveroso, polveriera, polverizzatore;
pesce (Fisch) - pescare, pescatore, ripescare, pescabile, ripescabile;
opera (Werk) - operaio, operare, operazione, operoso, operosamente, cooperare, cooperazione, inoperoso;
canto (Gesang) - cantore, cantante, cantare, cantarellare, canticchiare, ricantare;
gioco (Spiel) - giocare, giocattolo, giocarellare, giocatore, giocoso, giocosamente;
dolore (Schmerz) - doloroso, dolorosamente, dolente, addolorare, dolersi, condolersi, condoglianza, addolorato;
pietra (Stein) - pietrificare, pietrificazione, pietroso, impietrire, pietraio;
sole (Sonne) - assolato, soleggiante, insolazione, soleggiare;
festa (Fest) - festeggiare, festino, festeggiatore, festeggiato, festaiolo, festante, festevole, festevolmente, festosamente;
allegro (heiter) - allegria, allegramente, rallegrare, rallegramento;
seme (Samen) - semina, semenza, seminare, semenzaio, seminatore, riseminare, seminazione, disseminare, seminatrice.

Deutsche Beispiele:
Feuer - Feuerwerk, Feuerwehr, anfeuern, feurig, Feuerfunke, Feuerzangenbowle, Osterfeuer, Feuerstelle, Feuerzeug, Feuerwehrhaus;
Fisch - Fischer, fischen, Haifisch, herausfischen, Fischernetz;
Glück - Glückseligkeit, glücklich, Unglück, unglücklich, verunglücken, glücken;
Bad - Badezimmer, Badehose, Badeanzug, baden, Bader, Badegast, Badewart, Badetasche;
schließen - beschließen, verschließen, anschließen, Verschluss, Anschluss, Ausschluss, ausschließen, ausschließlich, einschließlich, einschließen, schließlich, Schluss, Schlusslied, Abschluss, Abschlussfest, abschließen, Abschlusszeugnis, Schulschluss;
Spiel - verspielen, spielen, Spielefest, Spieler, Spielball, spielerisch, Spielzeug, Spielhalle, Spielzimmer, ausspielen;
Stein - versteinern, Versteinerung, Steinschleuder, Steinzeit, Steinzeitmensch.

Das Kind sieht, dass das Stammwort immer das kürzeste ist. Die Übung dazu wäre folgende, mit zwei verschiedenfärbigen Alphabetsätzen:

as*solato*	sem*inazione*
sol*eggiante*	sem*inatrice*
in*solazione*	dis*seminare*
sol*eggiare*	ri*seminare*
sole	sem*inatore*
allegr*amente*	sem*enzaio*
r*allegrare*	sem*inare*
r*allegramento*	sem*enza*
allegr*ia*	sem*ina*
allegr*o*	sem*e*

GRAMMATIK

III. Artikel und Nomen

(Anmerkung der Übersetzerin: Die Übereinstimung zwischen Artikel und Nomen hat im Italienischen eine andere Bedeutung als im Deutschen, da es im Italienischen verschiedene männliche und weibliche Artikel sowohl in der Einzahl als auch in der Mehrzahl gibt.)

Alle Wörter, die wir für das Grammatikstudium ausgewählt haben, stehen auf je einem rechteckigen Kärtchen. Diese Kärtchen sind gruppenweise mit einem Gummiband zusammengehalten und in Kästen aufbewahrt (Tafel 1).

Der erste Kasten hat zwei Fächer: auf dem einen steht „Artikel" und auf dem anderen „Nomen" (Tafel 2). Die Kärtchen für die Artikel und Nomen ruhen somit in ihren zugeteilten Plätzen in dem Kasten. Das erinnert auch an den Legekasten zum Alphabet, wo in jedem Fach der jeweilige Buchstabe aufgeklebt ist. Wenn das Kind mit der Übung fertig ist, legt es die Kärtchen wieder in den Kasten zurück. Nicht nur die Hinweise „Artikel" und „Nomen" teilen den Platz zu, sondern auch die Farbe. Die Nomen sind schwarz, die Artikel hellbraun (hellblau).

Das Kind spricht nun vom Artikelfach, vom Nomenfach, von Artikelkärtchen und Nomenkärtchen. So lernt es auch die Wortarten zu unterscheiden. Das Material muss sorgfältig und in einer bestimmten Menge vorbereitet sein.

Die erste Übung besteht darin, dass man mit vermischten Kärtchen, die aber in der Anzahl übereinstimmen, arbeitet. Die Aufgabe des Kindes besteht nun darin, Artikel und Nomen einander zuzuordnen: eine faszinierende Aufgabe für die Kinder, die viel Geduld und Zeit erfordert.

Wir haben die folgenden Wörter dazu vorbereitet; es sei hier aber noch einmal wiederholt, dass die Wörter in den Kästen nicht geordnet, sondern vermischt sind - die Artikel untereinander und die Nomen untereinander:

il fazzoletto	(das Taschentuch)	*i colori*	(die Farben)
il libro	(das Buch)	*i fiori*	(die Blumen)
il vestito	(das Kleid)	*i disegni*	(die Zeichnungen)
il tavolino	(der kleine Tisch)	*i compagni*	(die Kollegen)
lo specchio	(der Spiegel)	*gli zoccoli*	(die Holzpantoffeln)
lo zucchero	(der Zucker)	*gli uomini*	(die Menschen)
lo zio	(der Onkel)	*gli articoli*	(die Artikel)
lo stivale	(der Stiefel)	*gli stracci*	(die Lumpen)

l'occhio	(das Auge)	gl'invitati	(die Eingeladenen)
l'amico	(der Freund)	gl'incastri	(die Einschnitte)
l'acqua	(das Wasser)	gl'italiani	(die Italiener)
l'albero	(der Baum)	gl'insetti	(die Insekten)
la stoffa	(der Stoff)	le sedie	(die Stühle)
la perla	(die Perle)	le scarpe	(die Schuhe)
la piramide	(die Pyramide)	le addizioni	(die Additionen)
la finestra	(das Fenster)	le piante	(die Pflanzen)

Deutsche Beispiele:

der Tisch	die Freunde	das Kind	die Kleider
der Kasten	die Stiefel	das Hemd	die Fenster
der Wald	die Füchse	das Haus	die Länder
der Esel	die Kreise	das Taschentuch	die Beine
der Schuh	die Fotoapparate	das Buch	die Haare
die Hand	die Inseln		
die Kerze	die Scheren		
die Nase	die Taschen		
die Marke	die Pflanzen		
die Perle	die Zeichnungen		

Das Kind versucht nun, die Artikel den entsprechenden Nomen zuzuordnen. Es legt sie nebeneinander auf den Tisch. Diese Übung wird sprachlich begleitet, wie es auch bei der Arbeit mit dem beweglichen Alphabet der Fall war. Zusätzlich ist es eine wichtige und notwendige Übung, die realen Gegenstände zu den Kärtchen dazuzulegen - es ist wie eine äußere Kontrolle. Die Arbeit des Kindes entspricht dabei einem inneren Bedürfnis. Es bleibt mit der größten Aufmerksamkeit bis zum Ende dabei und ist damit sehr zufrieden. Die Lehrerin schaut der Arbeit beim Vorbeigehen zu. Es ist aber das Kind, das die Lehrerin ruft, um ihr die vollbrachte Arbeit zu zeigen: die Artikelkärtchen neben den passenden Nomenkärtchen.

Das ist der erste Schritt; das Kind ist nun mit immer mehr Enthusiasmus dabei, seinen Wortschatz zu vergrößern und Ordnung unter den Wörtern in seinem Geist zu schaffen. Es hat begonnen, Respekt gegenüber den Dingen zu zeigen und eine innere Ordnung zu schaffen, so, wie es das auch bei den Sinnesübungen gemacht hat.

Einzahl und Mehrzahl

Die Übungen zur Übereinstimmung von Geschlecht und Zahl von Nomen werden ohne Hilfe der Grammatikkästen ausgeführt. Wir stellen dazu vierzig Kärtchen zur Verfügung, die mit einem Gummiband zusammengehalten werden.

Eine Gruppe mit zehn Nomen in der Einzahl gilt als Anleitung für die Übung; diese Kärtchen werden untereinander aufgelegt, die restlichen sind vermischt. Zwei Kärtchen mit den Bezeichnungen „Artikel" und „Nomen" werden oberhalb der Kärtchenreihen hingelegt (Tafel 3).

Wir haben vier Serien mit Nomen in alphabetischer Reihenfolge vorbereitet, es können somit vier Kinder gleichzeitig arbeiten und danach auch das Material austauschen. Die Wörter sollen dann wie folgt untereinander liegen:

Singolare	(Einzahl)	*Plurale*	(Mehrzahl)
il bambino	(das Kind)	i bambini	(die Kinder)
il berretto	(die Mütze)	i berretti	usw.
la bocca	(der Mund)	le bocche	
il calamaio	(das Tintenfass)	i calamai	
la calza	(der Socken)	le calze	
il cartellino	(das Kärtchen)	i cartellini	
la casa	(das Haus)	le case	
il cappello	(der Hut)	i cappelli	
la ciabatta	(der Pantoffel)	le ciabatte	
il colore	(die Farbe)	i colori	
il dente	(der Zahn)	i denti	
l'elastico	(das Gummiband)	gli elastici	
il fagiolo	(die Bohne)	i fagioli	
la fava	(die dicke Bohne)	le fave	
la gamba	(das Bein)	le gambe	
il gesso	(die Kreide)	i gessi	
la giacca	(die Jacke)	le giacche	
il grembiale	(die Schürze)	i grembiali	
la gomma	(der Radiergummi)	le gomme	
la lavagna	(die Tafel)	le lavagne	

Singolare	(Einzahl)	*Plurale*	(Mehrzahl)
la maestra	(die Lehrerin)	le maestre	(die Lehrerinnen)
la mano	(die Hand)	le mani	usw.
la matita	(der Bleistift)	le matite	
il naso	(die Nase)	i nasi	
il nastro	(das Band)	i nastri	
l'occhio	(das Auge)	gli occhi	
l'orologio	(die Uhr)	gli orologi	
il panchetto	(der Hocker)	i panchetti	
la patata	(die Kartoffel)	le patate	
la penna	(die Feder)	le penne	
il piede	(der Fuß)	i piedi	
il quaderno	(das Heft)	i quaderni	
la rapa	(die Rübe)	le rape	
la scarpa	(der Schuh)	le scarpe	
la tasca	(die Innentasche)	le tasche	
il tavolino	(der kleine Tisch)	i tavolini	
la testa	(der Kopf)	le teste	
l'unghia	(der Nagel)	le unghie	
il vestito	(das Kleid)	i vestiti	
il vino	(der Wein)	i vini	

Männlich und Weiblich

Ein analoges Material wurde für die männlichen und weiblichen Nomina vorbereitet.

Maschile	(männlich)	Femminile	(weiblich)
l'amico	(der Freund)	l'amica	(die Freundin)
l'asino	(der Esel)	l'asina	
il babbo	(der Papa)	la mamma	
il benefattore	(der Wohltäter)	la benefattrice	
il bottegaio	(der Händler)	la bottegaia	
il conte	(der Graf)	la contessa	
il cugino	(der Cousin)	la cugina	
il cuoco	(der Koch)	la cuoca	(die Köchin)
il cacciatore	(der Jäger)	la cacciatrice	
il cavallo	(das Pferd)	la cavalla	(die Stute)
il canarino	(der Kanarienvogel)	la canarina	
il dottore	(der Doktor)	la dottoressa	
il duca	(der Herzog)	la duchessa	
il dattilografo	(der Stenotypist)	la dattilografa	
l'elefante	(der Elefant)	l'elefantessa	
il figlio	(der Sohn)	la figlia	(die Tochter)
il fratello	(der Bruder)	la sorella	(die Schwester)
il gallo	(der Hahn)	la gallina	(die Henne)
il gatto	(der Kater)	la gatta	(die Katze)
l'imperatore	(der Herrscher)	l'imperatrice	

Maschile	(männlich)	Femminile	(weiblich)
l'ispettore	(der Inspektor)	l'ispettrice	
il leone	(der Löwe)	la leonessa	(die Löwin)
il lupo	(der Wolf)	la lupa	
il maestro	(der Lehrer)	la maestra	
il marchese	(der Marchese)	la marchesa	
il mulo	(der Maulesel)	la mula	
il nonno	(der Großvater)	la nonna	
il nemico	(der Feind)	la nemica	
il nipote	(der Neffe)	la nipote	(die Nichte)
l'orologiaio	(der Uhrmacher)	l'orologiaia	
l'oste	(der Wirt)	l'ostessa	
il pellicciaio	(der Kürschner)	la pellicciaia	
il padre	(der Vater)	la madre	
il re	(der König)	la regina	
il ranocchio	(der Frosch)	la ranocchia	
lo sposo	(der Ehemann)	la sposa	
il servo	(der Diener)	la serva	
il somaro	(das Lasttier)	la somara	

* * *

GRAMMATIK

Schließlich gibt es noch drei Serien von Nomina in den vier verschiedenen Formen: Einzahl, Mehrzahl, männlich und weiblich. Jede Gruppe besteht aus achtzig Kärtchen (Nomina und Artikel). Die zehn Beispiele in männlicher Form in der Einzahl sind wieder getrennt von den anderen; die Überschriftskärtchen (12 Stück) sind mit den Wörtern *Einzahl, Mehrzahl, männlich* und *weiblich* beschriftet. So sieht das Material geordnet aus:

SINGOLARE (EINZAHL)

Maschile (männlich)		Femminile (weiblich)
l'amico		l'amica
(der Freund)		(die Freundin)
il bambino	(der Bub)	la bambina
il burattinaio	(der Puppenspieler)	la burattinaia
il contadino	(der Bauer)	la contadina
il cavallo	(das Pferd)	la cavalla
il compagno	(der Kollege)	la compagna
il disegnatore	(der Zeichner)	la disegnatrice
il dattilografo	(der Stenotypist)	la dattilografa
l'ebreo	(der Jude)	l'ebrea
il fanciullo	(der Knabe)	la fanciulla

PLURALE (MEHRZAHL)

Maschile (männlich)	Femminile (weiblich)
gli amici	le amiche
(die Freunde)	(die Freundinnen)
i bambini	le bambine
i burattinai	le burattinaie
i contadini	le contadine
i cavalli	le cavalle
i compagni	le compagne
i disegnatori	le disegnatrici
i dattilografi	le dattilografe
gli ebrei	le ebree
i fanciulli	le fanciulle

SINGOLARE (EINZAHL)

Maschile (männlich)		Femminile (weiblich)
il gatto		la gatta
(der Kater)		(die Katze)
il giardiniere	(der Gärtner)	la giardiniera
il giovinetto	(der Bursche)	la giovinetta
l'infermiere	(der Pfleger)	l'infermiera
l'italiano	(der Italiener)	l'italiana
il lavoratore	(der Arbeiter)	la lavoratrice
il medico	(der Arzt)	la medichessa
il materassaio	(der Polsterer)	la materassaia
l'operaio	(der Arbeiter)	l'operaia
il pittore	(der Maler)	la pittrice

PLURALE (MEHRZAHL)

Maschile (männlich)	Femminile (weiblich)
i gatti	le gatte
(die Kater)	(die Katzen)
i giardinieri	le giardiniere
i giovinetti	le giovinette
gli infermieri	le infermiere
gli italiani	le italiane
i lavoratori	le lavoratrici
i medici	le medichesse
i materassai	le materassaie
gli operai	le operaie
i pittori	le pittrici

SINGOLARE (EINZAHL)

Maschile (männlich)		Femminile (weiblich)
il ragazzo	(der junge Mann)	la ragazza
il romano	(der Römer)	la romana
lo scolaro	(der Schüler)	la scolara
il sarto	(der Schneider)	la sarta
il santo	(der Heilige)	la santa
il tagliatore	(der Zuschneider)	la tagliatrice
l'uomo	(der Mann)	la donna
il vecchio	(der Alte)	la vecchia
il visitatore	(der Besucher)	la visitatrice
lo zio	(der Onkel)	la zia

PLURALE (MEHRZAHL)

Maschile (männlich)	Femminile (weiblich)
i ragazzi	le ragazze
i romani	le romane
gli scolari	le scolare
i sarti	le sarte
i santi	le sante
i tagliatori	le tagliatrici
gli uomini	le donne
i vecchi	le vecchie
i visitatori	le visitatrici
gli zii	le zie

Mit diesen vier Formen des Nomens: männlich, weiblich, Einzahl, Mehrzahl werden in unseren Schulen auch verschiedene Übungen praktiziert, die den Kindern sehr gefallen. Beispiel: ein Kind verteilt die Mehrzahlkärtchen und liest dann laut ein Einzahlkärtchen vor. Wer das entsprechende Mehrzahlnomen hat, antwortet sofort. Das gleiche kann man mit den männlichen und weiblichen Nomina machen oder mit allen vier Formen (= Einzahl männlich, Einzahl weiblich, Mehrzahl männlich, Mehrzahl weiblich) gemeinsam.

Wenn dann die Übungen mit diesem Material den Kindern vertraut geworden sind, können die nächsten Übungen, die größere Schwierigkeiten enthalten, vorgestellt werden. Es sind sechs verschiedene Serien - A bis F. Die erste Serie A enthält Nomina, die je nach Geschlecht variieren: z. B. Papa, Mama; die zweite Serie B enthält Nomina, die in der Einzahl in beiden Geschlechtern ident sind; in der dritten Serie C sind sowohl die Formen der Einzahl wie auch die der Mehrzahl für beide Geschlechter ident; in der vierten Serie D, gibt es nur ein Geschlecht in der Einzahl und in der Mehrzahl; in der fünften Serie E stehen jene Nomina, die je nach Geschlecht eine andere Bedeutung haben; und in der sechsten Serie F stehen jene Nomina, die in der Einzahl ein anderes Geschlecht haben als in der Mehrzahl. Da ist das Material:

Serie A

EINZAHL		MEHRZAHL	
männlich	**weiblich**	**männlich**	**weiblich**
il babbo (der Papa)	*la mamma* (die Mama)	*i babbi*	*le mamme*
il becco (der Ziegenbock)	*la capra* (die Ziege)	*i becchi*	*le capre*
il frate (der Mönch)	*la suora* (die Klosterschwester)	*i frati*	*le suore*
il fratello (der Bruder)	*la sorella* (die Schwester)	*i fratelli*	*le sorelle*
il genero (der Schwiegersohn)	*la nuora* (die Schwiegertochter)	*i generi*	*le nuore*
il montone (der Schafbock)	*la pecora* (das Schaf)	*i montoni*	*le pecore*
il maschio (das Männliche)	*la femmina* (das Weibliche)	*i maschi*	*le femmine*
il marito (der Ehemann)	*la moglie* (die Ehefrau)	*i mariti*	*le mogli*
il padre (der Vater)	*la madre* (die Mutter)	*i padri*	*le madri*
il padrino (der Pate)	*la madrina* (die Patin)	*i padrini*	*le madrine*
il porco (das Schwein)	*la scrofa* (die Sau)	*i porci*	*le scrofe*
il toro (der Stier)	*la vacca* (die Kuh)	*i tori*	*le vacche*
l'uomo (der Mann)	*la donna* (die Frau)	*gli uomini*	*le donne*
il re (der König)	*la regina* (die Königin)	*i re*	*le regine*

Serie B

EINZAHL		MEHRZAHL	
männlich	**weiblich**	**männlich**	**weiblich**
l'artista (der Künstler)	*l'artista* (die Künstlerin)	*gli artisti*	*le artiste*
il collega (der Kollege)	*la collega* (die Kollegin)	*i colleghi*	*le colleghe*
il dentista (der Zahnarzt)	*la dentista* (die Zahnärztin)	*i dentisti*	*le dentiste*
il pianista (der Pianist)	*la pianista* (die Pianistin)	*i pianisti*	*le pianiste*
il telefonista (der Telefonist)	*la telefonista* (die Telefonistin)	*i telefonisti*	*le telefoniste*
il telegrafista (der Telegrafist)	*la telegrafista* (die Telegrafistin)	*i telegrafisti*	*le telegrafiste*
il violinista (der Geiger)	*la violinista* (die Geigerin)	*i violinisti*	*le violiniste*

SERIE C

EINZAHL		MEHRZAHL	
männlich	**weiblich**	**männlich**	**weiblich**
il consorte (der Gemahl)	*la consorte* (die Gemahlin)	*i consorti*	*le consorti*
il custode (der Wärter)	*la custode* (die Wärterin)	*i custodi*	*le custodi*
il cantante (der Sänger)	*la cantante* (die Sängerin)	*i cantanti*	*le cantanti*
l'erede (der Erbe)	*l'erede* (die Erbin)	*gli eredi*	*le eredi*
il giovane (der Jugendliche)	*la giovane* (die Jugendliche)	*i giovani*	*le giovani*
l'inglese (der Engländer)	*l'inglese* (die Engländerin)	*gli inglesi*	*le inglesi*
il nipote (der Neffe)	*la nipote* (die Nichte)	*i nipoti*	*le nipoti*

SERIE D

EINZAHL		MEHRZAHL
il bazar	(der Basar)	*i bazar*
il caffè	(der Kaffee)	*i caffè*
il gas	(das Gas)	*i gas*
la gru	(der Kran)	*i gru*
il lapis	(der Bleistift)	*i lapis*
la libertà	(die Freiheit)	*le libertà*
l'omnibus	(der Bus)	*gli omnibus*
la virtù	(die Tugend)	*le virtù*

SERIE E

EINZAHL		MEHRZAHL	
männlich	**weiblich**	**männlich**	**weiblich**
il melo (der Apfelbaum)	*la mela* (der Apfel)	*i meli*	*le mele*
il pesco (der Pfirsichbaum)	*la pesca* (der Pfirsich)	*i peschi*	*le pesche*
l'olivo (der Olivenbaum)	*l'oliva* (die Olive)	*gli ulivi*	*le ulive*
il pugno (der Faustschlag)	*la pugna* (der Faustkampf)	*i pugni*	*le pugne*
il manico (der Griff)	*la manica* (der Ärmel)	*i manichi*	*le maniche*
il suolo (der Boden)	*la suola* (die Sohle)	*i suoli*	*le suole*

SERIE F

EINZAHL		MEHRZAHL	
il centinaio	(Hundert)	*le centinaia*	(Hunderte)
il dito	(der Finger)	*le dita*	(die Finger)
la eco	(das Echo)	*gli echi*	(die Echos)
il paio	(das Paar)	*le paia*	(die Paare)
il riso	(das Lachen)	*le risa*	(das Gelächter)
l'uovo	(das Ei)	*le uova*	(die Eier)

All diese Wortgruppen sind in obenstehender Reihenfolge in kleinen Heftchen, die von der Lehrerin vorbereitet wurden und die die Kinder nach Hause mitnehmen können, um sie wieder zu lesen. Es hat sich als bequem und notwendig erwiesen, für die praktische Arbeit zu jeder Grammatikübung kleine Heftchen zusätzlich zu den Kärtchen anzulegen. Zum Beispiel gibt es für die Einzahl und Mehrzahl ein entsprechendes Heftchen, das auf jeder Seite die Nomina einer Kärtchengruppe enthält. Das selbe gilt für die männlichen und weiblichen Nomina, usw.

Im Allgemeinen lesen die Kinder mit großer Freude die Wörter in der Reihenfolge wieder, die sie bei der entsprechenden Übung herausgefunden haben: das festigt und bringt eine innere Reife mit sich, die als Konsequenz zur spontanen Entdeckung der grammatikalischen Gesetze führt oder zu einem regen Interesse, das das Kind zu Ausrufen oder Lachen anregt, wenn es beobachtet, wie es zu einer Änderung der Bedeutung des Wortes kommen kann, wenn auch nur eine kleine Veränderung im Wort vorgenommen wird. Gleichzeitig eignen sich diese Übungen, die so einfach und doch so ergiebig sind, für die Arbeit zu Hause und beantworten die Fragen, mit denen sie ständig die Eltern belagern.

Zu diesem Zweck gibt es auch die Legekästen, in denen die Buchstaben so angeordnet sind wie auf der Schreibmaschine. Das Kind kann zu Hause damit Worte bilden (und in weiterer Folge auch Sätze erfinden) und schult so gleichzeitig auch das Auge, wenn es die Buchstaben gemäß der Anordnung auf der Schreibmaschine auswählen muss. Wenn sich nun die Familie eine Schreibmaschine anschafft, kann das Kind damit die mit dem beweglichen Alphabet komponierten Wörter und Sätze reproduzieren und das geschriebene Blatt als Kontrolle aufbewahren.

IV. Darbietungen - Aufforderungen

Meinen ersten Grammatikunterricht mit Kindern machte ich im Jahre 1899 im Rahmen eines ersten Unterrichtsversuches mit behinderten Kindern in der Schule für lernbehinderte Kinder. Diese Schule wurde in Rom nach einem meiner Kurse, den ich für Volksschullehrer der Hauptstadt abhielt, gegründet. Ich vermittelte den Lehrstoff der Grundschule, um einige Kinder für die Prüfungen in öffentlichen Grundschulen vorzubereiten.

Eine sehr kurze und auch unvollständige Zusammenfassung meines Didaktikunterrichts, den ich in den Kursen für angehende Lehrer abhielt, existiert noch in Einzelausgaben unter dem Titel *„Riassunto delle lezioni di didattica della Dottoressa Montessori. Anno1900"*.

Der Grammatikunterricht war nicht so ausführlich und fundiert wie er mit nicht behinderten Kindern sein könnte, aber es war ein brillanter Unterricht: die Grammatik wurde richtig „erlebt" und die Kinder nahmen mit größtem Interesse teil. Auch diese armseligen Kinder, die wie „Abfall" aus der öffentlichen Schule weggeworfen wurden und direkt von der Straße oder von der Irrenanstalt kamen, verbrachten angenehme Stunden und zerkugelten sich fast vor Lachen dabei. Hier folgt nun ein kurzer Hinweis auf das didaktische Material von 1900 und auf die Darbietung zum „Nomen":

„Zu jedem gelesenen und geschriebenen Wort werden Kärtchen vorbereitet, die gemeinsam „bewegliche" Sätze bilden, so wie die Kinder mit dem beweglichen Alphabet Worte bildeten. Die einfachen Sätze beziehen sich auf Handlungen, die die Kinder selbst vollziehen - man beginnt mit zwei oder mehr Wörtern: *rote Wolle, süßes Konfekt, vierbeiniger Hund,* usw. bis man zum Satz kommt: *die Suppe ist warm, Maria isst die Konfekte.* Die Kinder bilden nun beliebige Sätze mit den Kärtchen. Um die Auswahl der Kärtchen zu erleichtern, sind diese in speziellen Kästchen aufbewahrt, eines z. B.: mit der Aufschrift *Nomen*, das Fächer enthält für: Personen, Speisen, Bekleidung, Tiere, usw. Ein anderes Kästchen ist für *Adjektive* mit Fächern für: Farben, Formen, usw. vorbereitet. Ein weiteres für *Partikel* mit Fächern für Nomen, Artikel, Konjunktion, Präposition usw. Ein Kästchen, reserviert für Tätigkeiten, trägt die Aufschrift: *Verben* und hat Fächer für Infinitiv (Nennform), Präsens (Gegenwart), Vergangenheit, Futur (Zukunft)."

„Die Kinder bedienen sich je nach Belieben an den Kästchen und legen die Kärtchen wieder zurück. Sie wissen schon genau, welches Kästchen welche

Wörter beinhaltet."

„Eines Tages erklärt dann die Lehrerin die Bedeutung der auf den Kästchen beschriebenen Wörter: *Nomen, Adjektiv, Verb;* das ist der erste Schritt in das unbekannte Gebiet der Grammatik."

„NOMEN: Wir nennen Personen und Dinge bei ihrem Namen, das ist das Nomen. Die Menschen antworten, wenn ich sie rufe, so ist das auch bei Tieren. Bei den Gegenständen ist das nicht so, weil sie es nicht können, sie würden es aber tun, wenn sie es könnten. Wenn ich etwa rufe: „Igina!", antwortet Igina. Wenn ich rufe: „Kichererbsen", antworten die Kichererbsen nicht, und zwar deshalb, weil sie nicht antworten können und nicht, weil sie nicht antworten würden. Ihr versteht, wenn ich ein Ding beim Namen nenne und ihr könnt es mir dann bringen. Ich sage z. B.: „Bohnen! Hefte!" Wenn ich euch nicht den Namen der Dinge nenne, versteht ihr nicht, was ich damit meine, weil jedes Ding einen anderen Namen hat. Dieser Name ist das Wort, das für den Gegenstand steht, es ist das *Nomen* (Namenwort). Wenn ich euch ein Nomen nenne, wisst ihr sofort, welcher Gegenstand damit gemeint ist: Baum, Bank, Schafe, Feder, usw. Wenn ich euch das Nomen nicht nenne, dann wisst ihr nicht, worüber ich spreche. Ich sage zum Beispiel: „Bringt mir ..., bringt es mir sofort, ich will es!" Ihr wisst aber nicht, was es ist, wenn ich den Gegenstand nicht mit seinem Namen nenne. Um zu wissen, ob das Wort ein Nomen ist, fragt man sich einfach: „Ist es ein Ding? Könnte es antworten, wenn ich zu ihm spreche? Oder könnte ich es zur Lehrerin bringen?""

„Zum Beispiel: *Brot*, ja, es ist ein Gegenstand, der *Tisch*, auch; *Wärter*, er würde antworten."

„Schauen wir uns nun unsere Kärtchen genauer an: ich nehme sie aus verschiedenen Kästchen und mische sie. Hier ist das Wort: *süß!* Bringt mir süß, ist es ein Ding, das antwortet? Du bringst mir ein Konfekt? Ich habe aber nicht Konfekt gesagt, sondern süß. Jetzt hast du mir ein Stück Zucker gebracht? Ich habe aber nicht Zucker gesagt, sondern süß. Süß ist also kein Gegenstand, somit könnt ihr auch keinen Gegenstand bringen. Wenn ich aber sage: Konfekt, Zucker, dann wisst ihr genau, was ich möchte, weil diese Gegenstände einen Namen haben, das sind die Nomina (Namenwörter)."

Diese kurze Zusammenfassung sagt nichts über das Gelingen der Stunde aus. Ich hatte mit autoritärer Stimme gesprochen, so als fehlten mir die Worte: „Bringt mir ..., bringt mir ..., bringt mir ...." und die Kinder hatten sich mit starrem Blick auf meine Lippen um mich geschart, wie kleine Hunde, die das, was man wegwirft, sofort wieder bringen. Aber das Wort, auf das sie so sehnsüchtig warteten, kam nicht. Voller Ungeduld schrie ich dann laut: „Bringt es mir endlich, ich will es." Ihre Augen leuchteten und sie riefen lachend: „Aber was wollen Sie, was sollen wir Ihnen bringen?"

Das war die Lektion zum Nomen. Wenn dann mit viel Mühe das Wort „süß" aus meinem Mund kam, brachten mir die Kinder alle möglichen süßen Dinge. Ich lehnte aber ab und sagte: „Ich verlangte kein Konfekt und auch keinen Zucker." Die Kinder schauten die Dinge an, die sie in den Händen hatten, halb lachend, halb nachdenkend, bis sie realisierten: süß ist kein Gegenstand und hat somit

GRAMMATIK

auch keinen Namen, es ist kein Nomen.

Dieser Einstieg in die Lektionen, in die Darbietung, erinnert an Befehle, die aber dem Kind zu verstehen helfen, worum es geht. Sie erzeugen lebhafte, interessante Szenen und helfen dem Kind, etwas selbst zu entdecken. Diese Art von Darbietung, Lektion nennen wir „Aufforderungen" („Befehle").

Mit nicht behinderten Kindern sieht das etwas anders aus, da bedarf es nicht dieser Dramatik der Lehrerin, die „Aufforderungen" sind schriftlich. Sie werden auch als Leseübung verwendet und mit großer Begeisterung führen die Kinder bereits im „Kinderhaus" die Tätigkeiten aus.

Das Material zur Grammatik ist aus vielem Ausprobieren und aus Erfahrung entstanden, es muss für die Lehrerin gut vorbereitet sein, sodass sie keinen einzigen Satz während ihrer Arbeit mit den Kindern bilden muss. Die Gegenstände, die ihr zur Verfügung stehen, beinhalten alles Notwendige und für sie genügt es zu wissen, dass alles da ist und wie man es verwendet. Ihre Arbeit beruht dabei mehr auf Gestik und Aktion als auf Worten.

Die Arbeit ist aber nicht so uninteressant, wie es aus den Ausführungen erscheinen mag; die Schule ist wie eine Lernwerkstatt, wo die Kinder die ganze Zeit selbstständig arbeiten. Das Material wird einmal vorgestellt, die Kinder arbeiten dann selbstständig damit, tauschen das Material untereinander aus und geben sich auch gegenseitig die Lektionen. Die Lehrerin gibt nur den Anstoß und alles funktioniert von selbst, wie eine Kettenreaktion. Es ist, als ob sie auf einen Knopf drückt und die Glocke läutet, das Licht angeht, das Auto sich in Bewegung setzt. Manchmal braucht sie eine ganze Woche lang nicht einzugreifen.

Es sind aber auch sehr viel Feingefühl und Takt für die Darbietung des Materials notwendig, damit es für das Kind interessant wird und auch gleichzeitig Platz für spontane Aktivitäten und Impulse ist; und man muss gleichzeitig viele verschiedene Impulse im Auge haben, um „die Lampe brennen zu lassen".

Wenn z. B.: die Lehrerin im Vorbeigehen ein Kärtchen auf einem anderen Platz postiert, nur so zum Spaß, dann muss sie sich auch dessen bewusst sein, was sie damit gemacht hat - auch von der grammatikalischen Regel her. Es folgt daraus, dass jeder einzelne Schritt der Lehrerin, mag er auch sehr unwichtig erscheinen, so wichtig ist, wie jener des Priesters für die Seelen. Sie muss nicht auf das schauen, was in ihr steckt, sondern darauf, dass die Kinder die Möglichkeit haben, ihre Fähigkeiten zu entwickeln.

Die Vorbereitung der Lehrerin besteht darin, dass sie das Material kennt. Es muss immer in ihr präsent sein.

Die ersten Grammatikübungen sind die Übereinstimmungen zwischen Artikel und Nomen mit Hilfe der vorbereiteten Kärtchen. In weiterer Folge dann zwischen Artikel, Nomen und Adjektiv, zwischen Pronomen und Verb und Pronomen und Nomen: die Übungen dafür sind die „Analyse" und die „Aufforderungen".

Die „Aufforderungen" sind gleichzeitig eine Lektion für die Lehrerin und eine Übung für die Kinder: es wird darin die Bedeutung der Wortart erklärt, darauf folgt sofort die praktische Interpretation der Kinder mit einem oder mehreren Sätzen, die sie dann lesen, so wie sie es schon im „Kinderhaus" mit den ersten Leseübungen machten.

Diese Übungen führten wir immer sofort nach den Stilleübungen durch. Nachdem die Kinder die Sätze gelesen hatten, wurden die darin beschriebenen Aktionen ausgeführt. Bei diesen Darbietungen nehmen nicht alle Kinder teil sondern nur eine Gruppe oder ein Kind alleine oder manchmal auch alle. Wenn es möglich ist, macht man diese Darbietung in einem separaten Raum, während die anderen Kinder im großen Raum ihrer Arbeit nachgehen. Wenn es nicht anders möglich ist, passiert alles im selben Raum. Diese „Aufforderungen" könnte man auch als Einführung in die Dramaturgie bezeichnen. Die präzise Interpretation eines Wortes, die exaktes Agieren verlangt, reißt die Kinder total mit.

Die „Analyse" hingegen ist etwas ganz anderes. Diese Arbeit erfolgt alleine am Tisch in vollster Konzentration. Während die „Aufforderung" die Intuition fördert, trägt die Analyse zur Reifung bei. Für diese Übung werden die Grammatikkästen benutzt. Sie enthalten Kärtchen mit Sätzen und solche mit einzelnen Wörtern, die in der Farbe der jeweiligen Wortart entsprechen. Mit dem Satzkärtchen wird z. B.: der Satz: *Wirf dein Taschentuch weg!* aufgelegt. Mit den einzelnen Kärtchen wird der gegebene Satz wieder neu komponiert. Das kennt das Kind schon von der Arbeit mit dem beweglichen Alphabet. Hier ist die Arbeit noch einfacher, denn es braucht den Satz nicht aus dem Gedächtnis schreiben, sondern es hat den Satz vor seinen Augen. Die Aufmerksamkeit des Kindes muss sich auf andere Dinge konzentrieren, wie auf die Farben der Kärtchen und auf die Plätze dieser im Kasten. Denn es muss alle Nomina, Adverbien, Präpositionen usw. ausräumen, um den gewünschten Satz bilden zu können. Dadurch kommt es auch zu einer Klassifikation der Wortarten gemäß der grammatikalischen Bedeutung.

Was aber diese Übung besonders interessant macht, ist das Austauschen der Kärtchen. Die Lehrerin versetzt ein Kärtchen und ruft dadurch neue grammatikalische Überlegungen hervor.

Der Satz bekommt dadurch eine andere Bedeutung. Es ist wie bei einem Organ, das nicht funktioniert, dann wird man sich erst seiner Funktion bewusst. Erst wenn man etwas verloren hat, ist man sich dessen Wert und Funktion bewusst. So wird einem auch bewusst, dass nicht die Worte dem Satz den Sinn geben, sondern ihre Anordnung. Das beeindruckt die Kinder sehr. Was eine sinnlose Aneinanderreihung von Worten ist, kann zum Ausdruck eines Gedankens werden.

So entsteht ein lebhaftes Interesse an der Anordnung der Worte. Das Kind versucht nicht Nonsenssätze zu produzieren, sondern geringe Wortversetzungen - ohne den Sinn des Satzes zu verändern. Die Lehrerin muss sich ganz klar der grammatikalischen Regeln bewusst sein, dadurch kann das Kind seine grammatikalischen Kenntnisse vertiefen. Wenn das Kind das Prinzip der grammatikalischen Funktionen begriffen hat, wird es zum Strategen, der die Kärtchen beliebig versetzt, um verschiedene Gedanken auszudrücken. Um die Grammatik lang und eingehend zu studieren, wird niemand soviel Geduld aufbringen wie ein Kind.

Diese feinfühlende Arbeit ist nicht einfach für die Lehrerin, sie muss sehr gut vorbereitet sein. Wir haben das Material für sie vorbereitet, aber sie muss es

lebendig machen.
   Das lässt auch verstehen, wie weit das modernistische Pädagogikkonzept von der Realität entfernt ist, nach dem sich die Freiheit in der Schule darauf beschränkt, dass man der Lehrerin das Folgende sagt: „Versucht immer, den Schülern zu entsprechen, ohne euch um irgendeinen Zusammenhang zu kümmern." Wenn wir von einer Lehrerin verlangen, den inneren Bedürfnissen eines Menschen zu entsprechen, verlangen wir etwas sehr Großes von ihr. „Das kann sie nie erfüllen, wenn wir ihr nicht das Notwendige dazu zur Verfügung stellen." - Das Notwendige dazu ist das Material.

BEFEHLE ZU DEN NOMINA

AUFFORDERUNG ZUM RUFEN

(Es stehen Kärtchen zur Verfügung, auf denen die Befehle stehen. Die Kinder lesen sie und führen sie aus.)

Ruf laut:
    Maria! Nina! Gigina!
und ein bisschen später ruf:
    Blonde! Schöne! Gute!

Ruf das:
    Peter! Bring einen Sessel.
    Mario! Nimm einen Kubus.
    Luigi! Nimm einen Rechenrahmen heraus.
    Nino! Nino! Bring sofort den ... - Bring ihn mir sofort! Mach schnell!

Ruf, indem du dir Zeit lässt:
    Komm! Komm und gib mir einen Kuss - ich bitte dich, komm!
Dann sag:
    Maria! Komm, gib mir einen Kuss.

   Diese kurzen Befehle eignen sich gut für kurze theatralische Szenen. Schon mit fünf Jahren beginnt bei den Kindern die Tendenz zum Schauspielen. Es ist für sie faszinierend, Worte mit sentimentalem Ton zu sprechen und mit Gesten zu begleiten. Wir hätten uns nie gedacht, dass das Theaterspielen für Fünfjährige so einfach ist, die Erfahrung hat uns aber eines Besseren belehrt. Einmal waren unsere kleinen Kinder zu einer Theateraufführung von größeren Kindern einer öffentlichen Schule eingeladen. Sie folgten der Aufführung mit wirklich überraschendem Interesse. Sie erinnerten sich an drei Wörter und aus diesen drei Wörtern machten sie ein Theaterstück, welches sie am nächsten Tag immer wieder wiederholten.
   Die Aufforderungen zum Rufen sind deswegen auch prädestiniert zum Theaterspielen. Das Kind ruft den Namen mit schmeichelndem Ton und das gerufene Kind nähert sich; dann macht es dasselbe mit den anderen Namen: jeder Gerufene kommt. Dann folgen die unvollständigen Rufe: Blonder! Blonder!

Schöner! - Niemand bewegt sich. Das beeindruckt die Kinder sehr.

Die Befehle, so wie die Bitten, eignen sich ebenfalls sehr für dramaturgische Aktionen: Peter hat den Sessel gebracht. Mario hat den Kubus genommen. Luigi hat den Rechenrahmen herausgenommen. Nino aber bleibt dort, wo er ist, während das Kind verzweifelt ruft: Bring es mir! Sofort!

Und wie ausdrucksvoll ist die Bitte: Komm! Ich bitte dich, komm und gib mir einen Kuss. - Komm! Komm! - bis sie schließlich schreit - Maria! Komm! Das führt dann dazu, dass Maria kommt und der langersehnte Kuss sich erfüllt.

Diese dramatischen Szenen werden von den Kindern bis zur Erschöpfung gespielt.

V. Adjektive (Eigenschaftswörter)

Analysen

MATERIAL: Der Grammatikkasten zum Adjektiv
verschiedene schon bekannte Gegenstände
neue Gegenstände

Das Material zur Wortanalyse besteht aus Kärtchen: Artikel - hellbraun (hellblau), Nomina - schwarz und Adjektive - dunkelbraun (dunkelblau). Diese liegen in drei Fächern des Kastens, in jedem Fach befindet sich ein Kärtchen mit dem Namen der Wortart: Artikel, Nomen, Adjektiv. Gegenüber dieser Fächer ist noch ein großes Fach, das Platz bietet für die Karten mit den zu analysierenden Sätzen (Tafeln 4a, 4b).

Beschreibende Eigenschaftswörter

Das Kind muss nun die Sätze lesen, die Gegenstände nehmen, die darauf angegeben sind, und dann die Sätze mit den farbigen Kärtchen in folgender Weise zusammensetzen.

Nehmen wir an, auf den Kärtchen steht:

il colore verde   die grüne Farbe
il colore turchino die tiefblaue Farbe
il colore rosso   die rote Farbe

Das Kind holt sich die schon vom „Kinderhaus" her bekannten Farbtafeln vom Sinnesmaterial und legt sie vor sich auf den Tisch. Dann setzt es den Satz mit den einzelnen farbigen Kärtchen zusammen:

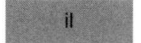 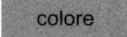

und legt die grüne Farbtafel dazu. Danach wechselt es nur das Kärtchen des Satzes aus, auf dem die Farbe steht: tiefblau; es wechselt auch die Farbtafel aus, nimmt die grüne weg und legt die tiefblaue dazu. Schließlich wechselt es dann auch noch das dritte Adjektiv aus und legt zum neuen Satz die dritte

Farbtafel. Auf alle drei Gegenstände wurde durch das Adjektiv hingewiesen. Dieses gab den Unterschied an:

il colore	verde
	turchino
	rosso

Alle Sätze haben Bezug zum Entwicklungsmaterial: für einige, wie z: B.: warmes, kaltes, lauwarmes, eiskaltes Wasser; farbloses, gefärbtes Wasser muss der Lehrer vorher das Material vorbereiten. Es gibt fünf Gruppen von Sätzen, die die verschiedenen Sinne ansprechen.

A. SENSO CROMATICO   A. FARBSINN

il prisma marrone   das braune Prisma
il prisma azzurro   das blaue Prisma

il colore verde   die grüne Farbe
il colore turchino   die tiefblaue Farbe
il colore rosso   die rote Farbe

i lapis neri   die schwarzen Farbstifte
i lapis colorati   die bunten Farbstifte

l'acqua colorata   das gefärbte Wasser
l'acqua incolorata   das farblose Wasser

il colore giallo   die gelbe Farbe
il colore arancione   die orange Farbe

il colore scuro   die dunkle Farbe
il colore chiaro   die helle Farbe

B. SENSO VISIVO: DIMENSIONI   B. SEHSINN: GRÖSSE

l'asta lunga   die lange Stange
l'asta corta   die kurze Stange

il cubo grande   der große Kubus
il cubo piccolo   der kleine Kubus

il cilindro alto   der hohe Zylinder
il cilindro basso   der niedrige Zylinder

il prisma marrone grosso   das dicke braune Prisma
il prisma marrone fino   das dünne braune Prisma

il rettangolo largo   das breite Rechteck
il rettangolo stretto   das schmale Rechteck

l'incastro solido   der stabile Einsatzrahmen
l'incastro piano   der flache Einsatzrahmen

C. Senso Visio: Forma

il triangolo equilatero
il triangolo isoscele
il triangolo scaleno
il triangolo acutangolo
il triangolo ottusangolo
il triangolo rettangolo

l'incastro circolare
l'incastro quadrato
l'incastro rettangolare

la piramide quadrangolare
la piramide triangolare

il prisma azzurro rettangolare
il prisma azzurro triangolare

la scatola cilindra
la scatola prismatica

D. Senso Tattile-Muscolare

la superficie piana
la superficie curva

la stoffa ruvida
la stoffa liscia

l'acqua calda
l'acqua fredda
l'acqua tiepida
l'acqua ghiacciata

la tavoletta pesante
la tavoletta leggera

la stoffa morbida
la stoffa dura

E. Senso Uditivo, Olfattivo e Gustativo

il rumore forte
il rumore leggero

il suono acuto
il suono basso

l'acqua odorosa
l'acqua inodora

C. Sehsinn: Form

das gleichseitige Dreieck
das gleichschenkelige Dreieck
das beliebige Dreieck
das spitzwinkelige Dreieck
das stumpfwinkelige Dreieck
das rechtwinkelige Dreieck

der runde Einsatzrahmen
der quadratische Einsatzrahmen
der rechteckige Einsatzrahmen

die quadratische Pyramide
die dreieckige Pyramide

das rechteckige blaue Prisma
das dreieckige blaue Prisma

die zylinderförmige Schachtel
die prismenförmige Schachtel

D. Tastsinn

die ebene Oberfläche
die gekrümmte Oberfläche

der raue Stoff
der glatte Stoff

das warme Wasser
das kalte Wasser
das lauwarme Wasser
das eiskalte Wasser

das schwere Brettchen
das leichte Brettchen

der weiche Stoff
der harte Stoff

E. Hör-, Geruchs- und Geschmackssinn

der starke Lärm
der schwache Lärm

der schrille Ton
der tiefe Ton

das duftende Wasser
das geruchlose Wasser

l'odore buono	der gute Geruch
l'odore cattivo	der schlechte Geruch
il sapore amaro	der bittere Geschmack
il sapore dolce	der süße Geschmack
il sapore acido	der saure Geschmack
il sapore salato	der salzige Geschmack

Die Lehrerin beobachtet, ob das Kind die angegebenen Gegenstände genommen hat. Wenn das der Fall ist, beginnt sie mit dem Austauschen der Kärtchen. Dabei erklärt die Lehrerin, welche generelle Regel es für die Position des Adjektivs gibt: normalerweise steht im Italienischen das Adjektiv nach dem Nomen: steht es vor dem Nomen, nimmt es eine andere Bedeutung an.

Um den Superlativ anzugeben, steht es samt Artikel nach dem Nomen: Umberto il buono - Umberto der Gute.

Beispiel: das Kind hat mit den Kärtchen folgenden Satz gelegt:

il triangolo rettangolo	das Dreieck, rechtwinkelig

die Lehrerin macht daraus:

il rettangolo triangolo	das rechtwinkelige Dreieck

und analog:

il prisma rettangolare azzurro	das Prisma, rechteckig, blau
il rettangolare azzurro prisma	das rechteckige blaue Prisma
i lapis neri	die Farbstifte, schwarz
i neri lapis	die schwarzen Farbstifte
il colore rosso	die Farbe rot
il rosso colore	die rote Farbe

Das Gefühl und die Gewohnheit lassen das Kind dann auf die normale Position des Adjektivs zurückkommen.

In einigen Sätzen wie:

> *il sapore dolce*
> *il rumore leggero*

bewirkt die Versetzung des Adjektivs auf einen anderen Platz, und zwar vor dem Nomen, dass es eine vagere Bedeutung annimmt, als wenn es auf dem normalen Platz stehen würde:

> *il dolce sapore*
> *il leggero rumore*

Hat dem Kind dieses Austauschen der Plätze gefallen, kann die Lehrerin sagen: *Das Adjektiv steht nach dem Nomen* (im Italienischen). Das war dann eine

GRAMMATIK

Grammatiklektion auf höherem Niveau.

Eine andere Übung bezieht sich auf die Übereinstimmung des Adjektivs in Geschlecht und Zahl. (Anmerkung der Übersetzerin: Im Deutschen bezieht sie sich nur auf die Zahl.)
Es gibt dazu zwei Serien von zwanzig männlichen und weiblichen Adjektiven (in Einzahl und Mehrzahl) und zwei Serien von zwanzig Adjektiven in der Einzahl und in der Mehrzahl (in beiden Geschlechtern):

Singolare **Einzahl**		*Plurale* **Mehrzahl**	*Singolare* **Einzahl**		*Plurale* **Mehrzahl**
acuto	(spitz)	acuti	malata	(krank)	malate
allegro	(heiter)	allegri	odorosa	(duftend)	odorose
attenta	(aufmerksam)	attente	arioso	(luftig)	ariosi
basso	(niedrig)	bassi	prezioso	(wertvoll)	preziosi
buono	(gut)	buone	piena	(voll)	piene
caldo	(warm)	caldi	pesante	(schwer)	pesanti
cattivo	(schlecht)	cattivi	pulito	(sauber)	puliti
dolce	(süß)	dolci	rozza	(grob)	rozze
duro	(hart)	duri	rosso	(rot)	rossi
educata	(erzogen)	educate	robusta	(robust)	robuste
felice	(glücklich)	felici	sincero	(ehrlich)	sinceri
fredda	(kalt)	fredde	studioso	(fleißig)	studiosi
grande	(groß)	grandi	stretto	(eng)	stretti
grazioso	(lieblich)	graziosi	stupida	(dumm)	stupide
gioiosa	(freudig)	gioiose	vecchia	(alt)	vecchie
gentile	(freundlich)	gentili	morbido	(weich)	morbidi
italiano	(italienisch)	italiani	leggera	(leicht)	leggere
lieto	(erfreut)	lieti	lunga	(lang)	lunghe
largo	(breit)	larghi	grosso	(dick)	grossi
lento	(langsam)	lenti	colorita	(gefärbt)	colorite

Maschile **männlich**		*Femminile* **weiblich**	*Maschile* **männlich**		*Femminile* **weiblich**
alti	(hoch)	alte	ottimo	(sehr gut)	ottima
bello	(schön)	bella	ordinato	(ordentlich)	ordinata
bravi	(tüchtig)	brave	pigri	(faul)	pigre
biondo	(blond)	bionda	pallido	(blass)	pallida
chiaro	(hell, klar)	chiara	piccolo	(klein)	piccola
corto	(kurz)	corta	ruvidi	(rau)	ruvide
coraggiosi	(mutig)	coraggiose	serio	(ernst)	seria
disordinato	(unordentlich)	disordinata	suo	(sein)	sua (ihr)
			(Anmerkung der Übersetz.: im Deutschen sind das keine Eigenschaftswörter, sondern besitzanzeigende Fürwörter)		
dolce	(süß)	dolce	sgarbato	(unhöflich)	sgarbata
debole	(schwach)	debole	tuo (siehe suo, sua)	(dein)	tua
esatto	(genau)	esatta	timido	(schüchtern)	timida

freddo	(kalt)	fredda	ultimo	(letzter)	ultima	
graziosi	(lieblich)	graziose	vostro	(euer)	vostra (eure)	
grande	(groß)	grande	zoppi	(lahm)	zoppe	
garbati	(höflich)	garbate	zitto	(ruhig)	zitta	
gentili	(nett)	gentili	carino	(lieblich)	carina	
italiani	(italienisch)	italiane	liscio	(glatt)	liscia	
inglese	(englisch)	inglese	obbediente	(gehorsam)	obbediente	
lento	(langsam)	lenta	contenti	(zufrieden)	contente	
svelto	(schnell)	svelta	allegro	(heiter)	allegra	

So wie mit den vier Formen der Nomina kann man auch mit den Formen der Adjektive amüsante Übungen gestalten. Die Mehrzahlformen der Adjektive werden an alle Kinder verteilt, nur eines, das keine Mehrzahlformen bekommt, liest laut die Einzahlformen vor. Es wartet darauf, dass ein Kind die entsprechende Pluralform hat und auch vorliest.

ÜBEREINSTIMMUNG ZWISCHEN NOMEN UND ADJEKTIV

Eine weitere Übung besteht darin, dass zwei Gruppen von fünfzig Kärtchen zur Verfügung gestellt werden, aufgeteilt in Adjektive und Nomina. Diese werden in einer Reihe aufgelegt und das Kind sucht dann die dazugehörigen Adjektive. Es können auch mehrere Adjektive zu einem Nomen passen, dabei entstehen manchmal sehr unterhaltsame Kombinationen.

So sieht das Material aus:

Nomi	Nomina	*Aggettivi*	Adjektive
contadina	(Bäuerin)	allegra	(heiter)
lavagnetta	(kleine Tafel)	rettangolare	(rechteckig)
casa	(Haus)	bella	(schön)
foglio	(Blatt)	bianco	(weiß)
zia	(Tante)	brava	(tüchtig)
panchetto	(Hocker)	basso	(niedrig)
mamma	(Mama)	cara	(lieb)
prisma	(Prisma)	grosso	(dick)
professore	(Professor)	alto	(groß)
vaso	(Vase)	largo	(breit)
maestra	(Lehrerin)	magra	(schlank)
foglia	(Blatt)	verde	(grün)
lavandaia	(Wäscherin)	pulita	(sauber)
circolo	(Kreis)	perfetto	(perfekt)
marinaio	(Seemann)	robusto	(robust)
pizzicagnolo	(Wurst- u. Käsehändler)	grasso	(dick)
carrettiere	(Fuhrmann)	abbronzato	(gebräunt)
testa	(Kopf)	unta	(gesalbt)
bambino	(Bub)	buono	(lieb, brav)
gomma	(Radiergummi)	densa	(dick)
fanciullo	(Knabe)	stizzito	(verärgert)

GRAMMATIK

acqua	(Wasser)	limpida	(klar)
figlio	(Sohn)	obbediente	(gehorsam)
saponetta	(Seifenstück)	odorosa	(duftend)
pietra	(Stein)	nera	(schwarz)
medico	(Arzt)	bravo	(tüchtig)
latte	(Milch)	bianco	(weiß)
giardiniere	(Gärtner)	bizzarro	(launisch)
formaggio	(Käse)	tenero	(fein)
cane	(Hund)	arrabbiato	(tollwütig)
carne	(Fleisch)	fresca	(frisch)
manicotto	(Muff)	morbido	(weich)
vino	(Wein)	rosso	(rot)
gatto	(Kater)	arruffato	(zerzaust)
disegno	(Zeichnung)	grazioso	(lieblich)
colombo	(Taube)	viaggiatore	(Brieftaube)
perla	(Perle)	lucente	(glänzend)
uomo	(Mensch)	brontolone	(mürrisch)
vetro	(Glas)	trasparente	(durchsichtig)
ragno	(Spinne)	pericoloso	(gefährlich)
ragazzina	(Mädchen)	impertinente	(frech)
serpente	(Schlange)	velenoso	(giftig)
asino	(Esel)	paziente	(geduldig)
medicina	(Medizin)	amara	(bitter)
gallina	(Huhn)	grassa	(fett)
nonna	(Großmutter)	indulgente	(nachsichtig)
topo	(Maus)	agile	(flink)
babbo	(Papa)	severo	(streng)
vespa	(Wespe)	maligna	(bösartig)
cassetto	(Lade)	ordinato	(geordnet)

Es ist auch möglich, mit diesen Kärtchen ein Spiel zu machen, an dem alle Kinder beteiligt sind. Auf einem Tisch liegen die Nomina verteilt, auf einem anderen die Adjektive. Die Kinder gehen so ruhig, wie während der Stilleübung herum, suchen sich zuerst ein Nomen aus, dann ein Adjektiv.

Nachdem alle ihre Auswahl getätigt haben, liest jeder laut sein gefundenes Paar unter Begeisterung aller vor.

(Anmerkung der Übersetzerin: Unter Beachtung der Übereinstimmung für das Deutsche müssten die Beispiele folgendermaßen lauten:

schönes Haus	weißes Blatt	tüchtige Tante	
niedriger Hocker	liebe Mama	dickes Prisma	usw.)

BESCHREIBENDE ADJEKTIVE

EINZELDARBIETUNGEN

Die Beschäftigung mit dem Adjektiv kann für die Lehrerin Anlass sein, die Kinder mit ihnen noch unbekannten physikalischen Eigenschaften vertraut zu machen. So kann sie z. B.: ein Stück durchsichtiges Glas, ein Stück schwarzes Glas oder irgendein undurchsichtiges Schild und ein weißes Stück Papier, das Ölflecken aufweist, präsentieren. Sie zeigt damit, dass man die Gegenstände durch das Glas verschieden wahrnimmt, während man durch den Ölfleck nur das Licht wahrnimmt und durch das undurchsichtige Schild gar nichts.

Eine andere Möglichkeit wäre, in einen Glastrichter verschiedene Dinge zu geben: einen Papierfilter, einen Schwamm oder ein Stück wasserundurchlässigen Stoff. Man sieht, wie das Wasser durch den Filter fließt, der Schwamm es aufsaugt und der Stoff das Wasser aufstaut.

Mit zwei Glaseprouvetten, die sie mit Wasser auf verschiedene Höhen füllt, lässt die Lehrerin beobachten, wie die Wasseroberfläche einmal konkav und einmal konvex ist.

Die Anweisungen zu diesen Versuchen stehen auf dunkelbraunen Kärtchen (in der Farbe der Adjektive) und liegen bei den Adjektiven. Der Texte der Kärtchen können z. B. so aussehen:

> Fülle zwei Eprouvetten mit Wasser: eine ist voll gefüllt, die andere nicht. Beobachte die Form der Wasseroberfläche und ordne die folgenden Adjektive zu: *konkav, konvex.*

> Nimm verschiedene Gegenstände wie Papierfilter, Schwamm, Stoff und zeige damit, ob sie das Wasser durchlassen; ordne dann folgende Adjektive zu: *wasserdurchlässig, aufsaugend, wasserundurchlässig.*

> Nimm ein Stück durchsichtiges Glas, ein Blatt schwarzes Papier und ein Stück Ölpapier und schau damit ins Licht. Ordne die folgenden Adjektive zu: *durchsichtig, undurchsichtig, lichtdurchlässig.*

Darbietungen, um das unterschiedliche Gewicht von Gegenständen aufzuzeigen, wären folgende: man gibt in ein Glas Wasser Öl oder mit Anilin gefärbten Alkohol; auf das Wasser setzt man ein Stück Kork oder lässt ein Bleikügelchen hineinfallen.

Anweisung dazu:

> Vergleiche das Gewicht von Wasser und gefärbtem Alkohol, von Wasser und Öl, Wasser und Kork, Wasser und Blei. Schreibe dann auf, welche Stoffe schwerer bzw. leichter als andere sind.

Das Kind hat nun die Aufgabe, das Beobachtete in Worte zu fassen wie z. B.:

> Wasser ist schwerer als Öl.

Die Kinder führen die kleinen Versuche selbst aus, lernen mit Eprouvetten, Trichtern und Filtern umzugehen. Es bedarf auch einer gewissen Feinmotorik, um eine Eprouvette exakt zu füllen, gefärbten Alkohol und Öl im Wasserglas zu verteilen. So machen sie die ersten praktischen Kontakte mit der Naturwissenschaft.

Die nächsten Aufforderungen beziehen sich auf Komparativ und Superlativ der Adjektive: Ein Beispiel dazu sahen wir gerade bei den Versuchen über das Gewicht von physikalischen Stoffen. Auch die nun folgenden gehören zu den dunkelbraunen Kärtchen der Adjektive.

Nimm die braune Treppe oder andere Gegenstände und ordne ihnen folgende Adjektive zu: *dick, fein, sehr dick, sehr fein.*

Nimm die acht Farbtafeln der Farbe, die dir am besten gefällt, lege sie gemäß der Farbabstufung auf und ordne folgende Adjektive zu: *hell, sehr hell, dunkel, sehr dunkel.*

Nimm die Kreise der Einsatzrahmen und wähle die Kreise aus, zu denen die folgenden Eigenschaftswörter passen: *groß, klein, mittel.*

Nimm Stoffe oder andere Gegenstände und ordne diese Adjektive zu: *glatt, sehr glatt, rau, sehr rau, weich, sehr weich.*

Nimm die rosa Kuben oder andere Gegenstände und ordne diese Adjektive zu: *groß, sehr groß, klein, sehr klein.*

Lege Gegenstände gemäß der Abstufung ihrer Gewichte auf und ordne die Adjektive zu: *schwer, sehr schwer, leicht, sehr leicht.*

MENGENANGEBENDE ADJEKTIVE
EINZELDARBIETUNGEN

Wie schon vorher beschrieben, gibt es dazu eine Serie von dunkelbraunen Kärtchen, die mit einem Gummiband zusammengehalten sind. Es sind folgende Gruppen dazu vorbereitet:

a) Nimm die Marken (vom Markenspiel) und mach damit verschiedene Häufchen, die den folgenden Adjektiven entsprechen: *eins, zwei, drei, vier, fünf, sechs, sieben, acht, neun, zehn, zwanzig.*

b) Nimm einige Bohnen und mach damit verschiedene Häufchen, die den Adjektiven entsprechen: *wenige, nichts, viele, einige.*

c) Wähle eine bestimmte Anzahl von Perlen aus (z. B. zwei) und bilde dann, den folgenden Adjektiven entsprechend, verschiedene Häufchen:
doppelt, dreifach, vierfach, fünffach, sechsfach, zehnfach, halb, gleich.

(Anmerkung der Übersetzerin: Im Deutschen sind das die Kardinalzahlen, bzw. unbestimmte Zahlwörter.)

ORDNUNGSANGEBENDE ADJEKTIVE
EINZELDARBIETUNGEN

- Baue die braune Treppe auf und lege folgende Adjektive dazu: *erste, zweite, dritte, vierte, fünfte, sechste, siebente, achte, neunte, zehnte.*
- Ordne den Laden des Materialschranks, von oben beginnend, folgende Adjektive zu: *erste, zweite, dritte, vierte, fünfte.*
- Ordne den Laden des Materialschranks, von unten beginnend, folgende Adjektive zu: *erste, zweite, dritte, vierte, fünfte.*

(Anmerkung der Übersetzerin: Im Deutschen sind das die Ordnungszahlen, das ist eine eigenständige Wortart - DIE NUMERALIA (ZAHLWÖRTER); die Farbe dazu ist grau (hellblau), d.h. es gibt einen eigenen Grammatikkasten mit vier Fächern für die Wortarten: Artikel, Nomen, Adjektiv, Numerale.)

Demonstrativpronomen

Kollektivdarbietung

(Anmerkung der Übersetzerin: Im Italienischen wird unterschieden zwischen Adjektiv und Pronomen, je nachdem, ob das Wort beim Nomen steht oder nicht, d. h. je nach seiner Verwendung.)

Die Lehrerin schart eine Gruppe von Kindern um sich und erklärt ihnen die Bedeutung folgender Wörter: *questo (= dieser)* - in unserer Nähe, *codesto (= dieser)* - in eurer Nähe, *quello (= jener)* - weit weg.

Dann verteilt sie die Anweisungen, die für mehrere Kinder gelten.

- Versammelt euch in *dieser (codesto)* Ecke des Saales, dann kommt gemeinsam in *diese (questo)* Ecke und lauft schließlich alle zu *jener (quello)* Ecke.
- Ruf einen deiner Kameraden und bitte ihn, eine Schachtel auf *diesen (questo)* Tisch, eine Vase auf *diesen (codesto)* Tisch und einen Teller auf *jenen (quello)* Tisch zu stellen.
- Sag einem Kameraden folgende Dinge, indem du mit dem Finger hinzeigst: gib eine grüne Perle in *diese (questo)* Vase, eine blaue Perle in *diese (codesto)* Vase und eine weiße Perle in *jene (quello)* Vase.
- Verteile die Kinder auf drei verschiedene Plätze des Raumes und befiehl ihnen dann: *jene (quello)* Gruppe nehme den Platz *dieser (questo)* Gruppe ein. *Diese (codesto)* Gruppe hingegen löse sich auf und die Kinder gehen auf ihren Platz zurück.

Besitzanzeigende Fürwörter

Kollektivdarbietung

(Anmerkung der Übersetzerin: Im Italienischen sind die besitzanzeigenden Fürwörter als Adjektive bezeichnet.)

Analog zur vorigen Wortart erklärt die Lehrerin die Bedeutung der Wörter: *mein, dein, sein, ihr, usw.*, indem sie wieder mit einer Handbewegung darauf hinweist.

Das sind die Anweisungen:
- Weise auf die Gegenstände hin, indem du sagst: dieses Täfelchen ist *meines*, dieses ist *deines* und jenes ist *seines (ihres)*.
- Weise auf die Plätze hin, indem du sagst: jener ist *sein (ihr)* Platz, dieser ist *dein* Platz und dieser ist *meiner*.

- Verteile die Körbchen und sage dazu: dieses ist *meines*, dieses andere gehört wem? Ist es *deines*? Und dieses ...? Ah ... dieses ist *seines (ihres)*.
- Zuerst machen wir alle gemeinsam eine Runde, dann gehen wir auf *unsere* Plätze. Ihr geht auf *eure* und sie gehen auf *ihre* Plätze.
- Verteilen wir die Dinge; legen wir hier *unsere* Sachen her und *ihre* dorthin.
- Wir werden jetzt auf *eure* Plätze gehen und ihr auf *ihre*. Inzwischen werden sie aufstehen und *unsere* Plätze einnehmen.

VI. Verben (Zeitwörter)

Als ich meine ersten Grammatikdarbietungen mit behinderten Kindern machte, beschränkte ich mich prinzipiell einmal auf Nomina und Verben. Das Nomen bezeichnet einen Gegenstand, ein Objekt, das Verb eine Aktion, eine Bewegung. So zeigte ich die Unterschiede, wie wir Materie von Energie und Chemie von Physik unterscheiden, klar auf. Zustand und Bewegung, sowie potentielle und kinetische Energie werden durch das Verb ausgedrückt.

Während das Kind beim Studium des Nomens die Gegenstände zu sich nehmen konnte, muss es hier die Tätigkeiten ausführen. Dabei benötigt es die Führung der Lehrerin, weil es nicht immer imstande sein wird, das Wort mit einer Tätigkeit interpretieren zu können, die ihm genau entspricht. Es bedarf dabei sogar mehrerer Einzeldarbietungen.

Analyse

Man benötigt dazu den Grammatikkasten zum Verb, der vier Fächer enthält für: Artikel, Nomen, Adjektiv und Verb. Die entsprechenden Farben der Kärtchen dazu sind: hellbraun (hellblau), schwarz, dunkelbraun (dunkelblau) und rot (Tafel 5). Die sich wiederholenden Wörter gibt es nur einmal, auf einem Kärtchen stehen z.B. folgende Sätze:

Schließ die Tür!
Versperr die Tür!

Auf den farbigen Kärtchen gibt es daher nur folgende Wörter:

Schließ
Versperr *die Tür!*

So tauscht das Kind, nachdem es einen Satz zusammengestellt hat, ein Kärtchen aus und sieht somit deutlich, dass nur durch das Austauschen des Verbs zwei Sätze mit verschiedenen Bedeutungen entstehen. Das Kind führt die angegebenen Tätigkeiten aus und legt dann den Satz mit den Kärtchen am Tisch auf. Dazu gibt es folgendes Material: Die verwendeten Verben sind entweder Synonyme oder Gegensätze.

GRAMMATIK

Serie A

- *Schließ* die Tür!
  Sperr die Tür *zu*!
- *Leg* eine Feder hin!
  Wirf eine Feder hin!
- *Hebe* deinen Sessel!
  Stell deinen Sessel *hin*!

- *Nimm* den schwarzen Buntstift!
  Lass den schwarzen Buntstift *liegen*!
- *Mach* einen Knoten!
  Löse einen Knoten!
- *Streu* einige Perlen *aus*!
  Sammle einige Perlen *ein*!

Serie B

- *Schließ* den Legekasten!
  Sperr den Legekasten *zu*!
- *Wirf* einen Radiergummi!
  Schmeiß einen Radiergummi *hin*!
- *Gib* die Hand *hinunter*!
  Heb die Hand!

- *Zeig* die saubere Hand *her*!
  Versteck die saubere Hand!
- *Berühre* die Samtstoffe!
  Fühle die Samtstoffe!
- *Schreib* ein kurzes Wort!
  Radiere ein kurzes Wort *aus*!

Serie C

- *Nimm* ein Bild *herunter*!
  Häng ein Bild *auf*!
- *Verfasse* einen kurzen Brief!
  Schreib einen kurzen Brief!
- *Umfahre* einen Kreis!
  Male einen Kreis *aus*!

- *Stelle* eine leere Vase *auf den Kopf*!
  Dreh eine leere Vase *um*!
- *Heb* den Kopf!
  Senk den Kopf!
- *Bring* einen leichten Sessel *her*!
  Zieh einen leichten Sessel *her*!

Serie D

- *Öffne* die nächste Tür!
  Mach die nächste Tür weit *auf*!
- *Fülle* ein Glas!
  Leere ein Glas!
- *Streichle* einen deiner kleinen Kameraden!
  Küsse einen deiner kleinen Kameraden!

- *Schließ* die große Anrichte *ab*!
  Sperr die große Anrichte *auf*!
- *Bedeck* das Gesicht!
  Enthülle das Gesicht!
- *Hol* zwei braune Prismen *her*!
  Bring zwei braune Prismen *zurück*!

Serie E

- *Streck* die rechte Hand *aus*!
  Gib die rechte Hand *zurück*!
- *Mach* Fäuste!
  Öffne die Fäuste!
- *Kämme* deine Haare!
  Zerzause deine Haare!

- *Misch* die lila Farbtäfelchen!
  Ordne die lila Farbtäfelchen!
- *Bau* den rosa Turm!
  Zerstöre den rosa Turm!
- *Breite* den großen Teppich *aus*!
  Lege den großen Teppich *zusammen*!

Wortverschiebungen

Die Lehrerin muss die grammatikalischen Regeln über die Stellung des Verbs ganz klar im Kopf haben, um dem Kind ein Gefühl für die normale Position geben zu können. Es muss immer vor dem Objekt stehen: „Zuerst das Verb, dann das Objekt, auf das sich die Aktion bezieht."

BEISPIEL: Öffne die nächste Tür!

Die Lehrerin vertauscht nun die Wörter:
Die nächste Tür öffne!
und: Versteck die kleine Hand!
Die kleine Hand versteck!

Nimmt man das Verb weg, dann verschwindet die Handlung: ... einen deiner kleinen Kameraden! Man kann auch zeigen, wie viele sinnlose Kombinationen es gibt, nur ein Satz davon ist sinnvoll.

BEISPIEL: *Bring* einen leichten Sessel!
Einen leichten Sessel bring!
Leichten bring einen Sessel!
Einen Sessel bring leichten!
Sessel einen leichten bring!
oder:
Misch die lila Farbtäfelchen!
Die lila Farbtäfelchen misch!
Lila Farbtäfelchen die misch!
Die misch lila Farbtäfelchen!
Farbtäfelchen die lila misch!

DARBIETUNGEN UND ANWEISUNGEN ZUM VERB

Die Interpretationsübungen zum Verb haben den Kindern sehr gefallen. Dazu wurden Päckchen von je zehn roten Kärtchen vorbereitet, zusammengehalten von einem Gummiband.

Das Kind führt eine Aktion nach der anderen aus. Es kann die Kärtchen abschreiben, was besonders den kleinen Kindern sehr gefällt.

BEISPIELE:
- geh herum, sing, spring, tanz, knie dich nieder, setz dich hin, schlaf, wach auf, bitte, seufze
- schreib, lösch ab, weine, lache, versteck dich, zeichne, lies, sprich, höre zu, lauf
- räume auf, staube ab, wasch ab, bürste dich ab, mach die Knöpfe zu, mach die Schuhbänder zu, hak den Gürtel zu, mach die Haken zu, schau dich in den Spiegel
- frisier dich, wasch dich, trockne dich ab, grüß, umarme, küss, lächle, leg dich bequem hin, lies, gähn

Es sind dies die gebräuchlichsten Verben, die den Kindern schon mehr oder weniger bekannt sind. Nun aber zu den echten Lektionen zum Verb: Die Lehrerin wählt dafür eine Serie von synonymen Verben aus und erklärt einer Gruppe von Kindern deren Bedeutung, indem sie die dadurch beschriebene Handlung selbst ausführt. Dann verteilt sie die zugehörigen Aufforderungen an die Kinder; sind es sehr viele Kinder, gibt es dazu mehrere Kopien. Jedes Kind liest nun für sich das erhaltene Kärtchen und führt die beschriebene Aktion aus.

Das von uns ausprobierte Material dazu:

THEMA: *hinlegen, werfen, schmeißen, schleudern*

AUFFORDERUNGEN:
- Nimm eine Marke vom Markenspiel und *leg* sie auf den Boden. Heb sie dann wieder auf und *schmeiß* sie auf den selben Platz.
- Mach aus deinem Stofftaschentuch einen Ball und *wirf* ihn in die Luft. Lauf dorthin, wo er wieder runterfällt und *schleudere* ihn dann gegen die Wand.
- *Leg* dein Taschentuch ganz vorsichtig auf den Boden, nimm es wieder auf und *schmeiß* es auf den Boden. Heb es noch einmal auf, mach ein Geschoß daraus und *wirf* es *weg*. Lauf dorthin, wo es hingefallen ist, nimm es und *schleudere* es gegen eine Wand des Raumes.

THEMA: *aufheben, in die Höhe heben, wegnehmen*

AUFFORDERUNGEN:
- *Heb* die Unterlage von deinem Tisch *auf* und richte sie wieder ordentlich ein. *Nimm* sie dann ganz *weg* und *heb* sie in die Höhe, so hoch du kannst.
- *Heb* deinen Sessel *auf*, nimm ihn und *heb* ihn *in die Höhe*, so hoch du kannst. Stell ihn wieder hin, nimm ihn dann, um ihn ganz *wegzunehmen*.
- *Heb* eine Vase von unserem Salon *in die Höhe*, so hoch du kannst, als ob du sie anschauen möchtest! Stell sie dann wieder auf ihren Platz, *heb* sie ein bisschen *auf*, als ob du sehen wolltest, was darunter ist. *Nimm* sie ganz *weg* und stell sie dann wieder zurück.

THEMA: *öffnen, weit aufmachen, schließen, halb schließen, zusperren, aufsperren*

AUFFORDERUNGEN:
- Geh zu einem Fenster: *Öffne* es, *mach es weit auf*, ein bisschen später *schließ* es *halb;* warte noch ein bisschen und dann *schließ* es ganz. Wenn der Schlüssel da ist, *sperr* es zu, vor dem Weggehen *sperr* es aber wieder *auf*, damit es so ist wie immer.

THEMA: *atmen, seufzen, einatmen, ausatmen*

AUFFORDERUNGEN:
- Geh zu einem offenen Fenster und *atme* ganz tief, sodass man das *Ausatmen* hört; dann *seufze* tief und komme zum Platz zurück.
- Geh zu einem offenen Fenster, *atme* so viel Luft *ein* wie du kannst und halte sie ganz lang an. Dann *atme* ganz langsam aus.

THEMA: *festmachen, anheften, aufhängen*

AUFFORDERUNGEN:
- *Mache* deine beste Zeichnung mit einem Nagel an der Wand des Salons *fest*.
- *Hefte* deine beste Zeichnung mit Nadeln *an* eine Wand.
- *Hänge* eine deiner Zeichnungen vor einem Kind *auf*, sodass das Kind es beobachten kann.
- Versuche einen Kindersessel auf einen Finger zu *hängen*.

THEMA: *umwickeln, einwickeln, auswickeln*

AUFFORDERUNGEN:
- *Wickle* eine Vase in Papier *ein*.
- *Wickle* das Durchschlagpapier *um* eine Vase und *wickle* sie dann wieder *aus*.

THEMA: *schnaufen, blasen, hauchen*

AUFFORDERUNGEN:
- Lege den Handrücken auf deine Lippen und versuche, ganz zart darauf zu *hauchen*. Was spürst du?
- Lege den Handrücken auf die Lippen und *blase* drauf. Was spürst du?
- Spazier im Raum auf und ab, *schnaufe* so, als ob du dich angestrengt hättest.

THEMA: *murmeln, flüstern, brummen*

AUFFORDERUNGEN:
- Bitte ein Kind, dir gut zuzuhören, was du sagst: *murmle* zwischen den Zähnen einige Wörter. Frag dann das Kind, ob es dich verstanden hat.
- Geh zu zwei Kindern und *flüstere* einem davon etwas ins Ohr. Frage dann das andere, ob es etwas gehört hat.
- Geh zu einem Kind und *brumm* etwas in seine Richtung. Beobachte, was das Kind nun tut.

THEMA: *berühren, abtasten, befühlen, streifen*

AUFFORDERUNGEN:
- Nimm das Stoffkisterl und *taste* es mit geschlossenen Augen *ab*, so als ob du wissen wolltest, ob es wirklich das Stoffkisterl ist.
- Nimm die Stoffe heraus und *berühre* die Stoffe, einen nach dem anderen wie bei den Tastübungen.
- Nimm die Stoffe heraus und *befühle* sie, um sie gut zu spüren.
- Nimm den Samt und *streif* mit den Fingerkuppen über ihn.

THEMA: *ausgießen, spritzen, schütten*

AUFFORDERUNGEN:
- Breite ein wasserundurchlässiges Tuch auf dem Boden aus und *schütte* Wasser darauf.
- Breite ein wasserundurchlässiges Tuch auf dem Boden aus und *bespritz* es mit Wasser.
- Breite ein wasserundurchlässiges Tuch auf dem Boden aus und *gieß* Wasser aus einer kleinen Vase darauf.

THEMA: *taumeln, schwingen, aufrecht gehen*

AUFFORDERUNGEN:
- Geh im Saal auf und ab und achte darauf, dass du ganz *aufrecht gehst*.
- Geh im Saal auf und ab und *taumle* dabei, als ob dir schwindlig sei.
- Geh im Saal auf und ab und *schwing* dabei die Hüften.

THEMA: *fangen, erwischen, fassen*

AUFFORDERUNGEN:
- Bitte ein Kind, vor dir auf Zehenspitzen zu laufen und versuch es zu *fangen*.
- *Fass* ein Kind unerwartet an den Armen.
- Bitte ein Kind, gemeinsam mit dir auf Zehenspitzen zu laufen und versuch es zu *erwischen*.

Darbietungen mit Experimenten

Dem Kind die Bedeutung des Verbs mittels der ausführenden Handlung zu erklären, ist eine Möglichkeit. Man kann das Kind aber auch zu Aktionen motivieren, die es zu neuen Erkenntnissen bringen. Die Lehrerin zeigt Experimente, die die Kinder noch am selben Tag oder auch an den folgenden Tagen ausführen können. Sie stellt Anweisungen dazu zur Verfügung.

Thema: *mischen, emulgieren, verdünnen*
Aufforderungen:
- *Misch* in einem Glas Wasser mit Essig.
- Gib in ein Glas mit Wasser ein wenig Öl und rühr es ganz fest ein, bis es *emulgiert*.
- Gib in je eine Eprouvette rotes und gelbes mit Wasser *verdünntes* Anilin, *vermisch* diese beiden Flüssigkeiten zu gleichen Teilen. Beobachte, ob daraus eine andere Farbe entsteht.

Thema: *auflösen, in Suspension sein, gesättigt sein*
Aufforderungen:
- Gib ein wenig Zucker in ein Glas mit Wasser und rühr so lange mit einem Löffel um, bis sich der Zucker vollständig *auflöst*.
- Gib sehr viel Zucker in wenig Wasser und rühr um. Verschwindet der Zucker nur teilweise und am Boden bleibt noch etwas davon, dann sagt man: das Wasser ist *gesättigt*.
- Gib in ein Glas mit Wasser etwas Stärke und rühr fest um. Das Wasser bleibt weiß, weil die Stärke sich nicht auflöst, sondern in *Suspension* bleibt.

Thema: *vom Bodensatz abgießen, filtern*
Aufforderungen:
- Nimm die Gläser mit dem nicht aufgelösten Zucker und der Stärke; lass sie so lange stehen, bis sich der Zucker und die Stärke ganz am Boden abgesetzt haben und oberhalb wieder klares Wasser ist; gieß es dann *vom Bodensatz ab*.
- *Filtere* das mit Zucker gesättigte Wasser und das Wasser mit der Stärke, koste dann beide Flüssigkeiten.

Nach all diesen Versuchen ist das Kind so begeistert, dass es sicher weitermachen möchte. Es bedarf dann auch keiner weiteren Aufforderungen mehr zum Verbstudium. Die häufigsten Fragen, die dann auftauchen, sind: Wie viele Verben gibt es im Italienischen? Wie viele im Englischen und im Deutschen? Dazu haben wir für unsere Kinder Synonymwörterbücher und Worttabellen vorbereitet. Sie machen sich aber selbst schon eigene Wörterbüchlein mit alphabetischem Register. Wie viele Informationen braucht ein Kind je nach Entwicklungsstand in Biologie, Physik, Chemie usw. das Wortmaterial betreffend? Mit jedem Experiment gibt es neue Nomina, Adjektive und Verben, die in die eigenen Wörterbüchlein eingetragen werden.

VII. Präpositionen (Vorwörter)

Analyse

Wie bei den anderen Wortarten wird auch hier wieder mit dem Grammatikkasten zur Präposition gearbeitet. Es gibt fünf Fächer mit Kärtchen in den entsprechenden Farben: hellbraun (hellblau) für den Artikel, schwarz für das Nomen, dunkelbraun (dunkelblau) für das Adjektiv, rot für das Verb und lila (grün) für die Präposition (Tafel 1). Extra gibt es dann noch ein Fach mit vorbereiteten Sätzen. Nicht alle Wörter sind in wiederholter Form auf den farbigen Kärtchen vorhanden, sondern nur die Präposition, die ausgewechselt wird und so dem Satz eine andere Bedeutung gibt.

Hier die dazu vorbereiteten Sätze, die die Lehrerin vielleicht schon früher einmal bei den Aufforderungen vorgestellt hat.

Serie A
(Präpositionen, die Bezug zum Raum herstellen)

- Nimm den Kasten *mit* den bunten Perlen.
  Nimm den Kasten *ohne* die bunten Perlen.
  Nimm den Kasten *gemeinsam mit* den bunten Perlen.
- Stell das Prisma *unter* den Zylinder.
  Stell das Prisma *auf* den Zylinder.
- Leg die Feder *neben* das Tintenfass.
  Leg die Feder *hinter* das Tintenfass.
  Leg die Feder *vor* das Tintenfass.
- Gib die grüne Perle *in* den Perlenkasten.
  Gib die grüne Perle *hinein in* den Perlenkasten.
- Verteile einige Perlen *in der Mitte* der roten Marken.
  Verteile einige Perlen *zwischen* den roten Marken.
- Bring einen Sessel *neben* das Fenster.
  Bring einen Sessel *gegenüber* das Fenster.

Serie B
(weitere Präpositionen, die Bezug zum Raum herstellen)

- Nimm die Marke *heraus* aus der Schachtel.
  Gib die Marke *hinein* in die Schachtel.
- Bring einen Sessel *auf diese Seite* der Tür.

- Bring einen Sessel *auf die andere Seite* der Tür.
  Stelle einen Sessel der Tür *gegenüber*.
- Stell ein Kind *gegenüber* der Tafel hin.
  Stell ein Kind *neben* die Tafel hin.
- Ordne die freien Sessel *längs* der Wand an.
  Lehne die freien Sessel *gegen* die Wand.
- Stell den blauen Kegel *in die Nähe* des rosa Kubus.
  Stell den blauen Kegel *neben* den rosa Kubus.
- Häng das Bild *über* der Anrichte auf.
  Leg das Bild *auf* die Anrichte.

Serie C
(Präpositionen mit Bezug zu Material, Verwendung, Dazugehörigkeit)

- Vergleiche:
  Der Stoff ist *aus* Baumwolle.
  Der Stoff ist *aus* Wolle.
  Der Stoff ist *aus* Seide.
- Nimm das Dreieck, das *aus* Eisen ist.
  Nimm das Dreieck, das *aus* Holz ist.
- Such den Teller, der *aus* Glas ist.
  Such den Teller, der *aus* Keramik ist.
- Such eine Bürste *für* die Schuhe.
  Such eine Bürste *für* die Kleidung.
- Schau dir eine Zeichnung *von* Cesarino an.
  Schau dir eine Zeichnung *von* Carlino an.

(Anmerkung der Übersetzerin: Im Deutschen gibt es stattdessen zusammengesetzte Nomina oder Adjektive, z. B. der baumwollene Stoff oder der Baumwollstoff.)

Serie D
(Präpositionen, die eine Richtung angeben)

- Geh im Kreis *von* rechts *nach* links.
  Geh im Kreis *von* links *nach* rechts.
- Zeichne *von* unten *nach* oben.
  Zeichne *von* oben *nach* unten.
- Geh *von* deinem Platz *zur* Anrichte.
  Geh *von* der Anrichte *zu* deinem Platz.
- Gib die Feder *von* der rechten Hand *in* die linke Hand.
  Gib die Feder *von* der linken Hand *in* die rechte Hand.
- Bind ein Band *von* der Tür *zum* Fenster.
  Bind ein Band *vom* Fenster *zur* Tür.
- Lauf *vom* Waschbecken *zum* Vorhang.
  Lauf *vom* Vorhang *zum* Waschbecken.

Wortverschiebungen

Auf jedem Kärtchen stehen nun wieder mehrere Sätze, die sich nur durch das Vorwort unterscheiden. Das Kind legt den ersten Satz und tauscht dann nur das Vorwort aus.

Es sieht dabei wieder ganz deutlich, wie die Bedeutung des Satzes von der Präposition abhängt.

BEISPIEL: Bring den Tisch neben das Fenster.

Wenn man die Präposition wegnimmt, bleibt übrig:
Bring den Tisch das Fenster.

Die Beziehung zwischen Tisch und Fenster fällt somit weg. Die Lehrerin muss sich wieder ganz genau der grammatikalischen Regeln bewusst sein. Die Präposition steht immer vor der Ergänzung.

Beispiele, bei denen die Präposition fehlt:
Geh die Türe.
Lauf Kreis.
Gib die Marken die Schachtel.
Bring einen Sessel der Tür.
Geh der Anrichte deinem Platz.

Um das Gefühl für die normale Position zu bekommen, kann man wieder Übungen mit Sätzen machen, in denen die Worte vertauscht sind.

Bind ein Band *von* der Tür *zum* Fenster.
Von der Tür *zum* Fenster bind ein Band.
Bind *von* der Tür ein Band *zum* Fenster.
Von der Tür *zum* Fenster ein Band bind.
Von der Tür bind *zum* Fenster ein Band.

Das Kind wird ganz leicht die einfachste, klarste Form des Satzes herausfinden: Bind ein Band *von* der Tür *zum* Fenster. Der Sinn des Satzes geht verloren, wenn die Präposition nicht bei der Ergänzung steht: Bind Band von ein Tür Fenster zum der.

Ähnlich ist das bei anderen Sätzen:
Lauf vom Waschbecken zum Vorhang.
Lauf Waschbecken Vorhang.
Lauf Waschbecken vom Vorhang zum.
Vom lauf Waschbecken zum Vorhang.
Waschbecken vom zum Vorhang lauf.

DARBIETUNGEN UND AUFFORDERUNGEN ZUR PRÄPOSITION

Auch zum Thema der Präposition kann die Lehrerin kurze Darbietungen geben, um deren Bedeutungen zu erklären. Es ist dabei wichtig, den Zusammenhang zu verstehen, der zwischen den Dingen und der Aktion, je nach der Präposition, die gesetzt wird, entsteht. Es gibt dazu wieder jede Menge von Anweisungen für die Kinder.

GRAMMATIK

THEMA: *nahe, neben, weit weg*

AUFFORDERUNGEN:
- Einer von euch geht in die Mitte des Saales. Die anderen kommen nach und nach *nahe* zu ihm. Sie warten ein bisschen, gehen weiter und dann stehen sie *neben* ihm. Sie warten wieder ein bisschen, bis sie *weit weg* von ihm fliehen.

THEMA: *in, drinnen, hinaus*

AUFFORDERUNGEN:
- Steht auf, geht *in* den Nebenraum und kommt dann wieder sofort zum Platz zurück. Dann steht wieder auf und schließt euch *drinnen* im Nebensaal ein. Wartet ein bisschen, dann geht auf Zehenspitzen aus dem Saal *hinaus*.

THEMA: *jenseits, diesseits*

AUFFORDERUNGEN:
- Verlasst eure Plätze und macht einen Kreis *jenseits* der Tür, die in den anderen Saal führt. Nach einiger Zeit kommt wieder herein und bildet einen Kreis *diesseits* der Tür.

THEMA: *abgesehen von, bis auf*

AUFFORDERUNGEN:
- Alle Kinder, *abgesehen von* zwei, stehen auf und gehen auf Zehenspitzen herum.
- Alle Kinder, *bis auf* zwei, stehen auf und gehen auf Zehenspitzen herum.

THEMA: *neben, gegenüber, vor*

AUFFORDERUNGEN:
- Stellt euch einer *gegenüber* dem anderen auf.
- Stellt euch einer *neben* dem anderen auf.
- Stellt euch einer *vor* dem anderen, mit dem Gesicht in dieselbe Richtung, auf.

THEMA: *gegenüber, hinter*

AUFFORDERUNGEN:
- Bildet zwei Reihen im großen Saal, eine *gegenüber* der anderen. Danach stelle sich die eine Reihe *hinter* der anderen auf.

THEMA: *auf, nach, längs*

AUFFORDERUNGEN:
- Verlasst den Platz, bildet eine Reihe und geht *auf* der Linie. Dreht euch um und geht *nach* der Linie. Verlasst den Platz und stellt euch in eine Reihe *längs* der Wand.

THEMA: *zwischen, in der Mitte von*

AUFFORDERUNGEN:
- Geht *zwischen* den Tischen herum, versammelt euch dann *in der Mitte* des Saales.

THEMA: *von, bis, so weit bis*

AUFFORDERUNGEN:
- Steht auf, geht *vom* Platz weg und eilt *zum* Fenster; wartet ein bisschen und dann geht alle *vom* Fenster *zum* Platz zurück.

- Stellt euch in einer Reihe auf und beugt euch *so weit, bis* ihr den Boden mit den Fingerspitzen berührt.

THEMA: *mit, ohne*

AUFFORDERUNGEN:
- Geht auf der Linie *mit* vollen Gläsern, macht dann eine zweite Runde *ohne* Gläser.

THEMA: *für*

AUFFORDERUNGEN:
- Bereitet euch *für* die Arbeit vor.

VIII. ADVERBIEN (UMSTANDSWÖRTER)

ANALYSE

Auch hier wird wieder der dazugehörige Grammatikkasten verwendet. Er enthält sechs Fächer für die Wortarten: hellbraun (hellblau) der Artikel, schwarz das Nomen, dunkelbraun (dunkelblau) das Adjektiv, rot das Verb, lila (grün) die Präposition und rosa (orange) das Adverb (Tafel 1).
Daneben liegen in einem Fach die vorbereiteten Sätze.

GRUPPE A
(Umstandswörter der Art und Weise)

- Geh *langsam* zum Fenster.
  Geh *gemächlich* zum Fenster.
- Verlass *leise* deinen Platz.
  Verlass *laut* deinen Platz.
- Führ *langsam* die rechte Hand zur Stirn.
  Führ *schnell* die rechte Hand zur Stirn.
- Erheb dich *abrupt* vom Sessel.
  Erheb dich *gemächlich* vom Sessel.
- Gib einem Kind *fest* die Hand.
  Gib einem Kind *leicht* die Hand.

GRUPPE B
(Umstandswörter des Ortes und der Zeit)

- Wirf deinen Radierer *hierhin*.
  Wirf deinen Radierer *dorthin*.
- Lies *hier* dein Kärtchen.
  Lies *irgendwo* dein Kärtchen.
- Geh *immer* auf Zehenspitzen durch den Raum.
  Geh *ab und zu* auf Zehenspitzen durch den Raum.
- Schreib *jetzt* ein nettes Wort auf die Tafel.
  Schreib *sofort* ein nettes Wort auf die Tafel.
- Bring *nun* deinen Platz in Ordnung.
  Bring *immer* deinen Platz in Ordnung.
- Richte deinen Blick *nach oben*.
  Richte deinen Blick *nach unten*.

Gruppe C
(Umstandswörter der Menge)

- Spaziere am Gang, die Arme *öfters* hin und her schwenkend.
  Spaziere am Gang, die Arme *manchmal* hin und her schwenkend.
- Versuch zu schreiben, indem du den Kopf *ziemlich* neigst.
  Versuch zu schreiben, indem du den Kopf *wenig* neigst.
  Versuch zu schreiben, indem du den Kopf *gar nicht* neigst.
- Nimm vom Materialschrank einen *sehr* rauen Gegenstand.
  Nimm vom Materialschrank einen *wenig* rauen Gegenstand.

Gruppe D
(Umstandswörter des Vergleichs)

- Suche unter den Stoffen ein Stück, das so weich ist *wie* der Samt.
- Finde unter den Farben eine, die genauso dunkel ist *wie* die Tafel.
- Wähle ein Stück Stoff, das so glänzend ist *wie* der Satin.
- Suche einen Gegenstand unseres Materials, der so breit *wie* hoch ist.

Wortverschiebungen

Die zu analysierenden Sätze unterscheiden sich vom jeweils ersten nur durch das Adverb. Das Adverb ist hier wieder jenes, das die Bedeutung des Satzes verändert. Das Adverb verändert die Aktion. Nimmt man in folgenden Sätzen das Adverb weg:

Geh langsam zum Fenster.
Geh gemächlich zum Fenster.

BLEIBT FOLGENDER SATZ ÜBRIG:
Geh zum Fenster.

Die Handlung ist trotzdem durchführbar, sie ist eindeutig bestimmt, durch das Adverb hingegen wird die Aktion verändert. Es werden zwei verschiedene Bewegungen daraus. Es ist noch offensichtlicher, wenn durch das Adverb gegensätzliche Aktionen ausgedrückt werden.

Verlass leise den Platz.
Verlass laut den Platz.

Nimmt man das Adverbkärtchen weg, bleibt übrig: „Verlass den Platz." Eine Handlung, die das Kind ausführen kann. Durch das Adverb bekommt die Handlung mehr Genauigkeit, Feinheit.
Wie z.B. in den nächsten Sätzen:

Versuch zu schreiben, indem du den Kopf ziemlich neigst.
Versuch zu schreiben, indem du den Kopf wenig neigst.
Versuch zu schreiben, indem du den Kopf gar nicht neigst.

Ohne Adverb bleibt: Versuch zu schreiben, indem du den Kopf neigst.

Ganz zarte Veränderungen der Kopfhaltung kann man mit dem Adverb beschreiben!
Auch dort, wo das Adverb ein Adjektiv näher bestimmt, ruft das Adverb große Veränderungen hervor.

> Nimm vom Materialschrank einen sehr rauen Gegenstand.
> Nimm vom Materialschrank einen wenig rauen Gegenstand.

Es werden durch das Adverb zwei verschiedene Gegenstände bezeichnet. Sie haben zwar die gleiche Eigenschaft, diese aber in verschiedener Abstufung. Nimmt man das Adverb weg, bleibt der Satz:

> Nimm vom Materialschrank einen rauen Gegenstand.

Folgende Regel muss die Lehrerin beim Vertauschen der Wörter präsent haben: Das Adverb ist dem Verb vorangestellt und es bestimmt das Verb näher.
Wenn im Satz:

> Versuch zu schreiben, indem du den Kopf wenig neigst.

das Adverb vor das andere Verb gesetzt wird, verändert sich der Sinn des Satzes:

> Versuch wenig zu schreiben, indem du den Kopf neigst.

Oder ein anderes Beispiel:

> Spaziere am Gang und schwenke die Arme manchmal hin und her.
> Spaziere manchmal am Gang und schwenke die Arme hin und her.

Wenn man nun die Wörter im Satz vertauscht, ergibt sich Folgendes:

> Versuch zu schreiben, indem du den Kopf wenig neigst.
> Wenig versuch zu schreiben, indem du den Kopf neigst.
> Spaziere am Gang und schwenke manchmal die Arme hin und her.
> Manchmal spaziere am Gang und schwenke die Arme hin und her.
> Laut verlass den Platz.

Wird das Adverb dem Objekt nachgestellt, ergibt sich:

> Versuch zu schreiben, indem du neigst den Kopf wenig.
> Spazier am Gang und schwenke die Arme hin und her manchmal.
> Verlass den Platz laut.

Das Kind kann durch die Übungen das Ohr schulen und findet die Normalform des Satzes leicht heraus.
Das Adverb, das das Adjektiv näher bestimmt, steht immer vor dem Adjektiv:

> Nimm einen sehr rauen Gegenstand vom Materialschrank.

Wenn man sie vertauscht, ergibt sich:

> Nimm einen rauen sehr Gegenstand vom Materialschrank.

Die Umstandswörter des Ortes und der Zeit können auch am Anfang des

Satzes stehen, dann lenken sie die Betonung auf sich.

Ordne jetzt das Arbeitsmaterial.
Jetzt ordne das Arbeitsmaterial.

Schreibe jetzt ein nettes Wort an die Tafel.
Jetzt schreibe ein nettes Wort an die Tafel.

DARBIETUNGEN UND AUFFORDERUNGEN ZUM ADVERB

THEMA: *geradeaus, zick zack*

AUFFORDERUNGEN:
- Geht immer *geradeaus* in den anderen Raum. Dreht euch am Platz um und kommt im *zick zack* zurück.

THEMA: *beschwingt, ernst, schwerfällig*

AUFFORDERUNGEN:
- Geht *beschwingt* in den anderen Raum, kehrt *ernst* zurück, nicht *schwerfällig*, wie jemand, der nicht gehen kann.

THEMA: *plötzlich, allmählich*

AUFFORDERUNGEN:
- Geht in einer Reihe vorwärts und beginnt *plötzlich* mit dem rechten Bein zu stampfen. Kommt zurück und hört *allmählich* mit dem Stampfen auf.

THEMA: *zerstreut, aufmerksam*

AUFFORDERUNGEN:
- Geht zuerst ein bisschen *zerstreut* durch den Raum und dann kommt *aufmerksam* auf den Platz zurück.

THEMA: *immer, oft, selten*

AUFFORDERUNGEN:
- Bildet eine Reihe, geht in den anderen Raum und bleibt dabei *oft* stehen. Kommt zurück und bleibt dabei *selten* stehen.
- Macht einen kleinen Kreis im anderen Saal, kommt dann zurück und haltet dabei die Augen *immer* geschlossen, versucht dabei, nicht an den Möbeln anzustoßen.

THEMA: *manchmal, selten*

AUFFORDERUNGEN:
- Geht auf Zehenspitzen durch den Raum, stampft dabei *manchmal* mit dem linken Bein. Klatscht dabei *sehr selten* in die Hände.

THEMA: *vorwärts, zurück, auf und ab*

AUFFORDERUNGEN:
- Geht im Raum *auf und ab*.
- Verlasst den Platz und geht *vorwärts* zu mir, so lange bis ich „Halt" sage. Dann lauft auf Zehenspitzen *zurück*.

THEMA: *langsam, abrupt*
AUFFORDERUNGEN:
- Erhebt euch *langsam*. Erhebt euch *abrupt*.

THEMA: *gut, schlecht, mittelmäßig, besser, schlechter, sehr gut, sehr schlecht*
AUFFORDERUNGEN:
- Verhaltet euch ruhig; einer von euch ruft die Kinder zu sich und beobachtet dabei, wie sie sich bewegen. Zur Beurteilung ohne Worte verteilt er dabei die Kärtchen: *gut, schlecht, mittelmäßig, besser, schlechter, sehr gut, sehr schlecht*.

THEMA: *nacheinander, abwechselnd, gleichzeitig*
AUFFORDERUNGEN:
- Gebt *gleichzeitig* beide Arme in die Höhe.
- Bildet eine Reihe und stampft *abwechselnd* mit dem rechten und dem linken Bein.
- Streckt *nacheinander* das linke Bein und den linken Arm nach vor.

BEWEGUNGSEXPLOSION
DIE ZUKUNFT DER GESCHRIEBENEN SPRACHE IN DER ALLGEMEIN ÜBLICHEN ERZIEHUNG

Bei den Übungen zum Adverb beobachteten wir eine richtige „Bewegungsexplosion" bei den Kindern. Sie wollten selbst Aufforderungen schreiben, erfanden welche und lasen sie den Mitschülern laut vor. Oder sie gaben sie jemand anderem zum Lesen, damit sie selbst sie interpretieren konnten. Alle waren mit voller Begeisterung und Genauigkeit bei der Ausführung dabei. Wenn die Ausführung mit dem, was sich der Verfasser dabei gedacht hatte, nicht übereinstimmte, konnte er es sofort sehen. So sah er, dass er sich ungenau ausgedrückt hat und konnte es auch sofort korrigieren. Die Kinder versuchten auf diese Weise immer die exakten Ausdrücke zu finden.

Nehmen wir an, dass folgendes, von uns benütztes Kärtchen, von einem Kind verfasst wurde:

Geh immer auf Zehenspitzen durch den Raum.
Geh ab und zu auf Zehenspitzen durch den Raum.

Und zwar mit der Absicht, dass beim ersten Mal das Kind dauernd auf Zehenspitzen gehe und beim zweiten Mal nur ab und zu. Wenn hingegen ein Kind auf Zehenspitzen fortwährend geht, sich dann niedersetzt, nach einer Weile wieder aufsteht und auf Zehenspitzen geht und so fort ..., was würde der Verfasser dazu sagen?

Einem Mädchen ist Folgendes passiert. Es schrieb: „Geht um die Tische herum." Die Kinder bildeten eine Reihe und gingen um alle Tische außen herum. Sie hatte aber die Absicht, dass sie um die einzelnen Tische herumgehen sollten, wie in Serpentinen. Sie wurde ganz rot im Gesicht und schrie: „Bleibt stehen, bleibt stehen, nicht so!"

Man sieht, dass diese Übungen sehr zur Entwicklung des schriftlichen Ausdrucks beitragen. Die Kinder entdecken dabei die Liebe zur Klarheit und Reinheit der Sprache, was auch insgesamt eine Niveauanhebung des ganzen Volkes andeutet.

Wenn die Kinder von der Leidenschaft gepackt sind, ihre Gedanken exakt niederzuschreiben, wenn die Klarheit Ziel ihrer Bemühungen wird, suchen sie mit größtem Interesse nach immer mehr „Worten". Sie spüren, dass es nie zu viele sein können, um das komplizierte Gebäude ihrer Gedanken erschaffen zu können. Die Probleme der Sprache nähern sich ihrem Bewusstsein wie eine Offenbarung. „Wie viele Wörter gibt es?", fragen sie. „Wie viele Nomina? Wie viele Verben? Wie viele Adjektive? Wie schafft man es, alle zu kennen?"

Sie geben sich nicht mehr mit ihrem eigenen Wörterbüchlein zufrieden, sie verlangen nach einem reichen Wortmaterial und sind unersättlich dabei.

Aus diesem Grund hatten wir die Idee, den Kindern einen ausreichenden Wortschatz zur Verfügung zu stellen, das Nomen, Verb und Adjektiv betreffend. Der Proportionsunterschied zwischen diesen und den anderen Wörtern, die man dazu benötigt, um sie in Verbindung zueinander zu setzen, ist sehr interessant für die achtjährigen Kinder. Für sie haben wir all die vorherigen Tabellen und Synonyme für Nomen, Verb und Adjektiv zusammengestellt.

Hier noch einige weise Aufforderungen der Kinder, die aus einem inneren Reifungsprozess entstanden. Man vergleiche die Trockenheit und Eintönigkeit unserer Sätze mit der Vielfalt und dem Ideenreichtum der Kinder. Sie zeigten dabei ihre scharfe Intelligenz, ein Leben in vollster Blüte.

- Bau den rosa Turm *sehr schlecht*.
- Mach *ganz genau* die Stellungen der Personen auf den im Saal aufgehängten Bildern nach.
- Tut, als ob ihr zwei alte Männer wäret und sprecht *leise*, als ob ihr sehr traurig wäret. Einer von den beiden sagt: „Es ist sehr traurig, dass unser Pancrazio gestorben ist!" Und der andere: „Müssen wir uns morgen schwarz kleiden?" Dann geht *still* weiter.
- Geht ganz *schwerfällig* hinkend, dann fallt plötzlich bäuchlings hin, so als ob ihr erledigt seid. Dann kommt *unbeschwert* zurück, ohne hinzufallen und ohne zu hinken.
- Geht ganz *langsam* mit gesenktem Haupt, so als ob ihr ganz traurig seid, dann kehrt heiter zurück, *unbeschwert* hüpfend.
- Durch die Hälfte des Saales geht ihr hinkend, durch die andere Hälfte *auf allen Vieren*.
- Geht von eurem Platz bis zur Schwelle der Tür *auf allen Vieren*. Erhebt euch *leicht* hinkend, durch die Hälfte des Saales geht *aufrecht*, dann *auf allen Vieren* bis zur Schwelle der Tür. *Dort* erhebt euch und lauft *unbeschwert* zu eurem Platz.
- Geht *still* in den anderen Raum, lauft dreimal *um* den großen Tisch, dann kehrt zum Platz zurück.
- Macht eine Runde im großen Saal, geht ganz *schwerfällig*, dann setzt euch nieder, als ob ihr ganz müde seid und schlaft ein. *Nach einer Weile* wacht wieder auf und kehrt zu eurem Platz zurück.
- Macht eine Reihe und geht vorwärts, bis ihr zu einem freien Platz kommt. *Dort* bildet einen Kreis, dann einen Rhombus, ein Quadrat und schließlich ein Trapez.
- Geht in den großen Saal und unterhaltet euch *leise*. Fallt *plötzlich schwerelos* auf den Boden, schlaft ein. Nach einer Weile wacht ihr wieder auf und schaut um euch herum und sagt: Wo sind wir? ... Dann geht zum Platz zurück.

IX. Pronomen (Fürwörter)

Analyse

MATERIAL: Ein Grammatikkasten mit sieben Fächern für die farbigen Kärtchen: hellbraun (hellblau) für den Artikel, schwarz für das Nomen, dunkelbraun (dunkelblau) für das Adjektiv, rot für das Verb, lila (grün) für die Präposition, rosa (orange) für das Adverb und grün (lila) für das Pronomen - und ein Fach für die zu analysierenden Sätze (Tafel 1).

Gruppe A
(Personalpronomen, persönliches Fürwort)

- Die Schwester weinte. Carlino tröstete die Schwester mit einem Kuss.
  Die Schwester weinte. *Er* tröstete *sie* mit einem Kuss.
- Das Buch fiel auf den Boden. Emma holte das Buch auf den Tisch zurück.
  Das Buch fiel auf den Boden. *Sie* holte *es* auf den Tisch zurück.
- *Sie* überraschten die Mama. *Sie* schrieben der Mama einen Brief.
  Sie überraschten die Mama. *Sie* schrieben *ihr* einen Brief.
- Die Lehrerin ruft: Die Zeichnung ist schön! Wollt *ihr* der Lehrerin die Zeichnung schenken?
  Die Lehrerin ruft: Die Zeichnung ist schön! Wollt *ihr sie mir* schenken?

Gruppe B
(Demonstrativpronomen, hinweisendes Fürwort)

- Zeig einem Kind die Prismen der braunen Treppe: *dieses* Prisma ist dicker als *jenes*.
  Jenes Prisma ist dünner als *diese* Prismen.
  Zeig einem Kind die Prismen der braunen Treppe: *dieses* ist dicker als *jenes*. *Jenes* ist dünner als *diese*.
- Beobachten wir die Kinder: *dieser* Bub ist größer als *jenes* Mädchen. *Jener* Bub ist kleiner als *jenes* Mädchen.
  Beobachten wir die Kinder: *dieser* ist größer als *jenes*. *Jener* ist kleiner als *jenes*.
- Ein Kegel steht auf einem Zylinder: Versuch den Zylinder auf den Kegel zu stellen.
  Ein Kegel steht auf einem Zylinder: Versuch *jenen* auf *diesen* zu stellen.
- Zeigen wir einem kleinen Kind die Kuben des rosa Turms: *dieser* Kubus ist der größte. *Jener* Kubus ist der nächste. *Jene* Kuben sind die kleinsten.

Zeigen wir einem kleinen Kind die Kuben des rosa Turms: *dieser* ist der größte, *jener* ist der nächste. *Jene* sind die kleinsten.

GRUPPE C
(Relativpronomen, Fragepronomen)

- Verlang eine Feder von Mario: Mario schenkt sie dir gern.
  Verlang eine Feder von Mario, *welcher* sie dir gern schenkt.
  Verlang eine Feder von Mario, *der* sie dir gern schenkt.
- Frag die Kinder: *Welches* Kind möchte meine Arbeit sehen?
  Frag die Kinder: *Wer* möchte meine Arbeit sehen?
- Gestern hast du die Blumen in eine Vase gegeben: Wechsle das Wasser jener Vase!
  Wechsle das Wasser jener Vase, in *welche* du gestern die Blumen gegeben hast.
  Wechsle das Wasser jener Vase, in *die* du gestern die Blumen gegeben hast.
  Wechsle das Wasser jener Vase, *wohin* du gestern die Blumen gegeben hast.
- Wähle unter den Stoffen jenen, deinem Kleid am ähnlichsten.
  Wähle unter den Stoffen jenen, *welcher* deinem Kleid am ähnlichsten ist.
  Wähle unter den Stoffen jenen, *der* deinem Kleid am ähnlichsten ist.
- Wähle von den Einsatzrahmen einen zum Zeichnen geeigneten aus.
  Wähle von den Einsatzrahmen einen aus, *welcher* sich zum Zeichnen eignet.
  Wähle von den Einsatzrahmen einen aus, *der* sich zum Zeichnen eignet.

GRUPPE D
(Possessivpronomen, besitzanzeigendes Fürwort)

Das ist *mein* Buch.   Das ist *unser* Buch.
Das ist *meines*.   Das ist *unseres*.
Das ist *dein* Buch.   Das ist *euer* Buch.
Das ist *deines*.   Das ist *eures*.
Das ist *sein* Buch.   Das ist *ihr* Buch.
Das ist *seines*.   Das ist *ihres*.
Das ist *ihr* Buch.
Das ist *ihres*.

Zusätzlich wird hier auch noch mit anderen Beispielen mit Gegenständen, die männlich und weiblich sind, gearbeitet.

WORTVERSCHIEBUNGEN

Schon aus den Übungen zur Analyse geht die Funktion des Pronomens klar hervor - es ersetzt das Nomen. Die weiteren Sätze eines Kärtchens erhalten die Kinder immer durch Austauschen eines Kärtchens. Sie ersetzen das Kärtchen mit dem Nomen durch das Kärtchen mit dem Pronomen.

Um ein Gefühl für die normale Stellung des Pronomens zu bekommen, weist die Lehrerin darauf hin, dass die Personalpronomen vor dem Verb stehen. (Anmerkung der Übersetzerin: Die Objektpronomen stehen im Deutschen nach dem Verb, so wie auch in der Befehlsform.) Im Fragesatz stehen sie auch nach dem Verb.

DARBIETUNGEN UND AUFFORDERUNGEN ZUM PRONOMEN

THEMA: Personalpronomen: *ich, du, er, sie, es, wir, ihr, sie*
(Anmerkung der Übersetzerin: Im Italienischen hat das Personalpronomen eine andere Bedeutung als im Deutschen. Im Deutschen steht es immer beim Verb. Im Italienischen hingegen nicht, nur wenn es besonders betont wird.)

- *Ich* hebe die Hand.
  Heb *du* die Hand!
  Heben *Sie* die Hand!
  Heben *wir* die Hand!
  Hebt *ihr* die Hand!
  Heben *Sie* die Hand!

- *Ich* hebe den Sessel!
  Heb *du* den Sessel!
  Heben *Sie* den Sessel!
  Heben *wir* den Sessel!
  Hebt *ihr* den Sessel!
  Heben *Sie* den Sessel!

Daraus ergibt sich folgendes Konzept:
Die *erste* Person ist jene, die *spricht*.
Die *zweite* Person ist jene, die *zuhört*.
Die *dritte* Person ist jene, die von beiden *weiter weg* ist.

AUFFORDERUNGEN:
- Die erste Person fragt, die zweite Person antwortet: die dritte Person, die weiter weg ist, muss versuchen beide zu hören.
- Die erste Person schreibt, die zweite tut so, als ob sie herausfinden möchte, was die erste macht. Die dritte Person sagt: „Das ist nicht in Ordnung."
- Ich frage dich leise etwas, du antwortest mir und er muss versuchen, uns beide zu hören.
- Ich schreibe etwas, du versuchst herauszufinden, was ich tue und er ruft: „Das ist nicht in Ordnung!"

THEMA: Objektpronomen: *mich, dich, ihn, sie, es, uns, euch, sie*

Ein Kind fordert andere Kinder auf etwas zu tun, nachdem es das selbst vorgezeigt hat:

AUFFORDERUNGEN:
- Ich hebe die Unterlage vom Tisch weg. Ich hebe *dich*, ich hebe *ihn*, ich hebe *sie*.
- Berühr die Tafel, berühr *ihn*, berühr *sie*, berühr *mich*.
- Wir grüßen die Lehrerin, wir grüßen *euch*, wir grüßen *sie*.
- Sie stellen die Sessel hier her. Sie stellen *euch* hier her. Sie stellen *uns* hier her. Sie stellen *sie* hier her.

THEMA: Objektpronomen: *mir, dir, ihr, ihm, uns, euch, ihnen*

Es ist wieder das Kind, das auffordert, ausführt und ausführen lässt.

AUFFORDERUNGEN:
- Ich verteile die Gläser, eines *mir*, eines *dir*, eines *ihm* und eines ihr.
- Carlo, gib *mir* einen Auftrag, dann *ihm*, *ihr* und *dir* selbst.
- Luigi, gib *ihm* die blaue Perle, gib *ihr* die weiße Perle.

THEMA: Demonstrativpronomen (hinweisende Fürwörter): *dieser, diese, jener, jene*
(Anmerkung der Übersetzerin: Im Deutschen kommen noch die Veränderungen in den verschiedenen Fällen dazu.)

AUFFORDERUNGEN:
- Verteile die Pronomen: *dieser, diese* (EZ. und MZ.), *dieses, jener, jene* (EZ. und MZ.), *jenes* und gib jedem Kind damit einen anderen Befehl.
- Ruf einen Buben und ein Mädchen zu dir und fordere sie auf: *Dieser* hole eine kleine Vase, *diese* hole eine Marke. *Diese* gehen weg und sind ruhig.
- Die Kinder verteilen sich auf drei Gruppen und nehmen so drei verschiedene Plätze ein. Tauscht eure Plätze. Verlasst *diesen* und geht auf *jenen*. Ihr verlasst *jenen* und kommt auf *diesen*.
- Tauscht die Sessel aus: Carlo, nimm *diesen* und stell ihn zu *jenem* hin.

THEMA: Possessivpronomen (besitzanzeigende Fürwörter): *mein, meine, meines, meiner, dein, deine, deines, deiner, sein, seine, seines, seiner, ihr, ihre, ihres, ihrer, unser, unsere, unseres, unserer, euer, eure, eures, eurer*

AUFFORDERUNGEN:
- Unterscheide folgende Gegenstände, indem du darauf hinweist: das ist *mein* Bleistift, das ist *deiner*, das ist *seiner*, das ist *ihrer*.
- Zeige auf verschiedene Sessel und sage dazu: hier sind *unsere* Plätze. Das ist *meiner* und das ist *deiner*. Jene dort sind *ihre*.

Die Relativpronomen werden in der Satzanalyse noch näher behandelt.

(Anmerkung der Übersetzerin: Die Behandlung der Fälle ist im Italienischen eine andere als im Deutschen. Im Italienischen werden die Fälle teilweise durch Vorwörter eingeleitet und ändern so ihre Endungen nicht, im Deutschen aber schon. Deswegen werde ich keine genaue Ausführung dazu geben, sondern nur eine Andeutung bzw. Einführung.)

Es werden dazu Kärtchen ausgeteilt, die je nach der Person geordnet werden.

GRUPPE A
(Personalpronomen)

ich	wir	mir	uns	mich	uns
du	ihr	dir	euch	dich	euch
er, sie, es	sie	ihm, ihr, ihm	ihnen	ihn, sie, es	sie

GRUPPE B
(Demonstrativpronomen)

männlich	weiblich	sächlich	
dieser	diese	dieses	
diesem	dieser	diesem	analog dazu: jener, jene, jenes
diesen	diese	dieses	
diese	diese	diese	
diesen	diesen	diesen	
diese	diese	diese	

GRUPPE C
(Relativpronomen)

männlich	weiblich	sächlich
der	die	das
dem	der	dem
den	die	das

analog dazu: welcher, welche, welches

die	die	die
denen	denen	denen
die	die	die

GRUPPE D
(Possessivpronomen, besitzanzeigendes Fürwort)

mein	unser	
dein	euer	analog dazu die verschiedenen Fälle
sein, ihr, sein	ihr	

GRUPPE E
(Interrogativpronomen, Fragepronomen)

Wer?   Was?   Welcher?   Welche?   Welches?
Wessen?
Wem?
Wen?
Wo?   usw.
Woher?
Wohin?
Wozu?
Wofür?
Womit?

ÜBEREINSTIMMUNG ZWISCHEN PRONOMEN UND VERB

Die Kärtchen, die dem Kind für diese Übereinstimmung zur Verfügung stehen, sind die Personalpronomen (grün) und die Verbformen (rot), für die nicht mit einem Hilfszeitwort zusammengesetzten Zeiten: Präsens (Gegenwart), Präteritum (Mitvergangenheit) und Futur (Zukunft) in drei Gruppen. (Anmerkung der Übersetzerin: Im Italienischen gibt es drei Gruppen für die regelmäßigen Verben.) Die Beispielwörter dazu sind: amare (lieben), temere (fürchten), sentire (hören, spüren). Die Aufgabe besteht nun darin, die Pronomen untereinander nach Personen zu ordnen, mit dem Singular beginnend, und dann die Verbformen dazuzulegen. Jedes Kind arbeitet dabei seiner Sprachentwicklung gemäß, die Lehrerin übernimmt die Endkontrolle. Das Endergebnis der Übung sieht dann so aus:

Gruppe A

io amo	(ich liebe)	*io amavo*	(ich liebte)	*io amerò*	(ich werde lieben)
tu ami	(du liebst)	*tu amavi*		*tu amerai*	
egli ama	(er liebt)	*egli amava*		*egli amerà*	
noi amiamo	(wir lieben)	*noi amavamo*		*noi ameremo*	
voi amate	(ihr liebt)	*voi amavate*		*voi amerete*	
loro amano	(sie lieben)	*loro amavano*		*loro ameranno*	

Gruppe B

io *temo*	(ich fürchte)	*io temevo*	(ich fürchtete)	*io temerò*	(ich werde fürchten)
tu temi		*tu temevi*		*tu temerai*	
egli teme		*egli temeva*		*egli temerà*	
noi temiamo		*noi temevamo*		*noi temeremo*	
voi temete		*voi temevate*		*voi temerete*	
loro temono		*loro temevano*		*loro temeranno*	

Gruppe C

io sento	(ich höre)	*io sentivo*	(ich hörte)	*io sentirò*	(ich werde hören)
tu senti		*tu sentivi*		*tu sentirai*	
egli sente		*egli sentiva*		*egli sentirà*	
noi sentiamo		*noi sentivamo*		*noi sentiremo*	
voi sentite		*voi sentivate*		*voi sentirete*	
loro sentono		*loro sentivano*		*loro sentiranno*	

Ein deutsches Beispiel für ein regelmäßiges Verb wäre (wobei das Futur im Deutschen eine zusammengesetzte Form ist)

ich lache	ich lachte	ich werde lachen
du lachst	du lachtest	du wirst lachen
er lacht	er lachte	er wird lachen
wir lachen	wir lachten	wir werden lachen
ihr lacht	ihr lachtet	ihr werdet lachen
sie lachen	sie lachten	sie werden lachen

Das Kind kann nun die Verbkärtchen mischen und die drei Gruppen danach wieder gemäß der Pronomen rekonstruieren (Anmerkung der Übersetzerin: das betrifft die italienischen Formen), denn diese sind ihm ja vertraut. Der nächste Schritt ist die Konjugation der Verben.

Verbkonjugation

MATERIAL: Wir haben dazu die Formen der Hilfszeitwörter (*sein* und *haben*) und die drei regelmäßigen Zeitwortgruppen vorbereitet. Die Verbkärtchen dazu sind in verschiedenen Farben: gelb für *sein*, schwarz für *haben*, rosa für *lieben*, grün für *fürchten*, hellblau für *hören*.

Auf jedem dieser Kärtchen steht nun auch gleich die Form des Personalpronomens dabei. Das dient nicht nur der Vereinfachung und schnelleren Arbeitsmöglichkeit, es sind auch die Pronomen, die die Reihenfolge der Formen angeben. Die Verbformen sind nun ebenfalls in Gruppen geordnet. Die Kärtchen befinden sich in einem roten Kuvert, auf dem der Infinitiv (die Nennform) des entsprechenden Verbs steht. Diese Kuverts wirken sehr edel und damit anziehend für die Kinder. Aufeinandergestapelt bilden die Kuverts ein Prisma mit den Maßen: 35 x 4 x 5,5.

In den Kuverts sind kleine „Büchlein" mit rotem Umschlag, auf dem die verschiedenen Formen stehen:

        Indikativ (Wirklichkeitsform)
        Konditional (Bedingungsform)
        Konjunktiv (Möglichkeitsform)
        Imperativ (Befehlsform)
        Infinitiv (Nennform)

Auf jedem Kuvert steht in einer Ecke eine römische Ziffer: I, II, III, IV, V und eine arabische, die die Zeitform angibt. In diesen Büchlein sind dann noch kleinere, für die verschiedenen Zeiten. Auf dem Deckel steht in der Mitte die Zeit und auf der Seite ein s für nicht zusammengesetzte Zeit (tempo semplice) oder ein c für zusammengesetzte Zeit (tempo composto).

        tempo presente *1 s* (Präsens)
        tempo passato imperfetto *2 s* (Imperfekt)
        tempo passato remoto *3 s* (Anmerkung der Übersetzerin: Im Deutschen gibt es keine entsprechende Vergangenheitsform)
        tempo futuro *4 s* (Futur)
        tempo passato prossimo *1 c* (Perfekt)
        tempo trapassato prossimo *2 c* (Plusquamperfekt)
        tempo trapassato remoto *3 c*
        tempo futuro anteriore *4 c* (Vorzukunft)

Die Titelseite dieser Bändchen hat eine Größe von 3,5 x 4 cm.

Das alles gleicht einem Ei, das in sich wieder Eier hat, immer kleiner werdend. Das edle Paket des konjugierten Verbs enthält also die Modalformen und jedes von diesen wieder die Zeitformen. Diese sind zur Orientierung nummeriert. Das Personalpronomen gibt schließlich die Reihenfolge der Zeitwortformen an.

Bei dieser Übung benötigen die Kinder also keine Hilfe. Wenn sie einmal das edle, geheimnisvolle rote Päckchen in der Hand haben, brauchen sie es nur mehr zu öffnen und den Inhalt am Tisch zu ordnen. Sie mischen dann die Kärtchen, wie sie es mit den 64 Farbtäfelchen im „Kinderhaus" machten, um sie wieder zu ordnen.

Dazu gibt es dann noch viele rote Päckchen mit roten Büchlein – gefüllt mit leeren Kärtchen in unterschiedlichen Farben. Die Kinder beschriften diese Kärtchen mit ihren eigenen, konjugierten Verben. Diese Arbeit kann auch zu Hause gemacht werden.

X. KONJUNKTIONEN (BINDEWÖRTER)

ANALYSE

MATERIAL: Grammatikkasten mit acht Fächern für die Kärtchen in folgenden Farben: hellbraun (hellblau) Artikel, schwarz Nomen, dunkelbraun (dunkelblau) Adjektiv, rot Verb, lila (grün) Präposition, rosa (orange) Adverb, grün (lila) Pronomen, gelb (rosa) Konjunktion. Daneben noch ein Fach für die vorbereiteten Sätze (Tafel 6).

GRUPPE A
(gleichordnende Bindewörter)

- Räum die Feder *und* das Tintenfass weg.
  Räum die Feder *oder* das Tintenfass weg.
  Räum *weder* die Feder *noch* das Tintenfass weg.
- Sag den Kindern, *dass* sie leise arbeiten sollen.
- Es ist notwendig, *dass* alle Zeichnungen in die dazugehörige Lade gegeben werden.
- Lass die Dinge nicht irgendwo herumliegen, *sondern* bring sofort alles in Ordnung.
- Richte ein nettes Wort an einen deiner Kameraden, nicht laut, *sondern* in angemessener Lautstärke.
- Bring einen Tisch zu deinem Arbeitstisch, *aber* bitte leise.

GRUPPE B
(unterordnende Bindewörter)

- Du kannst eine Klaviertaste ganz leicht antasten, ohne einen Ton zu bekommen, *wenn* du es langsam machst.
- Du könntest mit der linken Hand schreiben, *wenn* du die Buchstaben auch mit dieser Hand befühlst.
- Die Kinder werden ruhig sein, *sobald* du „Ruhe" an die Tafel schreibst.
- Jenes glückliche Kind singt, *während* es arbeitet.
- Schließ immer die Tür, *wenn* du von einem Raum zum anderen gehst.
- Jedes Kind muss ordentlich aussehen, *damit* das ganze Kinderhaus ordentlich erscheint.

GRAMMATIK

GRUPPE C
(unterordnende Bindewörter, Fortsetzung)

- Das Kinderhaus macht einen guten Eindruck, *weil* es schön ist und *weil* eine angenehme Arbeitssituation herrscht.
- Ich gebe es dir, *weil* du es willst.
- Ich gehe mit dir lieber in den Park *als* durch die überfüllten Straßen.
- Du kannst mich um alles bitten, *außer* dich mit diesem gefährlichen Gerät hantieren zu lassen
- Ich schenke dir dieses Spielzeug, *obwohl* ich dir lieber ein Buch schenken würde.
- Versprich ihm, dass du ihn morgen besuchst, *damit* du dann auch das Versprechen hältst.

WORTVERSCHIEBUNGEN

Wenn man das Kärtchen der Konjunktion wegnimmt, wird der Satz unverständlich.

- Räum die Feder *und* das Tintenfass weg.
  Räum die Feder das Tintenfass weg.
- Räum die Feder *oder* das Tintenfass weg.
  Räum die Feder das Tintenfass weg.

Das Bindewort steht in der Mitte der Worte oder Sätze, die es miteinander verbindet. Wenn es fehlt, verändert sich der Sinn oder der Satz wird unverständlich:

- Das Kinderhaus gefällt, weil es schön ist.
  Weil das Kinderhaus gefällt, ist es schön.

DARBIETUNGEN UND AUFFORDERUNGEN ZU DEN KONJUNKTIONEN

THEMA: gleichordnende Konjunktionen: *und, oder, weder ... noch*
AUFFORDERUNGEN:
- Ihr müsst ruhig auf euren Plätzen bleiben *und* dürft euch erst nach meinen Anweisungen bewegen.
- Ihr müsst ruhig auf euren Plätzen bleiben *oder* euch leise zwischen den Bänken bewegen.
- Geht auf Zehenspitzen durch den Raum und gebt dabei acht, *weder* euch zu begegnen *noch* euch untereinander zu verfolgen.

THEMA: *dass*
AUFFORDERUNGEN:
- Verlasst den Raum und wartet draußen darauf, *dass* ich euch ein Zeichen gebe wieder hereinzukommen.

THEMA: *sondern, hingegen*

AUFFORDERUNGEN:
- Bildet zwei Linien, die einen gehen von links nach rechts, die anderen *hingegen* von rechts nach links.
- Bildet eine lange Schlange und geht vorwärts: am Ende des Raumes angelangt bleibt nicht stehen, *sondern* biegt links ab.

THEMA: *wenn*

AUFFORDERUNGEN:
- Ihr werdet den Aufprall des Wassertropfens hören, *wenn* ihr eine Minute ruhig sitzen bleibt.

THEMA: *während, wenn, sobald*

AUFFORDERUNGEN:
- Einige von euch gehen durch die Bänke und bleiben dann mitten im Raum stehen. *Während* ihr Gruppen bildet, werden die anderen versuchen, euch die Augen mit den Händen zuzuhalten.
- Einer von euch versucht, den Raum zu verlassen. *Wenn* er dabei ist die Türschwelle zu berühren, müssen ihm die anderen den Weg versperren.
- Bereitet euch darauf vor, den Platz zu verlassen; *sobald* ich rufen werde: „Los!", lauft ans Ende des Raumes.

THEMA: *damit, sodass*

AUFFORDERUNGEN:
- Einer von euch muss versuchen euch zu berühren, während ihr durch den Raum geht. Ihr müsst alles dazu tun, *damit* es ihm nicht gelingt.
- Ich werde einem Kind etwas auftragen: die anderen müssen alles dazu machen, *sodass* es das nicht ausführen kann.

THEMA: *weil*

AUFFORDERUNGEN:
- Bevor wir mit der Arbeit beginnen, setzen wir uns zusammen, *weil* wir dabei überlegen, was wir zu tun haben.

THEMA: *außer*

AUFFORDERUNGEN:
- Steht auf und geht durch den Raum *außer* hierher.

XI. INTERJEKTIONEN (AUSRUFUNGSWÖRTER)

Mit dieser letzten Wortart kennen die Kinder alle Wortarten, die es gibt. Es ist daher nicht mehr notwendig künstliche, verstümmelte Sätze zu erfinden, die nur die den Kindern bekannten Wortarten enthalten. Somit haben wir Sätze klassischer Autoren ausgewählt (fast alle von Manzoni).

Nachdem die Interjektion oft ein Gedanke ist, der in abgekürzter Form zum Ausdruck kommt, eignet sie sich besonders für dramatische Situationen. Die Kinder führen daher mit den gleichen Sätzen zwei Arbeiten durch: eine generelle Analyse einerseits und „ausdrucksvolles Lesen" der Sätze, die sie selbst auswählen, andererseits. Darüber hinaus wird noch eine Tabelle vorgestellt, die eine Klassifikation aller Interjektionen enthält. Die Kinder können sie lesen und mittels ihrer Stimme und Gesten interpretieren. Das ist die erste Klassifikationstabelle. Danach werden dann alle Wortarten mittels derartiger Tabellen und der jeweiligen Definition vorgestellt werden.

ANALYSE

MATERIAL: Der Grammatikkasten ist nun komplett: er hat neun Fächer für die farbigen Kärtchen: hellbraun (hellblau) für den Artikel, schwarz für das Nomen, dunkelbraun (dunkelblau) für das Adjektiv, rot für das Verb, lila (grün) für die Präposition, rosa (orange) für das Adverb, grün (lila) für das Pronomen, gelb (rosa) für die Konjunktion und hellblau (gelb) für die Interjektion. Im Fach für die Satzkärtchen liegen so viele verschiedene Gruppen von Kärtchen bereit, wie es Interjektionen in den Sätzen gibt (Tafel 7).

GRUPPE A
(Per amor del cielo! oibò! addio! ehm! misericordia! ah!)

- *Bitte!* Macht nicht so einen Lärm!
- *Welche Schande!* rief Renzo, über diese Worte geschockt.
- *Adieu!* Wie traurig ist es, wenn jemand weggeht, der mit euch aufgewachsen ist.
- Sagen Sie ja nichts zu dem Hinweis, den wir Ihnen zu Ihrem Besten gegeben haben, sonst *hm!*

- *Barmherziger Himmel!*, was hat der Herr nur?
- *Aha!* Ihr wollt, dass ich darüber rede, ich kann es aber nicht.

GRUPPE B
(*Eh via! bravo! bene! ehi! poh! per carità! oh!*)

- *Kommt, los!* Glaubt ihr wirklich, dass ich diesen Nonsens glaube?
- Ein *Bravo! Gut!* ertönte aus jeder Ecke des Saales.
- *Hallo!* Wohin geht Ihr, Gentleman?
- *Pfui!* antwortete Tonio, indem er das Haupt zur rechten Schulter neigte und die rechte Hand hob. Er machte dabei ein Gesicht, als ob er sagen wollte: „Welches Unrecht hast du mir angetan!"
- *Um Himmels Willen*, sagt so etwas nicht.
- *Oh!* das tut mir wirklich sehr leid!

GRUPPE C
(*ohè! via! ih! poveretto! ahi! ohi! ahi! uh! ton ton ton ton! poh!*)

- Wer ist dort drinnen? *He! He!*
- *Komm, los*, keine Angst!
- *Igitt!* Gut für dich, dass mir die Hände gebunden sind, entgegnete die Frau.
- Renzo schnarchte schon seit zirka sieben Stunden, der *Ärmste!*
- *Aua! aua! aua!* schrie der Gequälte.
- Wo ist dieses Dorf? *Oh, oh, oh!* antwortete der Mönch und fuchtelte mit der Hand in der Luft, um eine große Entfernung anzuzeigen.
- *Au weh, au weh, au weh!* Was wollen Sie mit diesem Gerät machen?
- Oh, Sie lieben wohl zu scherzen!
- *Peng, peng, peng, peng!* die Bauern hüpfen am Bett herum. Was ist das? Was ist das?
- *Pfui!* ich bin kein Junge.

TABELLE DER INTERJEKTIONEN
(Lautes Lesen der Interjektionen mit spontaner Interpretation.)

DEFINITION: Die Interjektion ist der Ausdruck eines Gedankens mittels eines Wortes.

INTERJEKTION:

Ausdruck des Schmerzes:
> *ahi! ohi! ohimè! ahimè! ah! oh! poveretto!*
> Au weh! Aua! Oje! Ojemine! Ah! Oh! Ärmster!

Bitte, Gebet:
> *deh! mercè! aiuto! per carità! per amor di Dio!*
> Ach! Oh! Hilfe! Um Himmels Willen! Bitte!

Erstaunen, Bewunderung:
> *Oh! ih! nientedimeno! poh! To'! eh! corbezzoli! bazzecole! caspita! cospetto! uh! oooh! misericordia! diavolo! bubbole!*
> Oh! Igitt! Donnerwetter! Pfui! Nanu! He! Wirklich! Was du nicht sagst! Barmherziger Himmel!

GRAMMATIK

Drohen:
> *ehm! guai!*
> Hm! Schöne Bescherung!

Ekel, Schrecken:
> *puh! puah! brrr!*
> Pfui! Wie ekelhaft! Brrr!

Empörung:
> *oibò! vergogna!*
> Welche Schande!

Zweifel:
> *uhm!*
> Hm!

Zum Schweigen bringen:
> Psss! St! Psssst!

Ermutigen:
> *orsù! via! suvvià! animo! coraggio! arri là! hop hop!*
> Auf! Auf! Kopf hoch! Nur Mut!

Grüßen:
> *salve! vale! addio! arrivederci! ave!*
> Sei gegrüßt! Adieu! Auf Wiedersehen!

Applaudieren, lobpreisen:
> *bene! bravo! viva! evviva! gloria! osanna! alleluja!*
> Bravo! Super! Er(Sie) lebe hoch! Sei gerühmt! Hosannah! Hallelujah!

Fluchen:
> *accidenti! perbacco!*
> Verflixt! Donnerwetter!

Nachahmen von Geräuschen:
> *crac! patatrac! piff paff! din don! ton ton! zum zum! bum bum!*
> Krach bum! Piff paff! Ding dong! Tschin bum! Bum bum!

Nachahmen von Stimmen:
> *gnau! chicchirichì! coccodè! cra cra cra! uè uè! glu glu glu! pi pi pi! cri! cri! fron fron! bu bu! ecc.*
> Miau! Kikeriki! Gack gack! Krah krah krah! Piep piep piep! usw.

(Anmerkung der Übersetzerin: Die Anzahl der Fächer und der farbigen Kärtchen der Grammatikkästen ist für das Deutsche immer um eines mehr, da noch die Numeralia (Zahlwörter) hinzukommen.)

XII. Satzanalyse

Einfache Sätze

Das Material dazu besteht aus kleinen Rollen mit Papierstreifen, auf denen Sätze in verschiedener Komplexität vorbereitet sind und einer Tabelle, die in zwei Spalten aufgeteilt ist. Diese sind wiederum unterteilt und enthalten jeweils den Namen eines Bestandteiles des Satzes. Der auf dem Streifen geschriebene Satz wird nun zerschnitten und die einzelnen Teile werden auf die dazugehörigen Rechtecke der Tabelle gelegt. Das erinnert an die Anlautkommode, wo der Gegenstand dem ersten Buchstaben des Wortes zugeordnet wurde. Hier sind die Laden der Kommode zur Zeichnung reduziert. Die Tabellen sind auf buntem Papier und kunstvoll mit Ornamenten geschmückt. Wir haben vier verschiedene Farben und Ornamente dazu verwendet, da bekanntlich auch die äußere Form Einfluss auf die Arbeit der Kinder hat. So sieht die Tabelle aus:

Tabelle A

Verb (PRÄDIKAT)	Wer? Was? SUBJEKT
Wen? Was? Akkusativobjekt	Wem? Dativobjekt
Präpositionalobjekt	Wessen? Genitivobjekt
Wann? Wie lange? Wie oft? Adverbiale Bestimmung der Zeit	Wo? Wohin? Adverbiale Bestimmung des Ortes
Woher? Adverbiale Bestimmung der Herkunft	Wie? Wie sehr? Adverbiale Bestimmung der Art und Weise
Warum? Weshalb? Adverbiale Bestimmung der Ursache	Wozu? Wofür? Adverbiale Bestimmung des Zweckes
Wodurch? Womit? Adverbiale Bestimmung des Mittels	Attribut

Die zwei Felder an der Spitze der Tabelle (Prädikat, Subjekt) sind größer und ausgeschmückter als die anderen. Die Wörter „Prädikat" und „Subjekt" sind mit Großbuchstaben geschrieben. Die anderen Felder sind einfacher gestaltet und die Wörter darin nicht mit Großbuchstaben geschrieben. Das hilft, die Hauptbestandteile des Satzes von den anderen zu trennen. Die Fragen und das, wonach man fragt, sind in verschiedenen Farben, z. B. schwarz die Namen der Bestandteile des Satzes und rot die Fragen. Oder aber auch die Namen rot und die Fragen grün. Die Buchstaben der Fragen sind größer als die der Namen, außer in den beiden ersten Feldern, da sind die Namen in den größten Buchstaben geschrieben.

Das Kind beginnt nun, den Satz wirklich wahrzunehmen und konzentriert sich dabei darauf, was ein Satz eigentlich ist. Wie oft hat es schon Sätze gelesen, vorgelesen und komponiert! Jetzt aber werden sie im Detail studiert. Der Satz drückt eine Handlung oder einen Zustand aus und alles dreht sich dabei ums Verb. Daher besteht die erste Aufgabe des Kindes darin, das Verb zu suchen. Das ist nach den vorangegangenen Übungen nicht schwierig. Wenn das Verb dann gefunden wurde, gilt es, das Subjekt zu erkennen. Dieses findet man mit der Frage: Wer ist derjenige, der ...?

BEISPIEL: *Das Kind liest.* Das Wort *liest* ist das Verb. Dieses wird nun vom Satzstreifen ausgeschnitten und in das Feld VERB gelegt. Danach fragt man: „Wer ist derjenige, der liest?" Die Antwort ist: „Das Kind." Nun wird dieser Teil vom Streifen abgeschnitten und auf das Feld SUBJEKT gelegt.

Ein anderer Beispielsatz: *Das Glas ist zerbrochen.* Die Lehrerin erklärt, dass das Verb *ist* alleine keine Bedeutung hat. Es ist was? Es muss daher noch etwas hinzugefügt werden: das Attribut (die Beifügung) - *zerbrochen.* Daher bekommen wir ein Nominalprädikat, denn das Wort zerbrochen bezieht sich auf das Glas (das Nomen). So wird nun der Teil *ist zerbrochen* ausgeschnitten und auf das Feld VERB gelegt. Das Glas wird auf das Feld SUBJEKT gelegt.

Das Kind kann nun selbst den Satz so abschreiben:

Satz: *Das Kind liest.*

Das Kind : Subjekt   *liest* : Prädikat

I. SERIE

Der erste Streifen ist mit einfachen Sätzen vorbereitet (ohne Ergänzungen).

- Das Kind liest.
- Carlo ist blond.
- Die Tafel ist sauber.
- Der Bleistift ist gespitzt.
- Ich bin fertig.
- Die Kinder gehen spazieren.
- Der Wecker läutet.

- Einige Pflanzen blühen.
- Das Glas ist zerbrochen.
- Wer ist gekommen?
- Der Himmel ist blau.
- Ich gehe aus.
- Die Zeit vergeht.

II. Serie

Sätze mit Ergänzungen. Auf dem Papierstreifen stehen folgende Sätze, einer nach dem anderen:

- Sie liebte ihr Kind zärtlich.
- Die Taubstummen verständigen sich mit Gesten.
- Er brachte der Lehrerin viele Blumen.
- Mama sagte warum.
- Mario, wirst du deiner Schwester diesen Gefallen tun?
- Maria wird dir für einige Tage das Buch borgen.
- Luigina gab dem Armen ein paar Groschen.
- Maria, woher kommst du?
- Ich werde es machen, Mama.
- Der kleine Luigi, erst drei Jahre alt, hat die ganze Tafel gelöscht.
- Welch tüchtiges Kind hat das gezeichnet?
- Gestern zeigte ich Papa den reizenden Brief.
- Auf der Terrasse weht eine große italienische Fahne.
- Warst du im Theater?
- Der Wind peitschte den Regen gegen die Fenster.
- Die Freundin zuckte die Achseln.

Anwendungsbeispiele:

Man schneidet den ersten Satz: „Sie liebte ihr Kind zärtlich." vom Streifen ab. Dann schneidet man das Papierstück, worauf „liebte" geschrieben steht, ab und legt es auf das Feld VERB. Wer ist es, der liebte? „Sie", das Wort „Sie" kommt auf das Feld SUBJEKT. Sie liebte ... wen? „ihr Kind". Der Streifen, auf dem „ihr Kind" geschrieben steht, wird heruntergeschnitten und auf das Feld Akkusativobjekt gelegt. (Durch das Lesen der Bezeichnungen der Felder lernt das Kind die entsprechenden Bezeichnungen und Klassifikation der Adverbialen Bestimmungen). Wie liebte sie es? Auf welche Art? „zärtlich"; das Papierstück mit dem Wort „zärtlich" wird auf das Feld Adverbiale Bestimmung der Art und Weise gelegt. Der Satz ist nun fertig zerlegt. Das Kind kann die Zerlegung abschreiben oder weitere Satzanalysen - je nach Belieben - machen.

Das Abschreiben erfolgt auf folgende Art:

Satz: *Sie liebte ihr Kind zärtlich.*
Sie : Subjekt
liebte : Prädikat
ihr Kind : Akkusativobjekt
zärtlich : Adverbiale Bestimmung der Art

Zur Bestimmung der Attribute hilft die Lehrerin.

Beispiel: „Mario, wirst du deiner Schwester diesen Gefallen tun?" „ Mario" ist hier eine Art Invokation: „Oh, Mario, du ..." Den Vokativ kann man daran erkennen, dass er dieses „Oh!" verlangt.

Ein anderer Satz: „Der kleine Luigi, erst drei Jahre alt, hat die ganze Tafel gelöscht." Das „erst drei Jahre alt" ist ein Attribut von Luigi und kommt auf das Feld Attribut.

III. Serie
Sätze mit zwei oder mehr Ergänzungen der selben Art

Auf den aufgerollten Streifen stehen folgende Sätze, die man lesen und einen nach dem anderen abschneiden kann:

- Das Kind schläft und träumt.
- Alle lieben Obst und Blumen.
- Er nahm Papier, Feder und Tintenfass, um seiner Freundin zu schreiben.
- Carlino öffnete das Buch und schloss es wieder.
- Der Papa und der Arzt kamen aus dem Zimmer des kleinen Erkrankten.
- Die Frauen rieten zum Frieden, zur Geduld und zur Vorsicht.
- Die Mutter und der Sohn umarmten Gertrude.
- Beispiele und Gründe werden ihnen nicht fehlen.
- Am Anfang erschuf Gott den Himmel und die Erde.
- Auf den Dächern der Häuser sehen wir Kamine und Dachfenster.

IV. Serie
Sätze mit elliptischem (=fehlendem) Subjekt

Das Kind interpretiert den Satz und findet das Subjekt heraus.

(Anmerkung der Übersetzerin: Im Deutschen existiert diese Satzart nicht, da das Subjekt immer vorhanden ist.)

- *La ringrazio.*	*Ich* danke Ihnen.
- *Verrete?*	Werdet *ihr* kommen?
- *Sono stanco.*	*Ich* bin müde.
- *Non mi sento bene oggi.*	*Ich* fühle mich heute nicht wohl.
- *Com'è andata?*	Wie ist *es* gegangen?
- *Dico la verità.*	*Ich* sage die Wahrheit.
- *Siamo contentissimi.*	*Wir* sind sehr zufrieden.
- *Vi saluto.*	*Ich* grüße euch.
- *Vado a casa.*	*Ich* gehe nach Hause.
- *Lampeggia.*	*Es* blitzt.
- *M'impose silenzio.*	*Er* befahl mir ruhig zu sein.
- *Ascolto.*	*Ich* höre zu.

V. Serie
Sätze mit elliptischem Prädikat[1]

- Ruhe!
- Warum so viel Lärm?
- Unter dem Schnee, Brot.
- Einem Gelehrten ist gut predigen.
- Heute mir, morgen dir.
- Bis morgen!
- Ehre, wem Ehre gebührt.
- Bravo!

[1] Anmerkung der Übersetzerin: Durch die Übersetzung mussten die Sätze verändert werden, sodass sie nicht mehr ohne Prädikat sein können: Einem Gelehrten ist gut predigen. Ehre, wem Ehre gebührt.

- Was für ein Sauwetter!
- Schönen Tag!
- Was für ein schöner, heller Saal!
- Klare Bedingungen

VI. Serie
Sätze mit elliptischem Akkusativobjekt

- Öffnet mir bitte!
- Jener Mann, der verdient!
- Er gibt aus wie ein Millionär.
- Deck sofort auf!
- Habt ihr geerntet?
- Um Himmels Willen, schließt!

VII. Serie
Sätze mit vielen Ergänzungen und Schwierigkeiten

- Ferruccio kam müde heim, von Kopf bis Fuß mit Schlamm bedeckt, mit zerrissener Jacke und blauen Flecken auf der Stirn.
- Luigino ging eiligen Schrittes heim.
- Wir hörten das Lachen der Kinder im Hof.
- Eines schönen Morgens im Mai fand ich mich, Mädchen, in einem grünen Garten.
- Das schöne Mädchen, mit den schwarzen Haaren, ist dort auf der Wiese.
- Mein armes Herz vergisst euch nie, oh Blicke, oh Küsse, oh zarte Berührungen, oh süße Liebe meiner Mutter.
- Die Frau ging vor mir mit dem Kind am Arm.
- Die Stimme Carluccios hörte man klar heraus unter allen anderen, zitternd und harmonisch.
- Morgen gehe ich zu Fuß in die Stadt.
- Camillo verbrachte jedes Jahr den Sommer mit seinen Eltern auf dem Gipfel eines lieblichen Hügels.
- An jenem Abend war es im Haus von Ferruccio ruhiger als sonst.
- Ich will keine Langeweile heute morgen.
- Ich will überhaupt nichts davon wissen.
- Sagt ihr mir, warum?
- Ab und zu überquert eine Schar von Leuten die Straße.
- Der Doktor murmelte ein Wort ins Ohr des Bürgermeisters.
- In jenem Moment hörte er ein Klopfen an der Tür.
- Ich komme aus Mailand um die Mama wiederzusehen.
- Es war einmal ein kleines Lamm, weiß, glatt, sauber ...

VERÄNDERUNG DER REIHENFOLGE DER VERSCHIEDENEN BESTANDTEILE DES SATZES

REGEL: **Die italienische Sprache bevorzugt die direkte Reihenfolge in der Prosa, nur ausnahmsweise gibt es Umstellungen. Im Gedicht ist sie häufig umgekehrt.**
Die direkte Reihenfolge sieht so aus:
zuerst das Subjekt;
dann das Prädikat;
danach die Ergänzung im Akkusativ.

Die anderen Ergänzungen folgen gemäß der Wichtigkeit, die vom Inhalt vorgegeben ist, und dem Sinn des Satzes.
Solche Konzepte sind klar und einfach, sodass sie das Kind leicht verstehen kann.
Man kann nun versuchen, die einzelnen Bestandteile des Satzes anders zu kombinieren.

BEISPIEL:

Der Wind	peitschte	den Regen	gegen das Fenster.
(Subjekt)	(Prädikat)	(Akkusativobjekt)	(Adverbiale Bestimmung des Ortes)

Durch Vertauschen der Wörter kann es zu folgenden Kombinationen kommen:

Peitschte - der Wind - den Regen - gegen das Fenster.
Gegen das Fenster - der Wind - den Regen - peitschte.
Peitschte - der Wind - gegen das Fenster - den Regen.
Gegen das Fenster - der Wind - peitschte - den Regen.
Der Wind - den Regen - peitschte - gegen das Fenster.

VIII. SERIE
Direkte und umgekehrte Reihenfolge

Mit jedem Satz ist es möglich, die verschiedenen Reihenfolgen zu zeigen. Die Beispiele dazu können aus der Dichtung genommen werden.

- Hier und dort auf Kreuzungen, auf Plätzen, vor Cafès, auf den Stufen der Kirchen, überall sammelten sich Männer und Mädchen.
- Jetzt singen die Spatzen rund um das kleine Kreuz.
- Aus offenen Kelchen strömt der Duft der roten Erdbeeren.
- Eine Schar von Schwalben fliegt herum. ... Hilfe, habt Erbarmen, schrie, nur aus Zeitvertreib, Checco, der dumme Junge.

* * *

Übungen zum Verbinden der verschiedenen Satzelemente können zum leichteren Erkennen und Verwenden der grammatikalischen Formen beitragen. Beim Studium der einzelnen Wortarten war das nicht möglich, wie z. B. Verwendung der Verben als Nomina, Infinitiv als Subjekt und Objekt, Verwendung des Personalpronomens als Akkusativ- oder Dativobjekt usw.

IX. Serie
Formen des Verbs

Auf dem Papierstreifen stehen die verschiedenen Formen des Verbs (aktiv, passiv, reflexiv = rückbezüglich). Diese werden nach der Tabelle der Satzanalyse untersucht.

Aktiv Das Subjekt ist aktiv	Passiv Das Präpositionalobjekt ist aktiv	Reflexivum Das Subjekt ist auch das Akkusativobjekt
Carlo zieht das Schwesterlein an.	Das Schwesterlein wird von Carlo angezogen.	Das Schwesterlein zieht sich an.
Mama bringt das Mädchen zur Schule.	Das Mädchen wird von Mama zur Schule gebracht.	Das Mädchen bringt sich selbst zur Schule.
Die Lehrerin lobte Maria.	Maria wurde von der Lehrerin gelobt.	Maria lobte sich selbst.
Die kleine Freundin beschuldigte Luisa der Grobheit.	Luisa wurde von der kleinen Freundin der Grobheit beschuldigt.	Luisa beschuldigte sich der Grobheit.
Der Portier zeigte den Jungen an.	Der Junge wurde vom Portier angezeigt.	Der Junge zeigte sich selber an.
Mama wiegte das kleine Mädchen im Schaukelstuhl.	Das kleine Mädchen wurde von Mama im Schaukelstuhl gewiegt.	Das kleine Mädchen wiegte sich im Schaukelstuhl.
Mama legte den Kranken auf das weiche Sofa.	Der Kranke wurde von Mama auf das weiche Sofa gelegt.	Der Kranke legte sich auf das weiche Sofa.
Der gute Alte liebte Luigi sehr.	Luigi wurde vom guten Alten sehr geliebt.	Luigi liebte sich sehr.
Luigi kannte den kleinen Rauchfangkehrer.	Der kleine Rauchfangkehrer wurde von Luigi gekannt.	Luigi und der kleine Rauchfangkehrer kannten einander.

X. Serie
Verwendung des Personalpronomens

Die selben Sätze, die zur Analyse des Personalpronomens verwendet wurden, können auch zur Satzanalyse verwendet werden.

Carlino tröstete seine Schwester mit einem Kuss.
Carlino tröstete *sie* mit einem Kuss.

Emma legte das Buch auf den Tisch zurück.
Sie legte *es* auf den Tisch zurück.

Sie schrieben Mama einen Brief.
Sie schrieben *ihr* einen Brief.

Willst du deiner Lehrerin die Zeichnung schenken?
Willst du sie *mir* schenken?

Ich erzählte Papa das Vorgefallene.
Ich erzählte es *ihm*.

Sag alles deiner Mama.
Sag *ihr* alles.

Zeig dem Arzt deine Verletzung.
Zeig *ihm* deine Verletzung.

Sag nichts Schlechtes über deine gute Nachbarin.
Sag nichts Schlechtes über *sie*.

Ärgere den Hund nicht.
Ärgere *ihn* nicht.

Wenn man die Worte nun vertauscht, werden die Regeln für die Stellung der Pronomen erkennbar. Die Lehrerinnen sollten sie noch einmal bewusst machen:
 Sie stehen immer in der Nähe des Verbs.
 Wenn zwei nebeneinander stehen, kommt zuerst das für die Ergänzung im vierten Fall.

Zusammengesetzte und komplexe Sätze

Die Stellung der verschiedenen Bestandteile folgt denselben Regeln wie beim einfachen Satz. Auch das dazu verwendete Material ist das gleiche: aufgerollte Papierstreifen, auf denen die zu analysierenden Sätze stehen und eine Tabelle mit Feldern, auf die die verschiedenen Satzteile gelegt werden.
 Das größte Feld ist für den Hauptsatz reserviert, dazu kommen die Nebensätze.
 Dieses logische Thema ist ziemlich interessant für die Kinder und zieht ihre Aufmerksamkeit an. Daneben gibt es noch Kärtchen, die zur Kontrolle dienen

und auch zum Studium der Sätze selbst. Kreise, Pfeile und Dreiecke: die Pfeile sind mit Fragen beschriftet, der rote Kreis ist das Symbol für das Prädikat. Die schwarzen Kreise stehen für Subjekt und Objekt (Tafeln 8 und 9).

TABELLE B

HAUPTSATZ	
EINGESCHOBENER NEBENSATZ	
BEIFÜGUNG ODER RELATIVSATZ	
Wer ist es, der ...? (Subjektsatz)	Wen? ... oder was? (Objektsatz)
Wann? (Temporalsatz)	Wo? Wohin? (Lokativsatz)
Wofür? Wozu? (Finalsatz)	Warum? Wodurch? (Kausalsatz)
Wie? (Vergleich oder Modalsatz)	Unter welcher Bedingung? (Konditionalsatz)
Trotz welchen Umstandes? (Konzessivsatz)	Mit welcher Wirkung? (Folgesatz)

I. SERIE

Die Sätze sind nebengeordnet, gleichrangig, unabhängig. Sie könnten auch alleine stehen. Es sind Hauptsätze, die nebeneinander stehen.

- Ich suchte ihn aufmerksam und (ich) fand ihn.
- Er stampfte verärgert mit einem Fuß, er erhob sich und (er) lief weg.
- Er klatschte vor Freude in die Hände und (er) begann zu springen.
- Er bedeckte sich die Augen mit den Händen und (er) weinte.
- Sie schauten einander in die Augen: jeder von ihnen hatte eine Frage zu stellen; niemand hatte eine Antwort zu geben.

GRAMMATIK

- Ich bin da: man muss mir aber helfen, man muss mir gehorchen.
- Alle wandten sich jenem Haus zu, sie näherten sich in Massen, (sie) schauten hinauf, (sie) spitzten die Ohren.
- Sie setzten in Ruhe ihren Weg fort und bald danach kamen sie endlich auf den Platz vor der Kirche des Klosters.
- Der Guardian begann sich zu bedanken, die gnädige Frau aber unterbrach ihn.
- Bringt mich jetzt nicht zum Sprechen, bringt mich nicht zum Weinen.
- Macht kein Getratsche, macht kein Gekreische!

Das Kind zerteilt das Satzgefüge in einzelne Sätze, kann sie dann untereinander schreiben und überprüfen, dass alle alleine stehen können.

Ich suchte ihn aufmerksam.
Und ich fand ihn.
Er stampfte verärgert mit einem Fuß.
Er erhob sich.
Und er lief weg.
Er klatschte vor Freude in die Hände.
Und er begann zu springen.
Er bedeckte sich die Augen mit den Händen.
Und er weinte.
Sie schauten einander in die Augen.
Jeder von ihnen hatte eine Frage zu stellen.
Niemand hatte eine Antwort zu geben.
Ich bin da.
Man muss mir aber helfen.

Alle wandten sich jenem Haus zu.
Sie näherten sich in Massen.
Sie schauten hinauf.
Sie spitzten die Ohren.
Sie setzten in Ruhe ihren Weg fort.
Und bald danach kamen sie endlich auf den Platz vor der Kirche des Klosters.
Der Guardian begann sich zu bedanken.
Die gnädige Frau aber unterbrach ihn.
Bringt mich jetzt nicht zum Sprechen.
Bringt mich nicht zum Weinen.
Macht kein Getratsche.
Macht kein Gekreische.
Man muss mir gehorchen.

II. SERIE

Das Satzgefüge besteht aus einem Hauptsatz und einem Nebensatz, der nicht alleine stehen kann, sondern vom Hauptsatz abhängig ist. Der Nebensatz dient hier als Beifügung zum Hauptsatz, es ist ein Relativsatz.

- Der Goldring, den ihr gestern auf den Stufen gefunden habt, gehörte Frau Giulia.
- Der Mann, der mich zur Schule begleitete, war der gute Giuseppe.
- Er liebte sein Pferd, das ihm so gut folgte.
- Die Aquarellfarben, die mir die Tante zu Weihnachten schenkte, sind sehr gut.
- Ich denke an dich und deinen Sohn, der so hieß wie meiner.
- Das Taschenmesser, das den Bleistift spitzte, war frisch geschliffen.
- Es gibt noch arme Kinder, die bloßfüßig durch die Welt ziehen.
- Hier ist das Geld, das ihr mir geborgt habt.
- Sie näherte sich den Kindern, die konzentriert lasen.
- Das Haus, das ich bewohne, ist schön und sonnenbeschienen.
- Die kleinen Kameraden, mit denen ich immer spiele, kamen gestern nicht zur Schule.
- Der junge Mann, den ich so liebte, zog sich zurück.

GEGENÜBERSTELLUNGSTABELLE

HAUPTSATZ (Das Element, auf das sich die Beifügung bezieht, ist *kursiv* geschrieben.)	BEIFÜGUNG (RELATIVSATZ) (Um ihr einen Sinn zu geben, muss man sie zu dem Element, auf das sie sich bezieht, dazustellen.)
Der *Goldring* gehörte Frau Giulia.	den ihr gestern auf den Stufen gefunden habt
Der *Mann* war der gute Giuseppe.	der mich zur Schule begleitete
Er liebte sein *Pferd*.	das ihm so gut folgte
Die *Aquarellfarben* sind sehr gut.	die mir die Tante zu Weihnachten schenkte
Ich denke an dich und deinen *Sohn*.	der so hieß wie meiner
Das *Taschenmesser* war frisch geschliffen.	das den Bleistift spitzte
Es gibt noch arme *Kinder*.	die bloßfüßig durch die Welt ziehen
Hier ist das *Geld*.	das ihr mir geborgt habt
Sie näherte sich den *Kindern*.	die konzentriert lasen
Das *Haus* ist schön und sonnenbeschienen.	das ich bewohne
Die kleinen *Kameraden* kamen gestern nicht zur Schule.	mit denen ich immer spiele
Der junge *Mann* zog sich zurück.	den ich so liebte

III. SERIE

Das Satzgefüge besteht aus einem Hauptsatz und Nebensätzen, die alle vom Hauptsatz abhängig sind. Sie beziehen sich nicht auf ein Wort des Hauptsatzes, sondern auf den Sinn des ganzen Hauptsatzes, haben daher eine logische Abhängigkeit vom Hauptsatz und vervollständigen dessen Sinnhaftigkeit. Die Fragen der Tabelle helfen dem Kind, die Nebensätze zu klassifizieren und den entsprechenden Tabellenfeldern zuzuordnen.

Auf den Papierstreifen stehen beispielsweise folgende Sätze:

- Enrico, vergiss nicht, mir einen langen Brief zu schreiben, sobald du zu Hause bist.
- Weg damit, habt ihr nicht selbst gesagt, dass man damit rechnen muss.
- Als Ambrogio eine bekannte Stimme hörte, ließ er die Leine locker.
- Als sie eingetreten waren, lehnte der Pater behutsam die Tür an.

GRAMMATIK

- Während sie abfuhr, murmelte Renzo: „Ihr habt mir nie etwas gesagt."
- Sie führte den Zipfel der Schürze zu ihren Augen, um sich die Tränen abzutrocknen, die sich über ihre Wangen ergossen.
- Wer sucht, der findet.
- Wer nicht kommt zur rechten Zeit, sagt ein Sprichwort, der muss nehmen, was übrig bleibt.
- Eile mit Weile, sagen die alten Römer.
- Es ist unnötig, dass du versuchst, mich zu trösten.
- Sie entfernten sich, nachdem sie zu Carmela ein Machtwort gesprochen hatten, damit sie ihnen nicht folge.
- Ich erinnere mich jetzt daran, dass ich dir für den Gefallen danken muss, den du mir erwiesen hast.

VERGLEICHSTABELLE

HAUPTSATZ UND EINSCHUB	FRAGE	NEBENSATZ UND BEIFÜGUNG
Enrico, vergiss nicht	Was? Wann?	mir einen langen Brief zu schreiben sobald du zu Hause bist
Weg damit, habt ihr nicht selber gesagt	Was?	dass man damit rechnen muss
Ambrogio ließ die Leine locker	Wann?	als er eine bekannte Stimme hörte
Der Pater lehnte die Tür behutsam an	Wann?	als sie eingetreten waren
Renzo murmelte	Was? Wann?	„Ihr habt mir nie etwas gesagt" während sie abfuhr
Sie führte den Zipfel der Schürze zu ihren Augen	Warum?	um sich die *Tränen* abzutrocknen, die sich über ihre Wangen ergossen (Beifügung)
Der findet	Wer ist der?	Wer suchet
Der muss nehmen, was übrig bleibt	Wer ist der?	Wer nicht kommt zur rechten Zeit sagt ein Sprichwort (eingeschobener Nebensatz)
Eile mit Weile		sagen die alten Römer (Einschub)
Es ist unnötig	Was?	dass du versuchst mich zu trösten
Sie entfernten sich	Wann? Warum?	nachdem sie zu Carmela ein Machtwort gesprochen hatten damit sie ihnen nicht folge
Ich erinnere mich jetzt daran	Woran?	dass ich dir für den *Gefallen* danken muss, den du mir erwiesen hast (Beifügung)

IV. Serie

Komplexe Sätze, die neben dem Hauptsatz aus beigeordneten Sätzen und Nebensätzen bestehen.

- Nachdem er das gesagt hatte, zog er sich zurück und schloss das Fenster.
- Er beruhigte sich und sagte: „Sie wissen über mich Bescheid."
- Er wird dir ein Vater sein, er wird dich leiten, er wird Arbeit für dich finden, damit du hier ruhig leben kannst.
- Eines der größten Trostpflaster im Leben ist die Freundschaft, und eines der größten Trostpflaster der Freundschaft ist es, einen Menschen zu haben, dem man ein Geheimnis anvertrauen kann.
- Wo jetzt der schöne Palast steht, mit der Loggia, war einmal, und das ist noch nicht lange her, ein Platz und am Ende davon die Kirche und das Kloster der Kapuziner, mit vier großen Ulmen davor.
- Renzo ging zur Tür, gab das halbe Brot, das ihm übrig geblieben war, in die Brusttasche, zog den Brief hervor, hielt ihn vorbereitet in der Hand und dann zog er die Glocke.
- Es öffnete sich eine kleine Tür, die ein Gitter davor hatte und das Gesicht des Pförtners erschien um zu fragen, wer er war.
- Carmela sah ihm tief in die Augen, dann senkte sie den Kopf und den Blick, so als ob sie nachdenken würde.

VERGLEICHSTABELLE

HAUPTSATZ	BEIGEORDNETER SATZ	FRAGE	NEBENSATZ UND BEIFÜGUNG
Er zog sich zurück	und schloss das Fenster	Wann?	nachdem er das gesagt hatte
Er beruhigte sich	und sagte	Was?	Sie wissen über mich Bescheid
Er wird dir ein Vater sein	er wird dich leiten er wird Arbeit für dich finden	Wozu?	damit du hier ruhig leben kannst
Eines der größten Trostpflaster im Leben ist die Freundschaft	und eines der größten Trostpflaster der Freundschaft ist	Was?	einen Menschen zu haben, dem man ein Geheimnis anvertrauen kann (Beifügung)
(Es) war einmal ein Platz	und am Ende davon	Wo?	Wo jetzt der schöne Palast mit der Loggia steht
	(waren) die Kirche und das Kloster der Kapuziner mit den vier großen Ulmen davor	Wann?	und das ist noch nicht lange her
Renzo ging zur Tür	gab das halbe *Brot* in die Brusttasche zog den Brief hervor und hielt ihn vorbereitet in der Hand und dann zog er die Glocke		das ihm übrig geblieben war (Beifügung)
Es öffnete sich eine kleine *Tür*			die ein Gitter davor hatte (Beifügung)
	und das Gesicht des Pförtners erschien	Warum? Was?	um zu fragen wer er war
Carmela sah ihm tief in die Augen	dann senkte sie den Kopf und den Blick	Wie?	als ob sie nachdenken würde

V. Serie

Es sind Folgesätze, die voneinander abhängig sind.

- Der Krug geht so lange zum Brunnen, bis er bricht.
- Er hatte so lange gebettelt, bis er es bekommen hat.
- Er lief so schnell, dass er ihn einholte.
- Es gefiel ihm so sehr, dass er es sich kaufte, auch wenn es ihm Opfer kostete.
- Er war so betrübt, dass ihn niemand trösten konnte.
- Je mehr man vom Erfolg ermutigt wird, desto mehr lernt man.
- Ich habe so viel gelernt, dass ich glücklicherweise die Prüfungen schaffte.

Vergleichstabelle

Hauptsatz	Fragen	Nebensatz
Der Krug geht so lange zum Brunnen	*Was folgt daraus?*	bis er bricht
Er hatte so lange gebettelt	*Was folgt daraus?*	bis er es bekommen hat
Er lief so schnell	*Was folgt daraus?*	dass er ihn einholte
Es gefiel ihm so sehr	*Was folgt daraus?* *Trotz welchen Umstandes?*	dass er es sich kaufte auch wenn es ihm Opfer kostete
Er war so betrübt	*Was folgt daraus?*	dass ihn niemand trösten konnte
Je mehr man vom Erfolg ermutigt wird	*Was folgt daraus?*	desto mehr lernt man
Ich habe so viel gelernt	*Was folgt daraus?*	dass ich glücklicherweise die Prüfungen schaffte

Satzstellung bei Satzgefügen

Mit diesem Material kann man den Kindern ganz einfach die Abhängigkeiten zeigen. Die Nebensätze ersten Grades hängen direkt vom Hauptsatz ab, die zweiten Grades hängen von einem Nebensatz ab usw.

Dasselbe gilt für die beigeordneten Sätze, auch sie können ersten Grades sein, das heißt, sie laufen parallel zum Hauptsatz. Sind sie hingegen zweiten Grades, dann laufen sie parallel zu einem Nebensatz.

Nun kann das Satzgefüge in so viele Streifen geschnitten werden, wie es Sätze gibt. Diese werden dann dem Rang nach am Tisch aufgelegt, d.h. ganz links steht der Hauptsatz, nach rechts hin folgen die Nebensätze.

GRAMMATIK

BEISPIELSÄTZE:
- Der Alte erzählte und fand Geschmack daran, seine Geschichten zu übertreiben, um die Frauen zu erschrecken.
- Renzo sagte schließlich, dass er zu Don Abbondio ging, um die Konzertkarten für die Hochzeit zu holen.
- Ich war ein Lausbub, ich leugne es nicht, aber niemand kümmerte sich um mich, außer wenn er mich quälen konnte.
- Auch der Doktor schränkte seine Besuche ein, als er sah, dass sich der Zustand des Kranken weder verbesserte noch verschlechterte.

Die voneinander getrennten Sätze werden auf eine Tabelle gelegt, die drei Pfeile hat: zum ersten kommt der Hauptsatz, zum zweiten der Nebensatz ersten Grades und zum dritten der Nebensatz zweiten Grades, wie man es auf der Tabelle C sehen kann.

Die obengenannten Satzgefüge werden wie folgt zerlegt:

Hauptsatz	Nebensatz 1.Grades	Nebensatz 2.Grades
Der Alte erzählte und fand Geschmack daran	seine Geschichten zu übertreiben	um die Frauen zu erschrecken.

TABELLE C

HAUPTSATZ	NEBENSATZ 1. GRADES	NEBENSATZ 2. GRADES
Renzo sagte schließlich	dass er zu Don Abbondio ging	um die Konzertkarten für die Hochzeit zu holen
Ich war ein Lausbub, ich leugne es nicht, (Einschub) aber niemand kümmerte sich um mich	außer wenn er mich quälen konnte	
Auch der Doktor schränkte seine Besuche ein	als er sah	dass sich der Zustand des Kranken weder verbesserte noch verschlechterte

Wenn nun die Kinder das Satzgefüge mit Hilfe der Tabelle B analysieren, können sie die bereits klassifizierten Sätze mit Hilfe der Pfeile gemäß der Tabelle C auflegen.

* * *

All diese Übungen helfen dem Kind auf dem Weg zum Verstehen und Erkennen, wie die Teile des Satzgefüges einzuordnen sind.

Die verschiedensten Umstellungen der Sätze des Satzgefüges lassen nun wieder die Regeln erkennen, wie diese angeordnet sein müssen:

- Die Beifügungen (Relativsätze) müssen immer sofort dem Nomen folgen, auf das sie sich beziehen.
- Die Subjektsätze können vor oder nach dem Hauptsatz stehen.
- Die Objektsätze stehen nach dem Hauptsatz und wenn sie vorgestellt sind, dann wird mit einem Pronomen auf sie Bezug genommen.
- Bei allen anderen Nebensätzen kommt es auf die Bedeutung an, die man ihnen beimisst.
- Die direkte Reihenfolge im Satzgefüge ist analog der im Satz:
Subjektsatz
Hauptsatz
Objektsatz
Alle anderen Nebensätze

Spezielle Übungen, die sich darauf beziehen, bestehen im Ordnen einfacher Gedichte, gemäß obengenannter Regeln.

VI. Serie

1. Wohin immer ich den Blick richte,
   großer Gott, ich sehe dich;
   deine Werke bewundere ich,
   ich erkenne dich in mir.

   Die Erde, das Meer, die Sphären,
   sprechen von deiner Macht;
   du bist für alles, und wir alle
   leben in dir.

   (METASTASIO)

   Ich sehe dich, großer Gott,
   wohin immer ich den Blick richte;
   ich bewundere deine Werke;
   ich erkenne dich in mir.

   Die Erde, das Meer, die Sphären
   sprechen von deiner Macht;
   du bist für alles, und wir alle
   leben in dir.

2. Es bricht der Abend herein;
   die Familie begibt sich zur Ruhe
   es hüllt sich in Schweigen
   alles Sterbliche.

   Komm herab, oh Vater, und
   besuch die Erde, die schweigt;
   schick, oh Herr der Armen,
   allen deinen Frieden.

   (GIULIO GARGANO)

   Der Abend bricht herein;
   die Familie begibt sich zur Ruhe;
   alles Sterbliche hüllt sich in Schweigen.

   Komm herab, oh Vater, und
   besuch die Erde, die schweigt;
   schick allen deinen Frieden,
   Oh Herr der Armen.

3. Es schimmert weiß die Klippe im Meer;
   sie scheint zu schwanken und es scheint,

   Die Klippe schimmert weiß im Meer;
   sie scheint zu schwanken und es scheint,

GRAMMATIK

dass das Meer sie verschlingt, sich über sie erhebend. | dass das Meer, sich über sie erhebend, sie verschlingt.

Aber er ist sehr stolz, jener kämpferische Fels; und das ruhige, seichte Meer umspült ihm den Fuß. | Aber jener kämpferische Fels ist sehr stolz und das ruhige, seichte Meer umspült ihm den Fuß.

(METASTASIO)

4. In der Stunde, in der der rosige Himmel wieder zum Tag erwacht, geht der eifrige Pionier wieder ans Werk: der Blasebalg bläst, der dröhnende Amboss kündigt träge die Morgenröte an.
Kameraden, freiwillig eilen wir zur Arbeit; die Zeit schreitet fort, die Zeit ist kostbar. | Der eifrige Pionier geht wieder ans Werk, in der Stunde, in der der rosige Himmel wieder zum Tag erwacht. Der Blasebalg bläst, der dröhnende Amboss kündigt träge die Morgenröte an.
Kameraden, eilen wir freiwillig zur Arbeit; die Zeit schreitet fort, die Zeit ist kostbar.

(GIACOMO ZANELLA)

5. Ein Tropfen, oh kleine Wolke!
rief durstig eine Blume.
- Jetzt kann ich nicht, ich bin in Eile -
antwortete sie ihr und zog vorbei. | Eine Blume rief durstig: Ein Tropfen, oh kleine Wolke! Sie antwortete ihr: - Jetzt kann ich nicht, ich bin in Eile. Und zog vorbei.

Dahingestreckt am Boden, weil die Flüssigkeit ihm verweigert wurde, verdurstete der arme Teufel.
Dem Bettler, der dich um etwas bittet, antworte nie so! | Der arme Teufel verdurstete, dahingestreckt am Boden, weil die Flüssigkeit verweigert wurde. Antworte nie einem Bettler so, der dich um etwas bittet!

(GIUSEPPE CAPPAROZZO)

6. Jene Woge, die herabstürzt vom Alpenhang, schnellt empor, bricht sich und rauscht. Ganz klar wird sie. | Jene Woge, die vom Alpenhang herabstürzt, schnellt empor, bricht sich und rauscht. Sie wird ganz klar.

Eine andere ruht sich aus, nicht wahr, im dunklen, schattigen Grund.
Aber sie verliert durch diese Rast ihre ganze Schönheit. | Eine andere ruht sich aus im dunklen, schattigen Grund, nicht wahr. Aber sie verliert ihre ganze Schönheit durch diese Rast.

(METASTASIO)

7. Es erscheint, sobald die Sonne aufgegangen ist, die fleißige Handwerkerin und erfreut die Nachbarschaft mit ihrem morgendlichen Gesang. | Die fleißige Handwerkerin erscheint, sobald die Sonne aufgegangen ist, und erfreut die Nachbarschaft mit ihrem morgendlichen Gesang.

Dann, am Fenster sitzend, widmet sie sich ihrer Arbeit, und verliert sich dazwischen in ihren Gedanken. | Dann widmet sie sich ihrer Arbeit, am Fenster sitzend, und verliert sich dazwischen in ihren Gedanken.

Oh Mädchen, du hast Recht, wenn
du so fröhlich bist:
sei glücklich mit deinem Webstuhl,
reich werde durch deine Arbeit.
           (ANTONIO PERETTI)

Oh Mädchen, du hast Recht, wenn du so fröhlich bist: sei glücklich mit deinem Webstuhl, werde reich durch deine Arbeit.

VERGLEICHSTABELLE

1. Ich sehe dich, großer Gott, — *Hauptsatz*
   wohin immer ich den Blick richte; — *Lokativsatz*
   ich bewundere deine Werke, — *beigeordneter Satz zum Hauptsatz*
   ich erkenne dich in mir. — *beigeordneter ...*
   Die Erde, das Meer, die Sphären
   sprechen von deiner Macht, — *Hauptsatz*
   du bist für alles, — *beigeordneter Satz ...*
   und wir alle leben in dir. — *beigeordneter ...*

2. Der Abend bricht herein, — *Hauptsatz*
   die Familie begibt sich zur Ruhe, — *beigeordneter Satz ...*
   alles Sterbliche hüllt sich in Schweigen. — *beigeordneter Satz ...*

   Komm herab, oh Vater — *Hauptsatz*
   und besuch die Erde, — *beigeordneter Satz ...*
   die schweigt, — *Beifügung*
   schick allen deinen Frieden, oh Herr der Armen. — *beigeordneter Satz ...*

3. Die Klippe schimmert weiß im Meer; — *Hauptsatz*
   sie scheint zu schwanken — *beigeordneter Satz ...*
   und es scheint, — *beigeordneter Satz ...*
   dass das Meer sie verschlingt, — *Objektsatz*
   sich über sie erhebend. — *Beifügung*

   Aber jener kämpferische Fels ist sehr stolz — *Hauptsatz*
   und das ruhige, seichte Meer umspült ... — *beigeordneter Satz ...*

4. Der eifrige Pionier geht wieder ans Werk — *Hauptsatz*
   in der Stunde, in der der rosige Himmel ... — *Beifügung*
   der Blasebalg bläst, — *beigeordneter Satz ...*
   der dröhnende Amboss kündigt ... — *beigeordneter Satz ...*
   Kameraden, eilen wir freiwillig zur Arbeit, — *Hauptsatz*
   die Zeit schreitet fort, — *beigeordneter Satz ...*
   die Zeit ist kostbar. — *beigeordneter Satz ...*

5. Eine Blume rief durstig: — *Hauptsatz*
   Ein Tropfen – oh kleine Wolke! — *Objektsatz*
   Sie antwortete ihr: — *Hauptsatz*
   - Jetzt kann ich nicht — *Objektsatz*
   ich bin in Eile — *beigeordneter Satz zum Objektsatz*
   und zog vorbei. — *beigeordneter Satz zum Hauptsatz*
   Der arme Teufel verdurstete, — *Hauptsatz*
   dahingestreckt am Boden, — *Beifügung*

GRAMMATIK

weil ihm die Flüssigkeit verweigert wurde.	*Kausalsatz*
Antworte nie einem Bettler so,	*Hauptsatz*
der dich um etwas bittet.	*Beifügung*

6.
Jene Woge schnellt empor, bricht sich ...	*zusammengesetzter Hauptsatz*
die vom Alpenhang herabstürzt	*Beifügung*
sie wird ganz klar.	*beigeordneter Satz zum Hauptsatz*
Eine andere ruht sich aus ...	*Hauptsatz*
nicht wahr,	*Einschub*
aber sie verliert ihre ganze ...	*beigeordneter Satz zum Hauptsatz*

7.
Die fleißige Handwerkerin erscheint,	*Hauptsatz*
sobald die Sonne aufgegangen ist,	*Temporalsatz*
und erfreut die Nachbarschaft mit ...	*beigeordneter Satz zum Hauptsatz*
Dann widmet sie sich ihrer Arbeit	*Hauptsatz*
am Fenster sitzend,	*Modalsatz*
und verliert sich dazwischen	*beigeordneter Satz zum Hauptsatz*
Oh Mädchen, du hast Recht,	*Hauptsatz*
wenn du so fröhlich bist:	*Objektsatz*
sei glücklich mit deinem Webstuhl,	*beigeordneter Satz zum Hauptsatz*
werde reich durch deine Arbeit.	*beigeordneter Satz zum Hauptsatz*

GLEICHORDNENDE UND UNTERORDNENDE BINDEWÖRTER

Dieses Studium des Satzgefüges führt zum klareren Verständnis des Gebrauches einiger grammatikalischer Bestandteile des Satzes, wie etwa der Bindewörter. Man unterscheidet sie in gleichordnende und unterordnende, je nachdem wie sie die Sätze verbinden. Die folgenden Aufstellungen geben generelle Regeln dazu.

Die Kinder können damit die Satzgefüge der Aufforderungen und der ihnen vertrauten Lesestücke analysieren (siehe Kapitel: LESEN).

LISTE DER GLEICHORDNENDEN KONJUNKTIONEN IM HAUPTSATZ UND BEIGEORDNETEN SATZ

disjunktive:	*oder, oder auch*
verbindende:	*und, auch, noch, außerdem*
adversative:	*aber, hingegen, sogar, jedoch*
erklärende:	*das heißt*
versichernde:	*tatsächlich, wirklich*
folgernde:	*daher, deshalb, so*

Die Hauptsätze und die ihnen beigeordneten Sätze können mit diesen Konjunktionen beginnen.

TABELLE D
LISTE UND GEBRAUCH DER KONJUNKTIONEN IM NEBENSATZ

GRAMMATIK

HAUPTSATZ

EINSCHUB

BEIFÜGUNG ODER RELATIVSATZ
der, die, das, welcher, welches, welche, ...

Subjektsatz	Objektsatz
wer, was	*dass*

Temporalsatz	Lokativsatz
als, wenn, kaum, während, danach	*wo, wohin, ...*

Finalsatz	Kausalsatz
damit, um ... zu, auf dass, sodass, ...	*da, weil, ...*

Vergleich oder Modalsatz	Konditionalsatz
wie, so wie, ...	*wenn, falls, vorausgesetzt dass, ...*

Konzessivsatz	Folgesatz
obwohl, trotz, trotzdem, wenn auch, ...	*so ... dass, so ... als*

ZEITENFOLGE

Eine spezielle Übungsserie zur Abhängigkeit der Nebensätze stellt dar, wie sich die Zeiten des Nebensatzes, je nach Hauptsatz verändern müssen.

VII. SERIE
Übereinstimmung der Zeiten in Haupt- und Nebensatz

GRUPPE A

Ich schreibe dir,	weil ich dir wichtige Informationen geben will.
Ich habe dir geschrieben,	weil ich dir wichtige Informationen geben wollte.
Ich komme nicht,	weil ich Aufgaben machen muss.
Ich bin nicht gekommen,	weil ich Aufgaben machen musste.

GRAMMATIK

Ich lobe dich, weil du gut gearbeitet hast.
Ich **lobte** dich, weil du gut gearbeitet **hattest**.

Auch aus der Entfernung bin ich mit dir, weil mich deine Arbeit interessiert.
Auch aus der Entfernung **war** ich mit dir, weil mich deine Arbeit **interessierte**.

Ich sage es dir, weil du es willst.
Ich **sagte** es dir, weil du es **wolltest**.

Er antwortet dir nicht, weil dein Brief zu herrisch ist.
Er **antwortete** dir nicht, weil dein Brief zu herrisch **war**.

GRUPPE B

Ich wünsche, dass du gut lesen und schreiben lernst.
Ich **wünschte**, dass du gut lesen und schreiben **lernst**.

Ich bin stolz, dass du dich mit Leidenschaft dem Studium widmest.
Ich **war** stolz, dass du dich mit Leidenschaft dem Studium **gewidmet hast**.

Der Papa bittet dich, dass du Haltung annimmst.
Der Papa **bat** dich, dass du Haltung **annimmst**.

Ich glaube, dass nur die Reichen glücklich sein können.
Ich **glaubte**, dass nur die Reichen glücklich sein **können**.

Ich will nicht, dass meine Bücher unnütz herumliegen.
Ich **wollte** nicht, dass meine Bücher unnütz **herumliegen**.

Ich hoffe, dass er zu seinen Gewohnheiten zurückkehrt.
Ich **hoffte**, dass er zu seinen Gewohnheiten **zurückkehrt**.

(Anmerkung der Übersetzerin: Im Italienischen ist die Anwendung des Konjunktivs eine ganz bestimmte, nach genauen Regeln, im Deutschen hingegen nicht, wie aus den obigen Beispielen ersichtlich ist.)

GRUPPE C

Ich verspreche dir, dass ich nicht mehr lügen werde.
Ich **habe dir versprochen**, dass ich nicht mehr **lügen werde**.

Ich denke, dass du nicht so bald zurückkommen wirst.
Ich **dachte**, dass du nicht so bald zurückkommen **wirst**.

Du weißt, dass dein Papa weit weg fahren wird.
Du **hast gewusst**, dass dein Papa weit weg fahren **wird**.

Ich wiederhole noch einmal, dass es dir nicht leid tun braucht.
Ich **wiederholte** noch einmal, dass es dir nicht leid tun **braucht**.

Gruppe D

Ich werde auch dieses Buch lesen, wenn ich kann.
Ich würde auch dieses Buch lesen, wenn ich könnte.

Ich werde früher kommen, wenn ich kann.
Ich würde früher kommen, wenn ich könnte.

Ich borge dir gerne meine Kleider, wenn sie dir passen.
Ich würde dir gerne meine Kleider borgen, wenn sie dir passten.

Ich mache es fertig, wenn es dir recht ist.
Ich würde es fertig machen, wenn es dir recht wäre.

Ich werde weiter arbeiten, wenn ich nicht zu müde bin.
Ich würde weiter arbeiten, wenn ich nicht zu müde wäre.

Ich schenke es dir, wenn du es dir wünscht.
Ich würde es dir schenken, wenn du es dir wünschtest.

XIII. Die Satzzeichensetzung

Die Legekästen beinhalten auch die Pausenzeichen innerhalb eines Satzgefüges.

Bei allen hier beschrieben Übungen achteten wir immer genau auf die Satzzeichen.

Wir haben auch Sätze vorbereitet, bei denen man die Regeln für die Satzzeichensetzung leicht erkennen kann. Diese Sätze sind fast alle von Manzoni, weil er besonders auf die Satzzeichen achtete.

I. Serie
Der Beistrich trennt die beigeordneten Sätze.

- Don Abbondio ging weg, kehrte kurz zurück, mit dem Brevier unter dem Arm, mit dem Hut am Kopf und mit dem Saum in der Hand.
- So gesagt und gedacht, machte er das Licht aus, setzte sich in Bewegung, ging aus dem Zimmer und versperrte die Tür.
- Er kreuzte die Arme über der Brust, atmete tief, richtete den Blick auf das Wasser, das seine Füße umspülte, und dachte nach.
- Jenes Gesicht, jene Worte, jene Tat, sie schenkten ihm das Leben.
- Er spürte ein großes Bedürfnis, andere Gesichter zu sehen, andere Worte zu hören, anders behandelt zu werden.
- Die Sätze, die Worte, die Beistriche auf diesem Blatt blieben in seiner Erinnerung.

II. Serie
Der Beistrich schließt die Vokative und Einschübe des Hauptsatzes ein.

- Du, Renzo, achte darauf wiederzukommen.
- Jene, entschuldigen Sie mich, sind die üblichen Tratschereien, die nie aufhören.
- Cousin, wie viel zahlt ihr bei dieser Wette?
- Nachdem er ein Stück gegangen ist, kann man sagen, sah er, dass er nicht allein rauskommen würde.
- Was sagt ihr dazu, Perpetua?

III. Serie
Der Beistrich wird der Klarheit wegen gesetzt.

- Er ging geradeaus, so wie es aufgezeichnet war, zum Haus eines gewissen Tonio, das nicht weit weg von hier war.
- Andere, die beim Ausgang vorbeigingen, bremsten ihren Schritt ein.
- Don Rodrigo, wie wir schon gesagt haben, nahm in langen Schritten Maß von diesem Saal.
- Die Dienerschaft, angezogen vom Lärm an der Tür, sah auf die Straße hinaus, von wo der Lärm näher kam.
- Der Schandtäter, sich von der Umarmung lösend, bedeckte von Neuem mit einer Hand die Augen.
- Als Bruder Cristoforo schwieg, erhob sich durch den ganzen Saal ein Murmeln aus Andacht und Respekt.

IV. Serie
Der Beistrich kennzeichnet eine Pause, dort wo ein Wort fehlt.

- Nichtsdestoweniger, Vertrauen in Gott!
- Gut: ein Glas Wein und mein gewohnter Leckerbissen, sofort!
- Genug: das, was Gott will.
- Nach Pescarenico, sofort! Um zu erfahren, zu sehen, zu finden ...
- „Sag danke", sagte auch er, „meine Herrschaften, ein bisschen Platz, ein bisschen; kaum um durchgehen zu können."

V. Serie
Der Strichpunkt setzt eine größere Pause zwischen den Sätzen.
Manchmal verwendet man auch den Doppelpunkt.

- Agnese und Lucia hörten ein lautes Brummen auf der Straße; während sie daran dachten, was es sein könnte, sahen sie den Ausgang sich öffnen und den Kardinal mit dem Pfarrer verschwinden.
- Zuerst gehen wir auf die Straße; dort sehen und hören wir, was zu tun ist.
- Sie verbrachten den Großteil der Nacht in einem Gasthaus, wie immer; sie reisten dann bei Tag ab; und sie kamen zeitig in der Früh in Pescarenico an.
- „Ich habe es gesagt: und wenn es sich um eine ernste Angelegenheit handelt, werde ich euch beweisen, dass ich kein kleiner Junge mehr bin."
- Der Junge wird rot, blass, zittert, als möchte er sagen: lasst mich gehen; aber das Wort bleibt ihm im Mund stecken.

VI. Serie
Der Punkt, das Fragezeichen, das Rufzeichen und die anderen Zeichen.

Dieser Serie gehören Dialoge an, Erzählungen, Gemüts- und Gefühlsausdrücke. Diese kommen natürlich auch von unseren größten Autoren, die sich hervorheben durch die Lebendigkeit und Natürlichkeit des Ausdrucks und wegen der Verwendung einer sicheren orthographischen Technik. Die Übungen dazu decken sich mit den Lesestücken, die im nächsten Kapitel behandelt werden.

XIV. Einteilung und Zusammenfassung der Wortarten

Nach all der beschriebenen Arbeit hat das Kind einen reichen Wortschatz angesammelt (*alle* Artikel, Numeralia, Präpositionen, Pronomen, Konjunktionen und Interjektionen; *viele* Nomina, Adjektive, Adverbien und Verben, die mehr werden, je nach Umfeld des Kindes).

Nun ist das Kind für eine Reflexionsarbeit über die Wortarten bereit, mit denen es ja schon mit den Grammatikkästen, mit Hilfe der bunten Kärtchen, gearbeitet hat. Für diese Arbeit sind verschiedene Tabellen vorbereitet.

Diese Einteilungen sind die Vorbereitung für eine weitere intensive Beschäftigung mit der Sprache, die erst in weiteren Kursen, also in der Sekundaria stattfinden wird.

Einteilung der Worte aufgrund ihrer Bildung

Stammworte
Ableitungen [1]
Zusammengesetzte Worte [2]

[1] Diese erhält man durch Suffixe. Es gehören Verkleinerungen, Vergrößerungen, Steigerungsformen, Koseformen und Veränderungen von einer Wortart zur anderen dazu.

[2] Diese umfassen alle Bildungen mit Präfixen und die Verbindung von zwei Worten.

Einteilung der Wortarten aufgrund ihrer Veränderung durch: Geschlecht, Zahl, Person, Modus und Zeit

Man unterscheidet dabei veränderliche und unveränderliche.

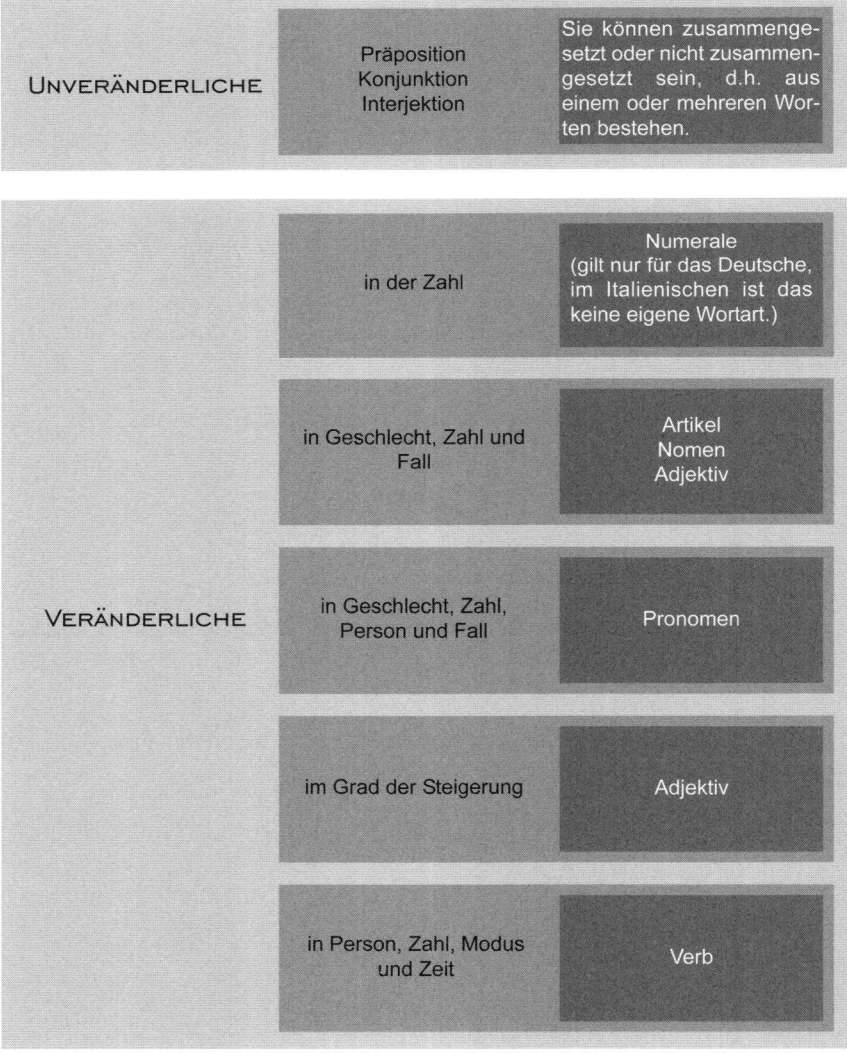

UNVERÄNDERLICHE	Präposition Konjunktion Interjektion	Sie können zusammengesetzt oder nicht zusammengesetzt sein, d.h. aus einem oder mehreren Worten bestehen.
VERÄNDERLICHE	in der Zahl	Numerale (gilt nur für das Deutsche, im Italienischen ist das keine eigene Wortart.)
	in Geschlecht, Zahl und Fall	Artikel Nomen Adjektiv
	in Geschlecht, Zahl, Person und Fall	Pronomen
	im Grad der Steigerung	Adjektiv
	in Person, Zahl, Modus und Zeit	Verb

Einteilung der Wortarten nach ihrer Verwendung

Artikel
Nomen
Adjektiv
Zahlwort

Verb
Adverb
Präposition

Pronomen
Konjunktion
Interjektion

(Anmerkung der Übersetzerin: Die Wortarten können auch die Funktion einer anderen übernehmen. So kann auch ein Adjektiv, Verb oder Adverb als Nomen verwendet werden.)

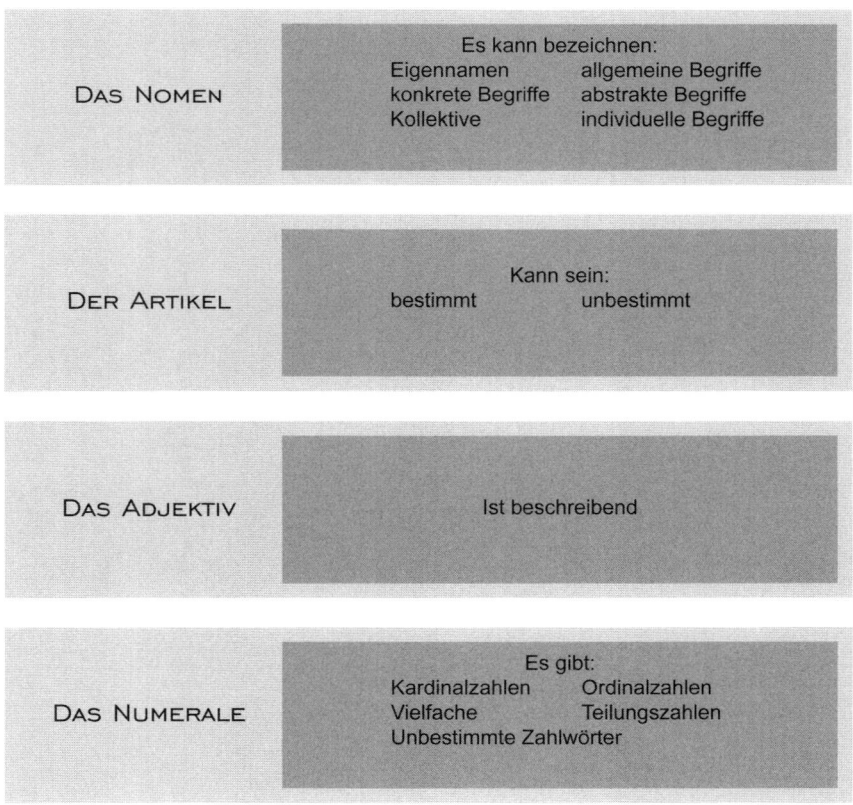

Das Nomen	Es kann bezeichnen: Eigennamen — allgemeine Begriffe; konkrete Begriffe — abstrakte Begriffe; Kollektive — individuelle Begriffe
Der Artikel	Kann sein: bestimmt — unbestimmt
Das Adjektiv	Ist beschreibend
Das Numerale	Es gibt: Kardinalzahlen — Ordinalzahlen; Vielfache — Teilungszahlen; Unbestimmte Zahlwörter

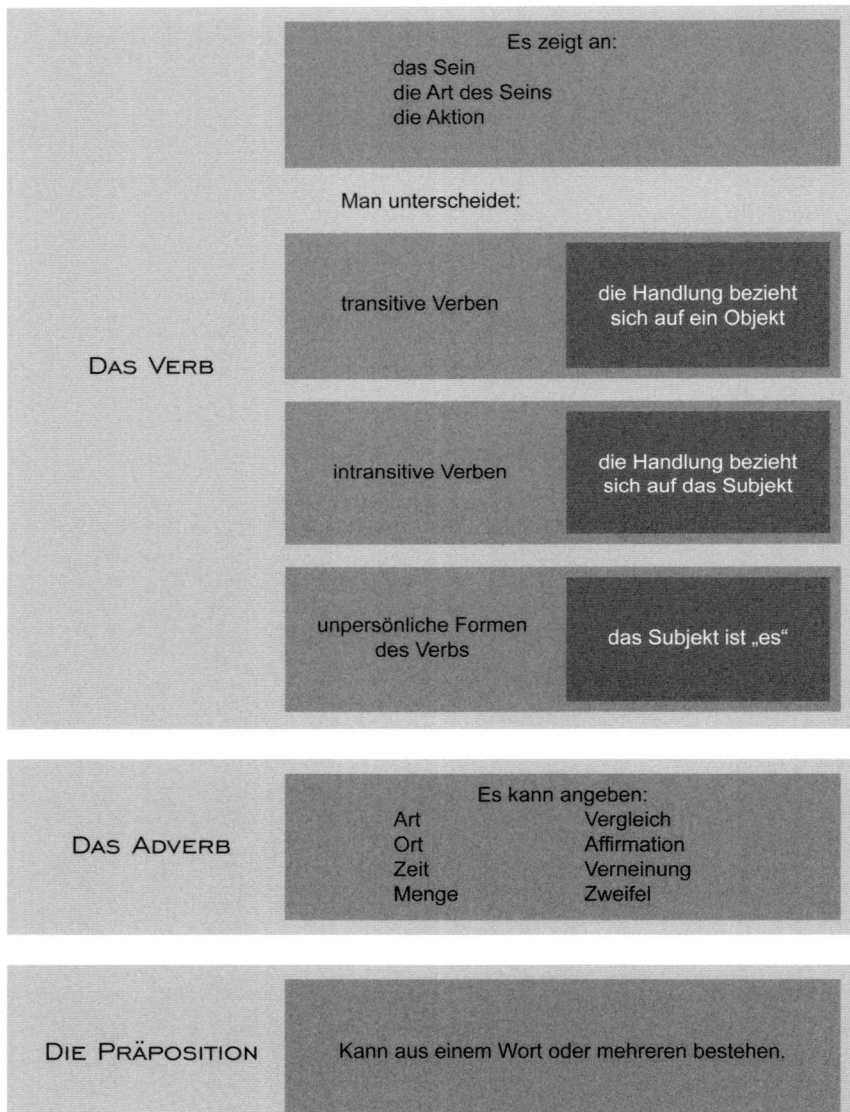

DAS PRONOMEN	Unterscheidet man in: persönliches Fürwort - Personalpronomen hinweisendes Fürwort – Demonstrativpronomen besitzanzeigendes Fürwort - Possessivpronomen Relativpronomen Fragepronomen

DIE KONJUNKTION

DIE INTERJEKTION

Die Listen für Konjunktion und Interjektion wurden bereits weiter oben vorgestellt.

LESEN

1. Ausdruck und Interpretation

Das mechanische Lesen

Das Lesen beginnt im „Kinderhaus" damit, dass die Kinder ein mit dem beweglichen Alphabet gelegtes Wort „wieder lesen". Obwohl das noch kein „richtiges Lesen" ist, weil die Interpretation fehlt (die Kinder kennen zwar das Wort, weil sie es gebildet haben, können es aber rein aus den grafischen Zeichen nicht erkennen), ist es trotzdem ein wichtiger Beitrag dazu. Betrachtet man alle Details dieser Entwicklung, so fällt auf, dass sie eng verbunden ist mit der der gesprochenen Sprache. Wenn die Aufmerksamkeit des Kindes intensiv auf das Erkennen des geschriebenen Wortes gelenkt wird, kann es leicht dazu gebracht werden, die Laute des Wortes zu analysieren. So wie das Kind in einem bestimmten Alter das Interesse verspürt, den Buchstaben zu berühren, so kann es jetzt genauso das Interesse verspüren, den Klang des Wortes zu hören, wenn es entweder selbst das Wort sagt oder andere es tun. Es hat sich gezeigt, dass die Arbeit mit dem Legekasten notwendig ist, um die gesprochene Sprache zu perfektionieren. Somit werden Fehler schon korrigiert, bevor sie sich manifestieren können. Wenn die Übungen zum richtigen Zeitpunkt der natürlichen Entwicklung erfolgen, d. h. in den sensiblen Phasen, dann ergibt sich die Perfektion daraus als natürliche Konsequenz. Das heißt, das Kind spricht ein Wort schnell aus ohne zu zögern. Indem die Kinder das Wort sehr oft aussprechen und hören und genauso oft die grafischen Zeichen dazu interpretieren, verbinden sich der Lese- und Schreibprozess. Die gute Aussprache des gelesenen Wortes hat einen sehr großen Wert. Das ist heute auch in der Grundschule das Ziel beim Lesen. Es ist sehr schwierig, eine gute Aussprache zu bekommen, wenn sich schon Fehler bei der Entwicklung manifestiert haben. Die ganze Energie wird nun darauf gelegt, unbedingt diese Fehler auszumerzen. Sogar in der dritten Klasse der Grundschule mühen sich die Lehrerinnen damit ab, die Kinder zum Lesen zu bringen, um bei ihnen eine gute Aussprache zu erzielen. In den Lesebüchern gibt es ganz bestimmte Übungen dazu. Das ist krankhaft und verhindert die Entwicklung des richtigen Lesens. Das Kind wird so um die Interpretation der geheimnisvollen Zeichen und um faszinierende Enthüllungen gebracht. Es ist nur mehr gezwungen, seine Zunge zu trainieren, damit sie richtig „arbeitet". Somit wird nur erreicht, dass das Kind leidet und resigniert. Das passiert, wenn die Übungen nicht zum richtigen Zeitpunkt gemacht wurden. Nämlich dann, wenn der psychische und der nervliche Organismus bereit sind, die Mechanismen der Sprache zu perfektionieren. Das hätte die Kinder fasziniert und sie auf den richtigen Weg gebracht, sodass sie sich geradlinig und vertrauensvoll entwickeln können.

Wenn der Geist fliegen will, müssen seine Flügel dazu bereit sein. Es wäre schade, wenn der Maler erst seine Pinsel herstellen müsste, wenn er seine Eingebung zum Malen hat.

ANALYSE

Schon die erste Veröffentlichung der Methoden im „Kinderhaus" machte den Unterschied zweier Fakten, die beim Lesen auftreten, klar: Die Interpretation des Gelesenen und das laute Lesen. Die Kinder lesen zuerst einmal für sich leise und interpretieren dabei die Bedeutung des Wortes. Das laute Lesen ist ganz was anderes, ist sogar nebensächlich in dieser Phase. Laut spricht man, das Sprechen und das Hören bilden die mündliche Kommunikation. Sie bringt zwei Personen in Kontakt, die ihre Gedanken austauschen. Das Lesen steht in direktem Zusammenhang zum Schreiben. Da gibt es keine Laute, die man ausspricht oder hört. Das einzelne Individuum kann so nicht nur mit den Menschen auf der ganzen Welt in Kontakt treten, die jetzt leben, sondern auch mit denen, die vor Jahrhunderten existierten. Die Verständigung erfolgt nicht mittels Lauten sondern durch das Schreiben. Es ist der Geist, der diese Zeichen still und leise empfängt, ohne irgendwelche Laute. Man kann also sagen, dass die Bücher stumm sind.

Das laute Lesen ist daher eine Vermischung von zwei Kommunikationsmöglichkeiten, es ist ein komplexerer Vorgang als das Lesen und Sprechen separat betrachtet.

Beim lauten Lesen spricht man nicht, um die eigenen Gedanken auszudrücken, sondern jene des Verfassers des Schriftstückes. Dem Wort fehlt daher der natürliche Stimulus, der ihm den Ausdruck verleiht. Der ist hier verkümmert und monoton wie die Sprache eines Taubstummen. Die Worte, die sich aus der Interpretation der einzelnen alphabetischen Zeichen ergeben, kommen nur mühsam. Der Sinn ergibt sich durch die Interpretation des ganzen Satzes, während das Auge Wort für Wort liest und sie in Laute übersetzt. Das erfordert größte Anstrengung und vermindert den Ausdruck; in kaum verständlicher Weise wird so der Inhalt des Gelesenen wiedergegeben. Dabei ist es notwendig, dass der Verstand und das Auge sehr schnell den Satz überfliegen müssen, während die Zunge langsam, stotternd und monoton die Worte ausspricht. Wenn man denkt, dass man das alles vom Kind in den Regelschulen verlangt und dazu noch eine perfekte Aussprache, versteht man, dass das Lesen eine der Klippen ist, auf die das Boot ohne Kompass zusteuert.

* * *

Unsere Studie, die wir über das Lesen machen konnten, ist wohl eine der vollständigsten. Ein Schlüssel für dieses Experiment ist das Lesen der Sätze auf den farbigen Kärtchen und das Ausführen der darauf beschriebenen Handlung. Die leichte und schnelle Interpretation des Kindes mittels seiner Aktion zeigt uns, dass es verstanden hat und dass es verstehen kann. So experimentiert das Kind Schritt für Schritt das Lesen und wir können daraus entnehmen, welche Schwierigkeiten sich dabei für das Kind ergeben. Die Kinder selbst kreierten Sätze und Satzgefüge, die das Studium der Grammatik erleichtern. Ein Grammatikexperte hätte sie nicht besser zusammenstellen können. Da reifte in uns die Überzeugung, dass die Grammatik sowohl für den Aufbau der Sprache hilfreich ist als auch das Lesen und Schreiben beeinflusst. Die folgende Tabelle zeigt die aufeinanderfolgenden Stufen auf, die das Kind beim Lesen durchläuft.

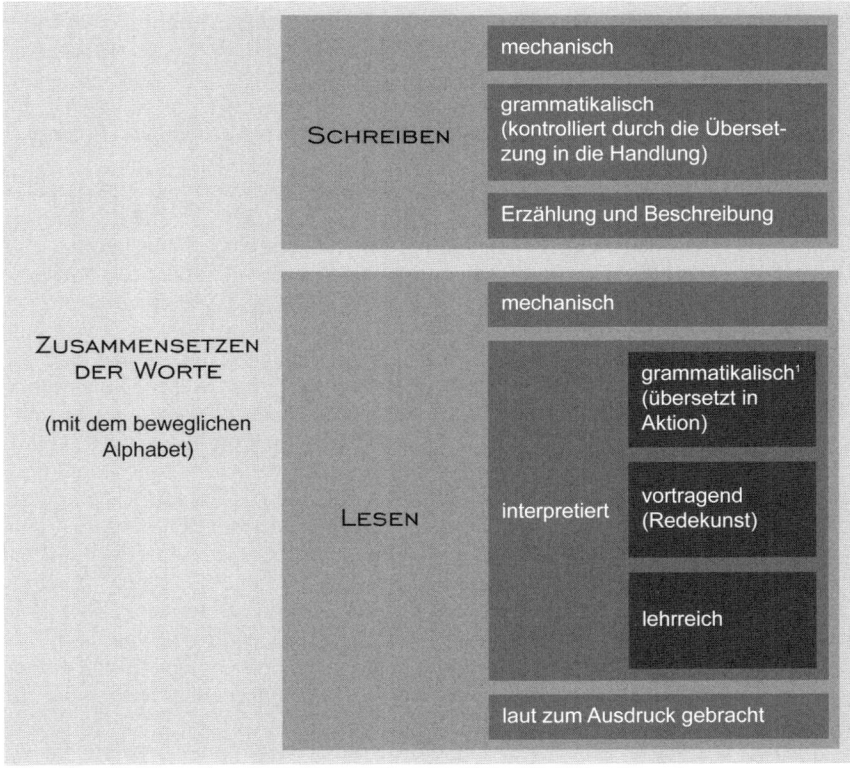

[1] Das erste Lesen besteht im Lesen einer speziellen Grammatik und des Wörterbuches.

Daraus ergibt sich die Feststellung, dass das richtige Lesen nur die „Interpretation" ist.

Das laute Lesen ist hingegen eine Kombination aus Lesen und Ausdruck mittels der mündlichen Kommunikation. Das heißt eine komplexe Arbeit, bei der sowohl die Mechanismen der mündlichen als auch der schriftlichen Sprache beteiligt sind.

Das laute Lesen erlaubt einem Publikum, am Lesen teilzuhaben. Der Inhalt wird ihm mündlich mitgeteilt. Die geistige Arbeit, die dazu notwendig ist, um einem Menschen zuzuhören, der Dinge aus seiner Erfahrung mit der Begeisterung, mit der er sie erlebt hat, erzählt, ist nicht dieselbe, mit der man jemandem zuhört, der sie nicht selbst erlebt hat, sondern nur laut vorliest und bei der Interpretation sehr gefordert ist. Das Lesen in übertragener Position ist eine sehr schwierige Sache. Wir wissen auch selber alle, dass es sehr schwierig ist zuzuhören. Das „Vorlesen-Können" ist ein sehr seltener Schatz. Wer gut Vorlesen kann, dem hört man zu wie jemandem, der direkt aus seiner Erfahrung erzählt.

Lesen zu lehren hat dann nicht die Bedeutung, das Interpretieren des Gelesenen zu lehren, sondern dem Gelesenen auch einen Ausdruck zu verleihen. Das ist schon eine Art der darstellenden und dramatischen Kunst. Das ist die Voraussetzung um überhaupt das Lesen lehren und einer Gruppe von Personen vermitteln zu können.

Je mehr man übt, sich in das Gelesene hineinzuversetzen, desto besser kann man mit Ausdruck lesen. Es sind nicht der Ton der Stimme und die Pausen oder die Gesten, die wir lehren müssen. Es ist die lebendige Interpretation, die das Kind zu einer Identifikation mit dem, was es liest, bringt. Und diese Interpretation wird ihren Zweck erfüllen, wenn sie durch oftmaliges Üben zur Gewohnheit wird, zum Lesestil.

Der Beweis der korrekten Interpretation ist die Fähigkeit des Kindes, das mit einer Handlung darzustellen, was mit Worten beschrieben wurde. Ähnlich der Beweis der Interpretation mittels lauten Lesens - es ist die Wiederholung von gehörten Dingen mittels der gesprochenen Sprache. Damit die Kinder uns beweisen können, dass sie das laut Vorgelesene verstanden haben, könnten sie uns erzählen, was sie gehört haben. Es ist sehr interessant, all diese Vorgänge zu beobachten. Während einige Kinder lieber schweigen, bieten sich wieder andere gerne an zu erzählen: ihre Darstellung ist nicht klar oder es fehlen einige Einzelheiten. Sofort gibt es Kinder, die korrigierend eingreifen, z. B. mit den Worten: „Nein, nein, so war das nicht" oder „Warte, du hast etwas vergessen". Es ist wirklich nicht dasselbe, *verstanden zu haben* und *erzählen können*, was man verstanden hat. Das Erzählen ist eine aufeinander folgende Darlegung komplexer innerer Vorgänge. Dazu kommt auch noch die Aktivität „etwas verstanden zu haben".

Es gibt drei verschiedenen Stufen, die wir bei unserer ersten Lektion, die wir den Kindern gegeben haben, bemerkten:

Erste Stufe   - Benennen (Das ist rot, das ist blau.)
Zweite Stufe   - Wiedererkennen (Was ist rot? Was ist blau?)
Dritte Stufe   - Aktive Beherrschung (Wie ist das? ...)

Das Kind, dem es mit seiner Erzählung gelingt, auch wenn es nicht ganz perfekt ist, das auszudrücken, was es vom Vorgelesenen verstanden hat, befindet sich schon in einer höheren Entwicklungsphase als Kinder, die das nicht erzählen können. Die Kinder, die das eben noch nicht können, befinden sich noch auf der vorhergehenden Stufe, auf der des Wiedererkennens: Sie sind die besten Kritiker, ständige Unterbrecher, die sagen: „Nein, nein, so war das nicht" oder „Warte, du hast etwas vergessen."

Versuchen wir einmal selbst, perfekt und vollständig das Vorgelesene zu erzählen, so werden wir sehen, wie uns die aufdringlichen Unterbrecher hinreißend zuhören. Sie nehmen uns dabei mit all ihrer Anerkennung an. Wenn man diese Vorgänge bei den Kindern beobachtet, kann man eine ausreichende psychologische Studie vornehmen, die uns Folgendes bestimmen lässt: welche Lektüren für welches Alter geeignet sind, welche die besten Methoden sind, um laut zu lesen und welchen Entwicklungswegen jedes Kind folgt. Daraus wird klar, dass den Kindern genug Freiraum gegeben werden muss, um sich ausdrücken und ihre inneren Vorgänge darstellen zu können.

Das Lesen, wie es in den Regelschulen passiert, wo ein Kind von der Lehrerin aufgerufen wird und laut vorliest, während die Lehrerin ständig korrigiert und unterbricht oder versucht mit ihren Erklärungen zu helfen, damit das Kind den Sinn versteht, ist wirklich nicht nützlich für experimentelle Zwecke. Denn wir können dadurch nie erfahren, ob das Kind das Gelesene oder die Erklärungen der Lehrerin verstanden hat. Außerdem wurde durch das Unterbrechen und Korrigieren der Aussprache die Aufmerksamkeit des Kindes auf ein Detail gelenkt, das nichts mit der Interpretation zu tun hat. Dann wird ein anderes Kind aufgerufen, um das Vorgelesene zu erzählen. Meistens wird eines ausgesucht, das nicht aufmerksam zugehört hat - es bekommt dabei gleich eine Moralpredigt. Während das Kind dann erzählt, werden die, die unterbrechen, weil sie ergänzen wollen, sofort im Keim erstickt mit den Rufen: „Ruhe, ihr seid nicht gefragt" oder: „Seid still, wartet bis ich euch rufe", „Unterbrecht nicht, es ist nicht in Ordnung jemanden zu unterbrechen, der gerade spricht." Es ist klar, dass auf diese Art die Lehrerin nie etwas über ihre Schüler erfahren wird. Das erklärt, warum vom psychologischen Standpunkt aus gesehen, die heutigen Schulen nicht imstande sind, etwas Neues zu einer reformierten, wissenschaftlichen Pädagogik des Lesens beizutragen.

Experimenteller Teil - Das laute Lesen

Obwohl wir sehr viel Bedeutung dem interpretierenden Lesen beimessen, bieten wir dem Kind ein Lesebüchlein an, das es leise für sich lesen kann. Hat es das Gelesene verstanden, kann es laut vorlesen, wobei es sich aber deutlich und gut ausdrückt. Die Einfachheit der Lesestücke mag vielleicht verwundern. Die Kinder aber vertiefen sich darin, begeistern sich und finden sie so faszinierend, dass sie sie mit großer Eile lesen und wiederlesen. Manchmal wird ein Buch vom Anfang bis zum Ende gelesen, dann wieder wird es zufällig irgendwo aufgeschlagen und diese Seite gelesen. Wenn sie es ausgelesen haben, beginnen sie wieder von

Neuem damit. Manche lieben es, immer wieder dieselbe Seite zu lesen. Die Kleinen stehen plötzlich mit großer Entschlossenheit auf und beginnen, eine dieser Seiten, die sie ernsthaft studiert haben, laut vorzulesen. Das Büchlein wurde sehr sorgfältig zusammengestellt. Es ist immer nur auf einer Seite beschrieben und das Geschriebene füllt nicht immer eine ganze Seite aus. Der Platz ober- und unterhalb des Geschriebenen ist mit Verzierungen geschmückt. Hier sind die zwanzig Seiten des Büchleins für Anfänger:

1. Seite: Meine Schule heißt „Kinderhaus".

2. Seite: Im „Kinderhaus" gibt es für uns viele kleine Stühle und Tische.

3. Seite: Es gibt auch liebliche Kommoden, jedes Kind hat seine eigene Lade.

4. Seite: Zimmerpflanzen und Blumensträuße sind überall in unserer schönen Schule.

5. Seite: Ich bleibe oft stehen, um die an den Wänden aufgehängten Bilder zu betrachten.

6. Seite: Wir sind dauernd beschäftigt: wir waschen uns das Gesicht und die Hände, wir räumen alles auf, wir stauben die Möbel ab, wir versuchen, so viel wir können zu lernen.

7. Seite: Wisst ihr, wie wir gelernt haben uns anzuziehen? Unsere Finger waren mit den verschiedenen Rahmen sehr beschäftigt; dabei lernten wir: zuschnüren, aufschnüren, zuhaken, aufhaken, zuknöpfen, aufknöpfen, zuknoten, aufknoten.

8. Seite: Die Anzahl der Kuben des Rosa Turmes ist zehn und sie sind verschieden groß: ich streue sie immer auf dem Teppich aus und dann genieße ich es, einen auf den anderen zu stellen und fange dabei mit dem größten an.

9. Seite: Mit dem Turm kann man auch eine schöne Balanceübung machen: Man trägt ihn durch den Saal, ohne dass er zusammenbricht.

10. Seite: Auch die rot-blauen Stangen gefallen mir: man muss sie abstufend aneinanderlegen und darauf achten, dass immer blaue und rote Abschnitte nebeneinander liegen. Somit baue ich eine schöne Stiege mit roten und blauen Stufen.

11. Seite: Eine richtige Treppe baue ich mit den braunen Prismen. Diese Prismen sind von verschiedener Dicke. Ich lege sie eines neben das andere, der Dicke nach: es ergibt sich eine schöne Treppe mit zehn Stufen.

12. Seite: Dann gibt es noch die Holzeinsätze, wo Zylinder verschiedener Dimension hineinpassen: dabei gibt es welche, die in der Dicke variieren und andere in der Höhe. Nachdem ich sie gut angeschaut und betastet habe, muss ich sie in den richtigen Einsatz geben.

13. Seite: Oft irrt man sich, wenn man mit den Einsatzzylindern arbeitet. Wenn man einen Zylinder in einen Einsatz gibt, der nicht seiner ist, dann bleibt am Schluss einer übrig, der nirgends hineinpasst. Diese Übung ist sehr lustig. Man beobachtet gut, findet den Fehler und beginnt wieder von Neuem. Die Tüchtigsten arbeiten damit mit verbundenen Augen.

14. Seite: Diese Farben heißen: rot, schwarz, grün, gelb, blau, braun, rosa, violett.

15. Seite: Ich unterhalte mich sehr dabei, die gleichen Farben aus vielen, die auf meinem Tisch verstreut liegen, herauszufinden. So bilde ich einen langen bunten Streifen.

16. Seite: Wir lernen, vierundsechzig Farben nach ihrer Abstufung aneinanderzureihen. Wir haben acht schöne Farbtöne, jeder ist in der Intensität abgestuft. Die tüchtigen Kinder machen einen schönen Teppich aus bunten Streifen.

17. Seite: Wir haben zwei kleine Kästen voll mit Stoffen: Stoffe jeder Art, von den rauesten und härtesten zu den feinsten und weichsten; Kanevas, Baumwolle, Leinen, Wollstoff, Flanell, Samt, usw.

18. Seite: Ein Kind vermischt die Stoffe mit zugebundenen Augen: es berührt sie und lächelt, wenn es schließlich die kleinen Hände mit zwei gleichen Stoffen darin hebt. Der kleine Blinde hat mit den Händen gesehen, dass die beiden Stoffe gleich sind!

19. Seite: Das sind die Einsatzrahmen: Es sind blaue Einsätze hineinzugeben. Mit dem Zeige- und dem Mittelfinger fahren wir um sie herum und dann um die Vertiefungen des Rahmens. Mit ein bisschen Übung schaffen wir es auch mit verbundenen Augen, die sechs Einsätze auf den richtigen Platz zu geben.

20. Seite: Mit den Einsatzrahmen haben wir viele ebene Figuren kennen gelernt: das Quadrat, den Kreis, das Rechteck, die Ellipse, das Dreieck, das Oval, das Fünfeck, das Sechseck, das Siebeneck, das Achteck, das Neuneck, das Zehneck. Es war leicht für mich, all diese Namen zu lernen, da die Einsatzrahmen so lustig sind!

Das interpretierende Lesen

Schon im „Kinderhaus" wird mittels der Kärtchen, mit dem Ziel der Interpretation, gelesen. Das Kind wählt eines davon aus, liest es leise für sich und führt dann die darauf angegebene Aktion aus. Die darauffolgenden Erfahrungen, die wir mit einer etwas strengeren Methode machten, waren sehr interessant. Wir gaben einem Fünfjährigen ein Kärtchen, auf dem zwei Aktionen beschrieben waren, wie zum Beispiel:

Er stützte sich am Sessel auf.
Er bedeckte die Augen mit einer Hand und weinte.

Das Kind führte daraufhin nur eine Handlung aus, zum Beispiel:

Er stützte sich am Sessel auf.

oder:

Er bedeckte die Augen mit einer Hand und weinte.

Obwohl das Kind mit großer Begeisterung versuchte, Kärtchen zu erhaschen und zu interpretieren, ließ es die mit zwei Sätzen eher links liegen und griff auf die mit einem Satz, wie zum Beispiel:

Der Junge lief weg.

Die Begeisterung der Kleinen, die Aufmerksamkeit, mit der sie die Handlungen ausführten, der Eifer, sie zu wiederholen und der Ausdruck von Freude, die leuchtenden Augen, das rote Gesicht, all das sagte uns, dass es das geeignete Lesematerial war.

Die erste Leseserie (ganz experimentell) besteht aus einfachen Sätzen, die schon bei den Grammatikübungen, vom Verb bis zum Pronomen, analysiert wurden.

I. Serie

Einfache Sätze

- Er blickte im Raum herum.
- Er betrachtete sie aus den Augenwinkeln.
- Der Junge lief weg.
- Er warf sich vor ihnen auf die Knie.
- Sie spazierte langsam auf und ab.
- Sie stand dort mit gesenktem Haupt.
- Der Lehrer nickte mit dem Kopf.
- Sie verschränkte die Arme vor der Brust.
- Er bewegte sich schnell zum Ausgang hin.
- Sie begann vorwärts und rückwärts durch das Zimmer zu gehen.
- Sie streichelte ihm den Kopf mit zitternder Hand.
- Sie machte ihm ein Zeichen, hinten zu bleiben.
- Sie flüsterte ihm etwas ins Ohr.
- Er legte ihr eine Hand auf die Schulter.
- Es klopfte an der Tür.
- Das Mädchen runzelte die Stirn.

Die kleinen Kinder führen die Handlungen nach dem geistigen Lesen aus. Sie tun das aber nicht mit einer gewissen Gleichgültigkeit, sondern sogar mit künstlerischer Ausdruckskraft der Gefühle. Sie interpretieren und studieren, indem sie immer wieder probieren wie für eine Aufführung. Wie die Kinder damit umgehen, ist wirklich bewundernswert. Schon von den Grammatikübungen her kennen sie den Text auswendig, das ist hilfreich für die Interpretation. Beispielsweise der Satz: „Sie stand dort mit gesenktem Haupt" bedeutet nicht „Sie nickte". Wenn das Kind das verstanden hat, bleibt es so mit mehr oder weniger lebendigem Ausdruck stehen, je nach Gefühlslage. Ein nächstes Beispiel: „Er warf sich vor ihnen auf die Knie" bedeutet nicht einfach sich niederzuknien, sondern eine etwas dramatischere Aktion, wie sich vor jemandem auf die Knie zu werfen. Die Kinder interessieren sich auch gegenseitig für ihre Darstellungen.

Die zweite Leseserie besteht aus zwei aneinandergereihten Hauptsätzen. Die Kinder führen statt einer, zwei aufeinanderfolgende Handlungen aus.

II. Serie

Zwei aneinandergereihte Hauptsätze

- Er öffnete die Tür und trat ein.
- Sie ging aus dem Zimmer und versperrte die Tür.
- Sie näherte sich auf Zehenspitzen der Tür und öffnete sie vorsichtig.
- Er stieß einen Freudenschrei aus und beschleunigte seinen Schritt.

- Sie bedeckte ihr Gesicht mit den Händen und begann heftig zu weinen.
- Er brach in Lachen aus und klatschte in die Hände.
- Er nahm die Kappe vom Kopf und verbeugte sich tief.
- Sie schüttelte den Kopf und lächelte.
- Sie machte das Fenster sperrangelweit auf und blickte in den Garten.
- Er eilte zum Tisch und läutete die Glocke.
- Er streckte sich mit einem Seufzer der Zufriedenheit auf den weichen Kissen aus ... und dort lag er mit starren Augen und halboffenem Mund.
- Er schloss die Augen und schlief friedlich ein.

In der dritten Leseserie gibt es Satzgefüge mit mehreren beigeordneten Sätzen.

III. Serie
Satzgefüge mit mehreren beigeordneten Sätzen

- Er öffnete die Tür, machte sich langsam die Haare zurecht und trat ein.
- Sie geht zum Fenster, öffnet es ein wenig und guckt hinaus.
- Der Arzt beugte sich zum Kranken, fühlte ihm den Puls und berührte seine Stirn.
- Er riss den Mund sperrangelweit auf, dann die Augen und schaute.
- Sie nahm einen Schlüssel aus der Tasche, öffnete die Tür und trat ein.
- Sie zog sich zurück, schloss das Fenster und begann, im Zimmer mit eiligem Schritt auf und ab zu gehen.
- Ein Freudenschrei drang aus seiner Kehle: er lief zu seiner Mutter und kniete sich vor ihr nieder.
- Er stützte den linken Ellenbogen auf sein Knie, bettete die Stirn in die geöffnete Handfläche und mit der rechten Hand hielt er Bart und Kinn fest.
- Sie lehnte sich am Sessel an, bedeckte ihre Augen mit einer Hand und begann zu weinen.
- Sie näherte sich dem Tisch, sah das Bild und raffte es mit Freude an sich.
- Sie war schläfrig, stützte ihre Arme auf den Tisch und schlief ein.
- Sie zog das Taschentuch aus der Hosentasche heraus, entfaltete es und wischte sich die Tränen aus dem Gesicht.

IV. Serie
Satzgefüge mit einem untergeordneten Nebensatz

- Während er zeichnete, beobachtete er aufmerksam seine Kollegen.
- Er legte sich die Hände auf die Augen, um dadurch mehr in seiner Stille ruhen zu können.
- Er lächelte sie lieblich an, nachdem er sie noch einmal ermahnt hatte, diese Schlingel!
- Sie schloss die Augen, um die Weichheit des Samtes besser spüren zu können.
- Er verfolgte mit seinem Blick zärtlich jenes Mädchen, solange, bis es aus seinem Blickwinkel verschwand.
- Nachdem er die Türschnalle hinuntergedrückt hatte, stieß er die Tür auf.
- Giorgio trocknete sich die Augen ab, um sich nicht in diesem Zustand erblicken zu lassen.
- Sie ging langsam, mit gebeugtem Haupt, so als ob sie großen Schmerz erleide.
- Sie blieb stehen, so als ob sie zuhören wolle.
- „Was ist los?", fragte die Mutter aufgeregt.
- Der Großvater streichelte mit einer Hand den Kopf des Enkels, wobei er lächelte.

- Federico ging ihm mit einem erwartungsvollen und heiteren Gesicht entgegen, wie einem ersehnten Menschen.

V. SERIE
Komplexere Sätze, komplexere Beschreibungen -
eine exakte Interpretation erfordert manchmal das laute Lesen einiger Worte.

- Das Mädchen stand auf, hielt mit beiden Händen das Taschentuch vor ihre Augen und schritt langsam zum Fenster.
- Verlassen lehnte die Person an der Lehne des Fauteuils, hatte das Gesicht zur Brust gesenkt und die Arme an die Taille gepresst, so als ob ihr kalt wäre.
- Er setzte sich müde nieder; den rechten Ellenbogen auf das Knie gestützt und das Gesicht auf der Handfläche, schaute er auf den Fußboden.
- Er stand aufrecht da, die Hände auf dem Fensterbrett und atmete tief die frische Luft von draußen ein.
- Der Junge senkte den Kopf, legte sich die Hand auf die Stirn, als ob er seine Gedanken sammeln wollte.
- Sie kniete dort, das Gesicht himmelwärts gerichtet, die Hände im Schoß gekreuzt, während ihr Körper langsam zusammensank, als ob sie sehr müde wäre.
- An der Haustür angekommen, steckte er eilig den Schlüssel, den er schon in der Hand hielt, in das Schloss, öffnete, trat ein, schloss eifrig wieder ab; er konnte es kaum erwarten in vertrauter Umgebung zu sein und rief sofort: „Perpetua! Perpetua!"
- Sie stand auf, während ihr die Tränen über die Wangen liefen, ging zur Wand, wo das Kleid hing, stützte auf diese den linken Arm und darauf den Kopf.
- Sie saß im Schatten eines Baumes, die Schultern am Stamm angelehnt, blieb so dort sitzen, den Kopf auf der Brust und die Arme verschränkt, sie bewegte sich nicht, auch dann nicht, als die anderen wieder ihre Arbeit aufnahmen.
- Als ich eintrat, schrieb er. Er bat mich für einen Moment um Geduld, bot mir an mich niederzusetzen und schrieb weiter; ich nahm die Gelegenheit wahr, um mich im Zimmer umzusehen.
- In einer Ecke saß eine Alte, nahe am Ofen, an dem sie ihre Hände wärmte und die sie nervös öffnete und schloss, wobei die Fingerspitzen die Handflächen berührten.
- Lucia setzte sich auf den Boden oder besser gesagt, sie ließ sich neben dem Bett niederfallen, stützte ihren Kopf auf das Bett und weinte heftig schluchzend weiter.
- „Ich verstehe", sagte Renzo und blieb stehen, wobei er den Boden mit den Augen fixierte und die Arme über der Brust verschränkte.
- Er drehte sich um, sah zum Ausgang und sagte lachend: „Ach, du bist es!"
- Er lief zu Alexandra, hielt ihr das Blatt unter die Augen und fragte: „Hatte ich Recht?"
- Sie näherte sich dem Geländer und stellte sich hin, indem sie die Hand als Schutzschild vor der Sonne verwendete.
- Sie suchte sorgfältig in der Lade und sagte dann schmerzerfüllt: „Es ist nicht mehr da!"
- Sie nahm das Taschentuch, sah es an und sagte dann: „Es ist nicht meines."
- Er bückte sich, hob den Bleistift auf und sagte: „Die Spitze ist abgebrochen."
- Die Frau beugte sich über sie, nachdem sie sich ihr genähert hatte, sah sie mitleidvoll an, nahm sie bei den Händen, als ob sie sie gleichzeitig liebkosen und ihr aufhelfen wollte und sagte: „Oh meine Arme, kommt, kommt mit mir!"
- Der Papa nähert sich dem Fenster, schaut hinunter, blickt in den Himmel und ruft aus: „Schönes Wetter!", dann wendet er sich der Familie zu, die hinter ihm steht und auf ein Zeichen von ihm wartet: „Gehen wir aus!", sagt er heiter.
- „Er!", sagte der Kardinal lebhaft, indem er das Buch zuklappte und sich erhob: „Komme er, komme er sofort!"

- Er verschränkte die Hände, senkte den Blick auf sie und betete.
- Nachdem er die Tür angelehnt und einen Blick in das Zimmer geworfen hatte, ging er mit sicherem Schritt weiter.
- Sie wollte sich einen Scherz erlauben: indem sie sich die Mütze über die Augen zog, stürzte sie sich auf ein Kind.
- Federico nahm seine Hand, schüttelte sie und sagte: „Gebt uns den Vorzug und bleibt bei uns zum Mittagessen. Ich erwarte euch."
- Der Kardinal reiste mit den Worten: „Der Segen des Herrn sei mit diesem Haus", ab.
- „Arme Mama!", rief Lucia aus, indem sie den Arm um ihren Hals warf und ihr Gesicht in der Brust der Mutter verbarg.

VI. Serie

In dieser Serie gibt es noch schwierigere dramatische Situationen zu interpretieren. Es ist auch hier, wie in der V. Serie notwendig, einige Sätze laut zu sagen.

- Lucia saß unbeweglich in jener Ecke, ganz zusammengekauert, mit angezogenen Knien, die Hände darauf aufgestützt und das Gesicht in den Händen vergraben.
- Ein Kind, ganz eingemummt in einen Herrenmantel, nähert sich dem Ausgang, indem es mit der rechten Hand salutiert und mit der anderen an der Nase reibt, die noch immer starke Spuren der Erkältung aufweist.
- Im Fauteuil ausgestreckt, mit den Händen in der Hosentasche und ein Bein über das andere geschlagen, blickte sie auf die Bäume des nahen Gartens und wippte dabei mit dem Fuß.
- „Oh!", sagte er und warf sich auf den Hintern mit übereinandergeschlagenen Beinen und den Händen im Genick, „Endlich sind die Störenfriede weg."
- „Pssssst!", deutete der Junge mit ausgestreckter Hand zu seinen Kameraden, indem er die Stirn runzelte.
- Sie setzte sich zum Tisch: dort überkreuzte sie die Arme und legte die Stirn darauf. Sie erhob sie aber sofort wieder, stieß die ausgestreckten Arme in die Höhe, machte Fäuste, die sie zornig schüttelte.
- „Wollen Sie also, dass ich mich gezwungen sehe überall zu fragen, was meinem Herrn zugestoßen ist?", sagte Perpetua, die Hände aufgestützt auf den Hüften und die Ellenbogen nach vor zeigend, indem sie ihn mit ihrem Blick fixierte, als ob sie ihm das Geheimnis aus den Augen saugen wolle.
- Er ging auf und ab, ab und zu blieb er stehen, spitzte die Ohren, ...
- Gegenüber dem Schultor-, auf der anderen Seite der Straße, stand mit einem Arm an der Mauer abgestützt und der Stirn an den Arm gelehnt, ein Rauchfangkehrer, sehr klein, ganz schwarz im Gesicht, mit seiner Tasche und dem Kehrgerät und weinte bitterlich und seufzte.

VII. Serie

Szenen, Dialoge

Für die Interpretation dieser Lesestücke braucht man zwei oder mehrere Personen.

- „Setzen Sie sich nieder und schließen wir das ab!" Dieses „Schließen wir das ab!" sagte der Bürgermeister mit einem so groben Ton in der Stimme, dass Verdianti der Atem verstummte. Er nahm das Käppchen ab und setzte sich ganz eingeschüchtert auf einen abseits stehenden Sessel.

(FUCINI)

LESEN

- „Geht es Euch nicht gut heute, Menico?" – „Mir geht es nicht gut." Er wischte sich den Schweiß ab und er erhob sich kerzengerade um mit weit aufgerissenem Mund zu atmen.

  (FUCINI)

- „Was kostet das?", fragte er den Mann.
  „Nichts."
  „Wieso nichts?"
  „Nichts."
  „Na gut, dann mach ich es eben so ..."
  Er nimmt eine Lira aus der Geldbörse: „Da hast du, mein Junge", sagte er, „gib sie deiner Mama."
  Das hätte er nicht sagen sollen. Der Mann stützte die Hände auf die Schläfen, schüttelte den Kopf, neigte ihn dann zur Brust, hob ihn langsam und murmelte: „Sie haben keine Mama."

  (FUCINI)

- „Wer ist es?"
  „Mach auf!"
  Die Alte hörte diese Stimme und kam sofort zum Tor. Man hörte den Riegel und das Tor ging weit auf. Innominato schaute sich um und im Schein der Öllampe, die auf einem Tisch brannte, sah er Lucia in einer Ecke am Boden kauernd.

  (MANZONI)

- Zwei Männer befanden sich einander gegenüber, der eine rittlings auf der niedrigen Mauer, ein Bein baumelte auf die andere Seite und der andere Fuß ruhte auf der Straße.
  Der Kumpan stand an die Mauer gelehnt, die Arme über der Brust verschränkt.

  (MANZONI)

- „Jetzt", sagte Tonio, „ begnügen sie sich damit, ein bisschen Schwarz auf das Weiß zu bringen ..."
  „Gut, gut", unterbrach Don Abbondio murrend, zog eine der Tischladen heraus, entnahm daraus Papier, Feder und Tintenfass und begann zu schreiben, indem er laut die Worte wiederholte, die nach und nach der Feder entsprangen.

  (MANZONI)

- „Jetzt, Herr Curato", sagte Tonio, „geben Sie mir die Kette meiner Tecla."
  „Das ist richtig", antwortete Don Abbondio; dann ging er zu einem Kasten, nahm einen Schlüssel aus der Hosentasche und blickte um sich, als wollte er die Zuschauer fern halten, öffnete einen Teil der Tür, stellte sich in den Spalt, schaute hinein und mit einer Hand nahm er die Kette; nachdem er den Kasten geschlossen hatte, gab er sie Tonio mit den Worten: „In Ordnung."

  (MANZONI)

- Durch eine dieser engen Gassen ging Don Abbondio gemächlich nach Hause. Er betete in Ruhe sein Brevier und zwischen zwei Psalmen schloss er das Gebetsbuch und ließ als Zeichen den Zeigefinger der rechten Hand drinnen, diese gab er dann in die andere hinter den Rücken; er setzte seinen Weg fort, den Blick zum Boden gerichtet und stieß mit einem Fuß Kieselsteine, die ihm im Weg lagen, gegen die Mauer.

  (MANZONI)

- „Du, Mädchen, könntest du uns den Weg nach Monza zeigen?"
"Wenn ihr dort geht, geht ihr wieder zurück", antwortete die Arme.
"Monza ist da entlang", und sie zeigte mit dem Finger in diese Richtung, da nahm sie plötzlich der andere Kumpan bei der Taille und hob sie in die Höhe. Lucia drehte erschrocken den Kopf und stieß einen Schrei aus.

(MANZONI)

(Eine bei den Kindern sehr beliebte und oft wiederholte Szene.)
- „Wie steht's mit deinem Appetit?"
"Ich habe kurz zuvor auf der Reise gegessen."
"Und wie steht's mit dem Geld?"
Renzo streckte eine Hand aus, führte sie zum Mund und blies darauf.
"Macht nichts", sagte Bartolo, „ich hab was: und nicht daran zu denken, dass sich die Dinge bald ändern werden, wenn Gott will, und du wirst es mir zurückgeben und es wird auch noch für dich etwas übrig bleiben."
"Ich hab ein bisschen zu Hause und werde es mir schicken lassen."
"In Ordnung und inzwischen kannst du mit mir rechnen. Gott hat es gut mit mir gemeint, damit ich auch den anderen Gutes tu; und wenn ich es nicht den Verwandten und den Freunden tu, wem dann?"
"Ich habe schon von der Vorsehung gesprochen!", rief Renzo und schüttelte dem Cousin herzlich die Hand.

(MANZONI)

- „Der Herr weiß, wie lange ihr schon nichts gegessen habt!"
"Ich erinnere mich nicht mehr daran ... Es ist eine Weile her."
"Sie Arme! Sie müssen sich stärken."
"Ja", antwortete sie mit schwacher Stimme.
"Zu Hause, Gott sei Dank, werden wir sofort etwas finden. Habt nur Mut."

(MANZONI)

Die Kinder stellen nicht nur die Szenen dar, beim zweiten Mal lesen sie all diese Lesestücke, die sie darstellten, laut und wegen der Vorbereitung, die sie dafür hatten, gelingt ihnen das sehr gut. Sie neigen dazu, diese Stücke immer wieder zu lesen, sodass sie diese bald auswendig können. Deswegen haben wir auch einige Gedichte vorbereitet und sie in einem Büchlein zusammengefasst. Die Kinder lesen sie zunächst einmal geistig und dann laut, oder sie lernen sie auswendig und sagen sie dann auf.

IL BACIO
Dormiva nella cuna un bel bambino,
E la mamma lo stava a rimirare;
Voleva dargli il bacio del mattino,
Ma il bacio lo poteva risvegliare;
Svegliarlo non voleva, e con la mano
Gli buttò cento baci da lontano.

DER KUSS
Es schlief in der Wiege ein schönes Kind,
Und die Mutter sah es sich immer wieder an;
Sie wollte ihm den Morgenkuss geben,
Aber der Kuss konnte es aufwecken;
Aufwecken wollte sie es nicht, und mit der Hand schickte sie ihm hundert Küsse aus der Ferne.

LESEN

UN SOGNO
Vidi una fata un giorno
Che aveva le trecce d'oro
E un abito di perle
Più ricco d'un tesoro.

„Vieni con me" mi disse
„Che ti farò regina".
„Non vengo, bella fata;
Io sto con la mammina".

LA NEVE
Lenta la neve fiocca, fiocca, fiocca,
Senti, una culla dondola pian piano.
Un bimbo piange, il piccol dito in bocca,

Canta la vecchia, il mento in su la mano.

IL PESCE
Un dì fuor della vasca del giardino
Guizzò imprudentemente un pesciolino.
Gigi lo vide, e tutto disperato
Gridò alla mamma: un pesce s'è annegato!
(LINA SCHWARZ)

QUEL CHE POSSIEDE UN BIMBO
Due piedi lesti lesti per correre e saltare.
Due mani sempre in moto per prendere e per fare.
La bocca piccolina per tutto domandare.
Due orecchie sempre all'erta intente ad ascoltare.
Due occhioni spalancati per tutto investigare.
E un cuoricino buono per molto molto amar!
(LINA SCHWARZ)

IL BUON ODORE
„Ma, bimbo mio, perché
Sciupar questo bel fiore?"
„Cercavo il buon odore ...
Non so capir dov'è!"
(LINA SCHWARZ)

EIN TRAUM
Ich sah eines Morgens eine Fee,
Die goldene Zöpfe hatte,
Und ein Perlenkleid,
Wertvoller als ein Schatz.

„Komm mit mir", sagte sie,
„Ich mache aus dir eine Königin."
„Ich komme nicht, schöne Fee,
Ich bleibe bei meiner Mama."

DER SCHNEE
Langsam fällt der Schnee,
Hörst du, die Wiege schaukelt ganz leise.
Ein Kindlein weint, den kleinen Finger im Mund,
Es singt die Alte, das Kinn in ihrer Hand.

DER FISCH
Eines Tages schnellte unvorsichtig ein
Kleiner Fisch aus dem Gartenbecken.
Gigi sah ihn und ganz verzweifelt
Rief er zur Mama: ein Fisch ist ertrunken!

WAS EIN KIND BESITZT
Zwei flinke Füße, die laufen und springen.
Zwei Hände, die immer in Bewegung sind,
Um etwas zu nehmen und zu tun.
Der kleine Mund um alles zu erfragen.
Zwei Ohren, die immer aufmerksam zuhören.
Zwei weit aufgerissene Augen, die alles erforschen.
Und ein kleines Herz, geeignet um viel, viel zu lieben!

DER GUTE DUFT
„Aber kleines Kind, warum
Machst du diese schöne Blume kaputt?"
„Ich suchte den guten Duft ...
Und versteh nicht, wo er ist!"

LA GALLINA Io vi domando se si può trovare Un più bravo animal della gallina. Se non avesse il vizio di raspare Ne vorrei sempre aver una vicina. Tutti i giorni a quell'ora, coccodè! Corri a guardar nel covo e l'ovo c'è.	**DAS HUHN** Ich frage euch, ob man ein tüchtigeres Tier Als das Huhn finden kann. Wenn es nur nicht immer scharren würde, Hätte ich gern eines in meiner Nähe. Jeden Tag zu dieser Stunde ein Gegacker! Schau ins Nest und du findest ein Ei.
LA POVERA BAMBINA Disse: „mia madre è morta! Io son digiuna E la stagione è cruda; In terra a me non pensa anima alcuna: Sono orfanella e ignuda".	**DAS ARME MÄDCHEN** Sie sagte: „Meine Mutter ist gestorben! Ich habe nichts. Und der Winter ist hart; Auf der Erde denkt keine Seele an mich: Ich bin Waise und entblößt."
NINNA – NANNA DI NATALE Ninna – nanna, gelato è il focolare fanciul, Non ti svegliare. Per coprirti dal freddo, o mio bambino Cucio in un vecchio scialle un vestitino Ma il lucignolo trema e l'occhio è stanco bimbo dal viso bianco. Chi sa se per domani avrò finito Questo che aspetti povero vestito! (ADA NEGRI)	**WEIHNACHTSWIEGENLIED** Schlaf, Kindlein schlaf, der Ofen ist kalt, Wach nicht auf, mein Kind. Um dich vor der Kälte zu schützen, mein Kind, Nähe ich aus dem alten Tuch ein Kleidchen. Aber der Docht zittert und das Auge ist müde. Du Kind mit dem weißen Gesicht. Wer weiß, ob ich morgen fertig bin Mit dem ärmlichen Kleid, das du erwartest.

LESEN

Nach der beschriebenen Vorbereitung können die Kinder „verstehen", was sie lesen. Alle Schwierigkeiten im Verstehen der Satzgefüge und ihrer komplizierteren Konstruktionen sind überwunden: Sie haben das nötige grammatikalische Verständnis der Sprache, ihr Aufbau und die Bedeutung der Worte interessiert sie. Dadurch hat sich eine Energie aufgebaut, die sich bald in Aktivität umwandeln wird. Die Leseleidenschaft explodiert. Die Kinder wollen „lesen", „lesen", „lesen".

Wir sammelten alle Bücher, die wir hatten, aber diese waren nie ausreichend für die Aktivität der Kinder. Dabei mussten wir oft feststellen, dass die Kinderliteratur zu spärlich ist, um den Bedürfnissen der Kinder zu entsprechen. Zunächst wollten wir nur italienische Kinderliteratur, nahmen aber in unsere „Kleine Bibliothek" schließlich auch viele Übersetzungen ausländischer Bücher auf. Ich bin aber auch mit den amerikanischen Erziehungswissenschaftlern einverstanden, die den Kindern der Grundschule nicht nur eigene kleine Bibliotheken zur Verfügung stellen, sondern ihnen große Säle der öffentlichen Bibliotheken öffnen, wo die Kinder aus Katalogen die Werke auswählen, die sie wünschen. Um dieser erwachten Lesebegeisterung der Kinder Rechnung zu tragen und auch die Kunst des lauten Lesens zu kultivieren, ist es notwendig, auch ein anderes Element des Lesens in Betracht zu ziehen, das ist:

Das Zuhören

Wenn das Kind schon Fortschritte bei der Interpretation der beschriebenen Übungen gemacht hat, kann die Lehrerin mit dem Vorlesen beginnen. Wir machten das während der Zeichenstunden. Die Lehrerin, die vorliest, sollte eine Vortragskünstlerin sein: dazu wäre neben der künstlerischen Ausbildung der Lehrerin auch eine Spezialausbildung in der Kunst des Lesens notwendig.

Ein Unterschied zwischen den Lehrerinnen der Regelschule und unseren ist jener, dass die Lehrerinnen der Regelschule von einer Kunst sprachen, die darin besteht, dass das Kind das lernt, was sie wollen. Unsere hingegen sollten Liebhaber der schönen Künste sein.

Für uns ist Kunst ein Mittel zu leben, es ist die Schönheit in all ihren Formen, die dem Wachstum des inneren Menschen hilft. Wir haben gesehen, dass die vorbereitete Umgebung und das Entwicklungsmaterial auch nach dem ästhetischen Standpunkt ausgerichtet sein sollten. Denn dieser bestimmt die Aufmerksamkeit des Kindes und die Dauer, mit der das Kind dabeibleibt, und diese sind wieder die geheimen Schlüssel unserer Methode.

Die Lehrerin sollte Musik-, Zeichen- und Rezitationsliebhaberin sein: sensibel für die Harmonie der Dinge, sodass ihr guter Geschmack die Umgebung vorbereiten und immer am geeigneten Stand halten kann. Vor allem muss sie über ein perfektes Feingefühl verfügen, das von einem sensiblen Herzen kommt, das empfänglich ist für die Darstellungen des kindlichen Geistes. Die Lehrerin und Vortragskünstlerin hat somit eine schwierige Aufgabe zu erfüllen.

Während die Kinder ihre Aufmerksamkeit auf das Zeichnen richten, kann sie in dieser Stille etwas vorlesen. Manchmal ist es nur das Vorlesen, das die kleine Zuhörerschaft in Atem hält.

Das wird aber nicht immer einfach sein. Es ist oft die musikalische Qualität, mit der vorgetragen wird, die die kleinen „Feinschmecker" der Kunst innehaltend im Genuss verweilen lässt. Vielleicht gelingt es einer wirklich perfekten Vortragskünstlerin, die ganze Zuhörerschaft der Kinder mit einer spannenden Lesung zu fesseln. Die Erfahrung hat uns aber gezeigt, dass es einfacher ist, wenn die Kinder mit einer Arbeit beschäftigt sind, die nicht zuviel Konzentration erfordert und sich nicht auf Inspiration stützt. Es wurden alle möglichen Werke vorgelesen: Märchen, Novellen, Anekdoten, Romane, historische Episoden, speziell darunter waren: Die Märchen von Andersen, Novellen von Capuana, *Il Cuore* von De Amicis, Episoden aus dem Leben von Jesus Christus, *Die Verlobten* von Manzoni, *Fabiola*, *Onkel Tom's Hütte*, Geschichten des italienischen Unabhängigkeitskrieges und Itard's *Die Erziehung des Wilden von Aveyron*.

Die bevorzugten Bücher

Interessantes vorgelesen zu bekommen, begeistert die Kinder im Allgemeinen sehr. Es überrascht vielleicht aber auch zu wissen, welche Bücher es sind, die unsere Kinder am meisten begeisterten. Es waren die Geschichten des italienischen Unabhängigkeitskrieges und *Die Erziehung des Wilden von Aveyron*. Das alleine verdient genauere Betrachtung. Das Buch der Geschichten des italienischen Unabhängigkeitskrieges ist nicht eines, von dem man glaubt, dass es für Kinder geeignet ist. Im Gegenteil, es ist das Werk von Pasquale de Luca: *I Liberatori (Die Befreier*, Bergamo 1909), geschrieben, um ein Gefühl von Patriotismus unter den italienischen Einwanderern Argentiniens zu erwecken. Was das Buch besonders ausmacht, sind authentische Dokumente, die in Faksimile gedruckt wurden; es sind darin enthalten: originale Zeitungsartikel, Mordanklagen, Briefe von Papst Pius IX. und von Garibaldi, einige Einzeldokumente in Faksimile abgedruckt, Drucke, die am Vorabend eines Aufstandes an Mauern angebracht waren, Telegramme, Gedenkmedaillen, patriotische Hymnen, von denen auch die Musik aufgenommen ist, die am Klavier gespielt werden konnte und die die Kinder auch zu singen lernten, und viele Illustrationen.

Diese Lektüre war so spannend, dass die Kinder sich richtig hineinversetzen konnten, sie diskutierten auch heftigst darüber, sie waren empört über ein Edikt vom König von Neapel, mit dem er das Volk betrügen wollte. Sie erschauderten vor den Ungerechtigkeiten und Verfolgungen, sie begeisterten sich über Heldenhaftigkeiten und wollten sogar Szenen nachspielen. Sie taten sich zu dritt oder viert zusammen und stellten die Episoden mit einer interessanten Dramatik dar. Ein Mädchen brachte ein Buch mit patriotischen Hymnen, das die Kinder sehr beschäftigte. Sie lernten viele davon und trugen sie im Chor vor. Mit einem Wort, das italienische Risorgimento erwachte wieder zu neuem Leben in diesen kleinen Herzen, in denen der Erwachsenen lebt es schon lange nicht mehr.

Viele Kinder schrieben spontan ihre Eindrücke nieder und beurteilten die Fakten auf originelle Art. Sie wollten davon auch eine Erinnerung und baten die Lehrerin, die wichtigsten Fakten mit den Jahreszahlen aufzuschreiben, die sie dann auch in ihre Hefte übertrugen. Diese Erfahrung änderte einige meiner Ideen, die ich für den Geschichteunterricht hatte. Ich wollte Filme dazu vorbereiten und Aufführungen machen. Ich sah mich dann aber gezwungen, den Plan aufzugeben, da meine Möglichkeiten schon erschöpft waren. Das Buch von de Luca war somit eine wahre Offenbarung. Um den Kindern die Geschichte näher zu bringen, genügt eine lebendige Dokumentation. Man braucht gar keine Filme dazu. Die Schulbücher müssten dazu natürlich ausgewechselt werden.

Die Kinder sind für das Wahre und Schöne viel empfänglicher als wir Erwachsene. Man braucht ihnen nur die realen Bilder vor Augen halten und sie stellen sie dann wahrheitsgetreu dar. So wie de Luca, der durch die Liebe zu seinen Brüdern, die weit weg waren, motiviert war, ein Werk herauszugeben, das sie wachrütteln und zurückbringen könnte, damit sie wieder unter uns Italienern leben. Unsere Aufgabe ist die gleiche, wir müssen von einer Menschenfreundlichkeit erfüllt sein, um die Seelen der Kinder, die uns so fern sind, zu uns zurückzurufen. Sie sind genauso Brüder, die weit entfernt in einem anderen Land leben. Wir müssen sie erwecken und sie als Partner in unser Leben zurückbringen.

Ein anderes Buch, das großen Eindruck auf unsere Kinder machte, ist das Buch von Itard. Die Mütter der Kinder kamen zu uns in die Schule um zu fragen: „Was habt ihr so Beeindruckendes gelesen? Lasst uns auch daran teilhaben."

Die Kinder erzählten, dass sie eine außergewöhnliche Geschichte von einem Buben gehört haben, der mit den Tieren lebte und dann erst nach und nach zu verstehen, fühlen und leben begann wie wir. Alle psychologischen Einzelheiten dieser Studie, die Erziehungsversuche schienen die Kinder zu tiefst zu berühren. Das brachte uns dazu, den älteren Kindern ein „Kinderhaus" zu zeigen und ihnen unsere Erziehungsmethode zu erklären. Sie interessierten sich sehr dafür und es führte dazu, dass einige dieser Kinder jetzt Mitarbeiter in der Vorbereitung solcher Kinderhäuser sind. Sie können der Entwicklung des kindlichen Geistes mit einer Sensibilität folgen, die uns überrascht. Wenn wir daran denken, dass die besten Lehrer der Kinder die Kinder selbst sind und dass die Kleinen sich eher mit einem Kind verbrüdern als mit einem Erwachsenen, brauchen wir uns nicht über den Untergang eines Vorurteils wundern.

Wir haben uns eine fantasievolle Vorstellung über die Kinder zurechtgezimmert, indem wir sie als eigene menschliche Rasse betrachtet haben. Sie sind aber unsere Kinder, viel reiner als wir. Die Liebe, das Schöne, das Wahre begeistert sie und sie stürzen sich darauf, als wäre es etwas Überlebensnotwendiges.

Die Ergebnisse unserer Experimente zwingen uns zu vielen Überlegungen. Es ist uns gelungen, Geschichte und sogar Pädagogik mit unseren Lesungen zu unterrichten. Ist das nicht auch mit allen anderen Fächern möglich? Reiseberichte lehren Geographie, das Leben der Insekten lehrt die Naturwissenschaften usw.

Mittels der Lektüren kann das Kind in verschiedenste Gebiete vordringen - das kann die Lehrerin vermitteln - und sobald es selber damit begonnen hat, ist es frei, um seiner Leidenschaft für das Lesen zu frönen. Das heißt, unsere Aufgabe besteht darin, die geeigneten Mittel zur Bildung anzubieten und die Quellen des intellektuellen Wachstums und des Gefühlslebens zu bewahren. Der Rest kommt von alleine. Wie sagte man schon in der Antike: Der Unterricht ist notwendig für: „Lesen, Schreiben, Rechnen", denn das kann der Mensch nicht von alleine. Wir können nur hinzufügen, dass die „Methode" genau dort wissenschaftlich präzisiert werden muss, wo es für die „Bildung des Menschen" nötig ist, damit er seine Aktivitäten mit Anstrengung, aber ohne Unterdrückung ausüben und Hilfe, die er braucht, bekommen kann, ohne etwas von seiner reinen Frische seiner inneren Aktivitäten zu verlieren.

Es ist aber nicht gesagt, dass eine strenge Methode das Kind immer und bei all seinen Schritten begleiten muss. Wenn es stark genug ist und die notwendigen Werkzeuge für seine Entdeckungen bei sich hat, kann es viele Geheimnisse des Lebens selbst entdecken. Wir gaben dem Kind das Sinnesmaterial um damit zu arbeiten, ließen es aber bei der Entdeckung seiner Umwelt alleine. So ist es auch bei jedem weiteren Schritt, wo wir ihm das notwendige Werkzeug geben müssen und die notwendige Kraft es zu benutzen, ihm dann aber seine Freiheit lassen, damit es selbst seine Entdeckungen machen kann.

Wir haben die Erfahrung gemacht, dass das Kind das Lesen liebt und die reale Lektüre bevorzugt. Ich zitiere dazu die Ergebnisse einer Umfrage über die Lesegewohnheiten der Kinder, durchgeführt von der Abteilung „Erziehung" des Verbandes für Schulbibliotheken der italienischen Provinz Emilia.[1]

DER FRAGEBOGEN WAR FOLGENDER:
- Erinnerst du dich daran, welche Bücher du gelesen hast und welche dir am besten gefallen haben?
- Wie hast du sie dir besorgt?
- Kennst du die Titel einiger Bücher, die du gerne wieder lesen würdest?
- Hast du lieber Märchen oder wahre oder mögliche Geschichten? Warum?
- Hast du lieber Erzählungen, die dich zum Weinen oder zum Lachen bringen?
- Gefallen dir Gedichte?
- Liest du gerne Reiseabenteuer?
- Hast du irgendeine Zeitung abonniert? Welche?
- Wenn deine Mama dir ein Geschenk machen wollte, was hättest du lieber? Ein Zeitungsabonnement oder lieber ein bebildertes Buch? Warum?

Aus den Umfragen ging mit ziemlicher Genauigkeit hervor, dass die Kinder zu einem sehr hohen Prozentsatz wahre Geschichten bevorzugen. Einige Gründe, die sie dafür nannten sind: weil ich davon lernen kann; was in den Märchen vorkommt, gibt es in Wirklichkeit nicht; die wahren Geschichten übertreiben nicht, sie lehren mich Geschichte, ich kann gute Ideen daraus entnehmen und man hört vieles, das man selber ausprobieren kann. Die Märchen lassen unmögliche Wünsche entstehen und die fantastischen Erzählungen provozieren Wünsche nach übernatürlichen Dingen. Für Märchen sprechen folgende Aussagen: sie sind angenehm, um sich zu zerstreuen; wenn ich sie lese, fühle ich mich mitten in der Welt der Feen und Zauberer.

Diejenigen, die die ernsthafte Literatur bevorzugen, begründen ihre Wahl so: ich fühle mich besser und verstehe so alles Schlechte, das ich mache, die Seele wird zartfühlender, in meinem Herzen manifestieren sich gute und nette Gefühle.

Begründungen für Geschichten, die zum Lachen bringen, sind: beim Lesen lenke ich von meinen kleinen Schmerzen ab. Die Mehrheit gibt Spaß und Humor aber keinen erzieherischen Wert. Ist das nicht ein Anzeichen dafür, dass irgendetwas schief gelaufen ist in der Erziehung?

---

[1] *Bollettino delle Bibliotechine per le scuole elementari italiane (Bulletin der Bibliotheken für italienische Grundschulen),* Bologna, März - April 1912.

ARITHMETIK

I. Rechenoperationen

Von 1 bis 10

Die Kinder im „Kinderhaus" waren imstande, die vier Rechenoperationen in ihrer einfachsten Art auszuführen. Das dazugehörige Entwicklungsmaterial bestand aus den numerischen Stangen, die die Zahlen 1, 2, 3, 4, 5, 6, 7, 8, 9, 10 darstellten. Jede dieser Stangen, die in abwechselnd rote und blaue Abschnitte unterteilt waren, repräsentierte durch die Farbgestaltung eine bestimmte Zahl. Dieses Konzept, dass eine Zahl durch nur einen Gegenstand darstellbar ist, der aber so viele Abschnitte enthält, wie die Zahl, für die er steht, erleichterte den ersten Einstieg in dieses komplexe Reich der Zahlen und gestaltete ihn interessant für die Kinder. Dass zum Beispiel die Fünf durch nur einen Gegenstand dargestellt wird, der in fünf gleiche Abschnitte eingeteilt ist, anstatt durch fünf Gegenstände, die der Geist erst zu einer Einheit zusammenfügen muss, bringt Klarheit und erspart geistige Anstrengung.

Mit Hilfe dieses, durch die numerischen Stangen dargestellten, Prinzips war es den Kindern gelungen, ganz einfach die ersten arithmetischen Aufgaben zu lösen: 7 + 3 = 10; 2 + 8 = 10; 10 − 4 = 6 usw.

Das Material eignete sich also hervorragend dazu. Es ist aber zahlenmäßig zu begrenzt, von zu großer Dimension und daher nicht handlich genug, um erfolgreich und nutzbringend für eine ganze Schülerschar eingesetzt zu werden, die gerade beginnt, sich der Arithmetik zu widmen.

Deshalb haben wir, basierend auf dem Grundkonzept, ein von der Dimension her kleineres Material erarbeitet, das einer beträchtlichen Anzahl von Kindern, die gleichzeitig arbeiten, in ausreichender Menge zugänglich ist.

Dieses Material besteht aus Perlen, die mit einem Eisendraht verbunden sind: 1, 2, 3, 4, 5, 6, 7, 8, 9, 10 (Tafel 10). Die Perlenstäbchen unterscheiden sich farblich: die Zehnerstange ist orange (gold), die Neuner türkis (blau), die Achter violett (braun), die Siebener weiß, die Sechser grau (lila), die Fünfer hellblau, die Vierer gelb, die Dreier rosa, die Zweierstange grün; für den Einer gibt es einzelne rote Perlen[1].

---

[1] Anmerkung der Übersetzerin: Die in Klammer gesetzten Farben sowie die Farben der Abbildungen entsprechen den von den Materialherstellern heute üblicherweise verwendeten Farben.

Diese Perlen sind aus glänzendem Glas und der weiße Metalldraht, auf dem sie aufgefädelt und an den Enden fixiert sind, ist robust und widerstandsfähig. Von diesen kleinen attraktiven Gegenständen gibt es je fünf in jeder Schachtel; und so kann jedes Kind für seine Rechenkombinationen über fünf numerische Stangensysteme verfügen.

Da diese Gegenstände so handlich und klein sind, erlauben sie die Arbeit auf dem Tisch. Dieses einfache Material, das auch leicht herstellbar ist, hatte einen außergewöhnlichen Erfolg bei den fünfeinhalbjährigen Kindern. Sie arbeiteten mit einer bewundernswerten Konzentration, führten sogar sechzig arithmetische Operationen hintereinander aus und füllten ganze Hefte innerhalb weniger Tage.

Das für diese Übungen vorbereitete Papier besteht aus, in unterschiedlichen Farben, karierten Blättern: einige sind schwarz kariert, andere rot, grün, blau, rosa oder orange. Die verschiedenen Farben tragen zur Anziehungskraft der Arbeit für das Kind bei. Zuerst arbeitete es auf einem rot karierten Blatt, dann sucht es sich ein blaues aus und so weiter.

Die Erfahrung lehrte uns, eine große Menge an Zehnern vorzubereiten, denn die Kinder kamen schließlich dazu, in der Schachtel alle Zehnerstäbchen auszusuchen, um so die Zehner zählen zu können: 10, 20, 30, 40, usw. Deshalb besteht das Perlenbasismaterial aus Zehnerschachteln, das heißt aus Schachteln, die nur mit Zehnerstäbchen gefüllt sind. Dazu gibt es Kärtchen, auf denen die Zahlen 10, 20, usw. geschrieben stehen. Die Kinder legen dann so viele Stäbchen zusammen, wie es der Zahl auf dem jeweiligen Kärtchen entspricht.

Diese Arbeit ist der Einstieg zu den Vielfachen von 10: mit Hilfe der Kärtchen mit den Zahlen 100 und 1000 ist es dann möglich, Zahlen wie zum Beispiel 1916 zu bilden.

Die „Arbeit mit den Perlen" wurde zu einem Basiselement unserer Methode, weil sie von den Kindern wie eine neue wissenschaftliche Errungenschaft erlebt wurde. Die Möglichkeit, die einfachen Übungen mit den Perlenstäbchen komplexer zu machen und zu erweitern, führte zu schnellerem, sicherem und verallgemeinerndem *Kopfrechnen*, das sich spontan entwickelt wie ein Sparprogramm, nach dem Motto des „geringsten Aufwandes". Nach und nach erkennt das Kind die Zahlen anhand der Farben, ohne die Perlen zu zählen: türkis (blau): 9; gelb: 4; usw. und ohne es zu bemerken, rechnet es im Kopf mit *Farben* anstatt mit den *tatsächlichen* Perlen. Kaum dass es sich dessen bewusst wird, erklärt es mit großer Freude: „Ich rechne im Kopf und bin daher schneller". Damit ist dann die Zeit dieses Materials vorüber (Tafel 11).

ZEHNER, HUNDERTER, TAUSENDER

MATERIAL: Ich ließ eine Kette herstellen, bei der ich zehn Zehnerstäbchen jeweils an den Enden miteinander verbinden ließ; diese Kette heißt „Hunderterkette". Dann ließ ich zehn Hunderterketten verbinden, die die „Tausenderkette" bilden.

Diese Ketten haben die selben Farben wie die Zehnerstäbchen: das heißt, sie sind aus orangefarbenen (goldenen) Perlen zusammengesetzt. Ihre Länge ist überraschend; wir legen zuerst eine einzelne Perle auf, dann ein Zehnerstäbchen, das cirka 7 cm lang ist, dann eine Hunderterkette, die cirka 70 cm lang ist und schließlich die Tausenderkette, die cirka 7 m lang ist (Tafeln 12a + 12b). Die Länge der Tausenderkette bringt uns in eine andere Größenordnung, denn während der Einer, der Zehner und die Hunderterkette am Tisch bequem aufzulegen sind, reicht die Länge des Zimmers nicht mehr aus, um die Tausenderkette aufzulegen! Man muss auf den Gang hinaus oder in den Festsaal gehen; dabei müssen mehrere Kinder gemeinsam geduldig arbeiten, um die Kette in einer geraden Linie aufzulegen, und um sie ganz zu sehen, muss man auf und ab gehen.

Dieser „Eindruck" der Größenbeziehungen ist ein wahres Erlebnis. Einige Tage lang wird die „Tausenderkette" im Mittelpunkt der Aktivitäten der Kinder stehen.

Die einzelnen Hunderterketten innerhalb der Tausenderkette erlauben es, diese zusammenzufalten: die Hunderterketten können nebeneinander aufgelegt werden und ergeben so ein Rechteck, das nun erlaubt, die vorher so beeindruckende Länge als Fläche zu erleben.

Auf dem Tisch haben nun alle Einheiten Platz: die Einerperle, das Zehnerstäbchen, die Hunderterkette und schließlich der Tausender*streifen*.

Wer sich nun fragt, *wie* man das Kind dazu bringt, die Größenordnungen mit dem Auge zu unterscheiden, fragt sich dasselbe, wie wir es getan haben. Wenn die Kinder beginnen, Perle für Perle zu zählen, geduldig, von eins bis hundert (Tafeln 12a + 12b), sich dann zur Tausenderkette begeben, dabei nicht zögern sich angesichts dieses schwierigen Unterfangens zu zweit oder zu dritt zu helfen, um nun auch die Tausenderkette zu zählen, dann fragen sie sich: Hundert, und nach hundert, was kommt dann? Hunderteins. Und schließlich? Zweihundert, zweihunderteins ... So gelangten sie eines Tages bis siebenhundert. „Ich bin müde", sagte das Kind, „ich kennzeichne, wie weit ich gekommen bin und mache morgen weiter".

Siebenhundert, siebenhunderteins, ... „Schau", sagte ein anderes Kind, „es sind *sieben*, siebenhundert; ja, ich zähle die Ketten: siebenhundert, achthundert, neunhundert und tausend. Frau Lehrerin! Frau Lehrerin! Die Tausenderkette hat zehn Hunderterketten, hier sind sie!". Und andere Kinder, die mit der Hunderterkette arbeiteten, lenkten auch die Aufmerksamkeit auf sich: „Schau her, schau her! Die Hunderterkette besteht aus zehn Zehnern!"

So wurden die Begriffe Zehner, Hunderter und Tausender verstanden und zwar aus der kindlichen Neugierde für das Angebot der Ketten, die spontanen Aktivitäten der Kinder respektierend.

Und so geschah es bei fast allen Kindern, und dort, wo die Beschäftigung nicht spontan erfolgt, genügt eine einfache Hilfestellung – es genügt, die Aufmerksamkeit des Kindes darauf zu lenken und die Zusammenhänge innerhalb des Dezimalsystems werden begreifbar.

Wer mit dieser Methode schon ein wenig Erfahrung hat, kann warten und versteht, wie sehr es das Kind braucht, gemäß seines eigenen Tempos zu arbeiten und dass die „intuitiven Explosionen" unaufhaltsam sind, wenn die innere

Reife auf natürliche Weise erfolgen kann. Je mehr wir das Kind „seinem Interesse" überlassen, desto mehr Wert werden die Früchte seiner Arbeit haben.

DIE RECHENRAHMEN

Hingegen bedarf es zweifelsohne einer kurzen und klaren Erklärung der Lehrerin, um ein weiteres Entwicklungsmaterial, das sozusagen symbolisch für das Zehnersystem ist, einzuführen.

Es handelt sich dabei um zwei Rechenrahmen, die einfach zu handhaben sind und die auch die Kinder selbst besitzen könnten. Diese Rahmen kann man leicht bauen und sie kosten sehr wenig.

Einer dieser Rechenrahmen steht aufrecht und hat vier horizontal eingezogene Drähte mit je zehn Perlen (Tafel 13). Die ersten drei Reihen haben den gleichen Abstand voneinander, die letzte aber hat einen größeren Abstand und ist zusätzlich durch einen Metallknopf auf der linken Seite des Rahmens von den anderen getrennt: Ober- und unterhalb des Knopfes sind auf dieser Seite des Rahmens verschiedene Farben. Auf der Höhe der Drähte sind auf der linken Seite des Rahmens die Zahlen 1, 10, 100 und weiter unterhalb 1000 eingeprägt.

Man erklärt nun dem Kind, dass wir *annehmen*, dass der Wert jeder einzelnen Perle der ersten Reihe eins ist, wie jener der Einerperlen; dass hingegen jede Perle der zweiten Reihe die Einheit zehn darstellt (und somit dem Zehnerstäbchen entspricht); und dass der Wert der Perlen der dritten Reihe der Hunderterkette entspricht. Schließlich entspricht jede Perle in der durch den Knopf getrennten Reihe dem Wert der Tausenderkette.[1]

Es ist nicht einfach für die Kinder mit diesen Wertsymbolen umzugehen; aber je mehr die Kinder sich mit dem Anschauen, Zählen und Studieren der Ketten beschäftigt haben, desto einfacher ist es für sie. Wenn also in den Kindern das Konzept der Zusammenhänge zwischen eins, zehn, hundert und tausend gereift ist, wird es für sie immer leichter, die sogenannten Stellvertreter zu erkennen und mit ihnen umzugehen.

Zur Arbeit mit dem Rechenrahmen werden eigens linierte Blätter verwendet. Diese sind der Länge nach in zwei gleiche Teile geteilt: drei senkrechte Linien, je eine in grün, blau und rot (von rechts beginnend), sind parallel und im gleichen Abstand. Eine senkrechte punktierte Linie trennt diese drei Linien von noch einer grünen Linie. Auf die drei ersten Linien von rechts nach links schreibt man Einer, Zehner und Hunderter, auf die innere/linke grüne Linie die Ziffern für die Tausender. Die beiden Vierergruppen sind von einer senkrechten Doppellinie voneinander getrennt.

Die rechte Hälfte dieser Seite dient ausschließlich dazu, das oben genannte Konzept der Einheiten des Zehnersystems zu verdeutlichen und nun schriftlich

---

[1] Noch effizienter wäre es, bei diesem ersten Rahmen die Perlen nicht nur in unterschiedlichen Farben, sondern auch in verschiedenen Größen zu verwenden, wobei die Perlen immer größer sein sollten, je größer die Einheit ist, die sie darstellen. Dies wurde mir von einem portugiesischen Professor geraten, der einem meiner Kurse beiwohnte.

einen Bezug zwischen dem symbolischen Rahmen und dem Dezimalsystem herzustellen. Zu diesem Zweck zählt man zuerst die Perlen der ersten Reihe des Rechenrahmens, indem man dazu spricht: ein Einer, zwei Einer, drei Einer, vier Einer, fünf Einer, sechs Einer, sieben Einer, acht Einer, neun Einer, zehn Einer. Alle zehn Einer zusammen entsprechen dem Wert einer einzelnen Perle der unteren Reihe.

Weiters zählt man die Perlen der zweiten Reihe: ein Zehner, zwei Zehner, drei Zehner, vier Zehner, fünf Zehner, sechs Zehner, sieben Zehner, acht Zehner, neun Zehner, zehn Zehner. Alle zehn Perlen der Zehnerreihe zusammen entsprechen wieder einer einzigen Perle der unteren Reihe.

Man zählt nun die Perlen der dritten Reihe, indem man eine nach der anderen von rechts nach links bewegt: ein Hunderter, zwei Hunderter, drei Hunderter, vier Hunderter, fünf Hunderter, sechs Hunderter, sieben Hunderter, acht Hunderter, neun Hunderter, zehn Hunderter. Alle zehn Hunderter zusammen entsprechen wiederum dem Wert einer einzigen Tausenderperle.

Auch hier gibt es wieder zehn Perlen: ein Tausender, zwei Tausender, drei Tausender, vier Tausender, fünf Tausender, sechs Tausender, sieben Tausender, acht Tausender, neun Tausender, zehn Tausender; also: eintausend, zweitausend, dreitausend, viertausend, fünftausend, sechstausend, siebentausend, achttausend, neuntausend, zehntausend. Der Geist des Kindes kann sich nun zehn einzelne Tausenderketten vorstellen: das Symbol steht also für eine greifbare Menge.

Nun geht es darum, das spürbar Erlebte der Einer, Zehner, Hunderter und Tausender durch das Zählen der einzelnen Einheiten schriftlich auf Papier zu bringen. Auf die erste Linie von rechts (die grüne) schreibt man untereinander die Einer, auf die zweite Linie (die blaue) die Zehner, auf die dritte (die rote) die Hunderter; schließlich auf die durch eine punktierte Linie getrennte grüne Linie die Tausender.

Nachdem man neun Einer geschrieben hat, geht man von der Einerlinie weiter zu jener der Zehner: denn tatsächlich sind zehn Einer ein Zehner. Bei neun Zehnern angelangt, geht man weiter zur Linie der Hunderter, da eben zehn Zehner einen Hunderter ergeben. Wenn man dann schließlich die neun Ziffern der Hunderter aufgeschrieben hat, kommt man zur Tausenderlinie, weil eben zehn Hunderter einen Tausender ergeben (Tabelle E - siehe Tafel 14).

Die Einer (von 1 bis 9) stehen nun auf der Linie ganz rechts außen; auf der nächsten nach links gerückt, die Zehner von 1 bis 9; und auf der dritten Linie schließlich, stehen die Hunderter von 1 bis 9 geschrieben; etwas anderes kann hier nicht stehen, nur immer die Ziffern von 1 bis 9. Bei mehr als neun werden die Kategorien gewechselt. Diese Erkenntnis muss erst langsam *reifen*.

Es sind immer diese neun Ziffern, aus denen alle möglichen Zahlen gebildet werden: Es kommt nicht auf die Ziffern, sondern auf ihren Platz an, der ihnen den Wert von eins, zehn, hundert oder tausend gibt. So werden nun symbolisch die realen Werte übertragen, die auf wunderbare Weise wachsen und die wir uns anders kaum vorstellen könnten. Eine Zehntausenderreihe wäre 70 m lang! Und weitere zehn von diesen Reihen wäre so lang wie eine ganze Straße! Es ist daher notwendig, auf Symbole zurückzugreifen. Der Wert des *Platzes* ist also sehr hoch!

Wie schreibt man nun eine Ziffer an, um ihr im Bezug auf andere Ziffern einen Platz und somit einen Wert zuzuweisen? Weil es nicht immer die senkrechten Linien gibt, die der Ziffer den Platz zuweisen, setzt man einfach so viele Nullen wie notwendig rechts neben die Zahl. Die Null - das weiß man schon aus dem „Kinderhaus" - hat keinen Wert und kann auch der Ziffer, die sie begleitet, keinen Wert geben. Sie dient aber dazu, den Wert der Ziffer zu verstehen, die links von ihr steht. Es ist nicht die Null, die aus der 1 eine 10 macht; es ist die Null der 10, die dazu da steht um anzuzeigen, dass diese Eins nicht ein Einer sondern ein Zehner ist. Würde hingegen die Zehn von einer Vier begleitet werden, wäre auf dem Einerplatz die Vier und der Einser am Zehnerplatz.

Das Kind kann schon im „Kinderhaus" zehn und auch hundert schreiben; daher ist es jetzt sehr einfach, mit Hilfe der Nullen die Zahlen anzuschreiben und in der Kolonne von eins bis tausend zu zählen: eins, zwei, drei, vier, fünf, sechs, sieben, acht, neun, zehn, zwanzig, dreißig, vierzig, fünfzig, sechzig, siebzig, achtzig, neunzig, hundert, zweihundert, dreihundert, vierhundert, fünfhundert, sechshundert, siebenhundert, achthundert, neunhundert, tausend (Tabelle F - siehe Tafel 15).

Wenn das Kind nun schon gut auf diese Art zählen kann, ist es in der Lage, jede beliebige vierstellige Zahl zu lesen. Wir stellen die Zahlen auf dem Rechenrahmen dar, z.B. die Zahl 4827 (Tafel 16); es werden also vier Tausenderperlen nach links geschoben, acht in der Hunderterreihe, zwei in der Zehner- und sieben in der Einerreihe und man liest: viertausendachthundertsiebenundzwanzig; die Zahl schreibt man, indem man die Ziffern dem Wert entsprechend in einer Reihe nebeneinander schreibt: 4827. So kann man es auch mit unserer Jahreszahl machen: 1916 und man schreibt sie links, wie am Blatt angegeben.

Weitere Beispiele: man stelle auf dem Rechenrahmen die Zahl 2049 dar: dazu schiebt man zwei Tausenderperlen nach links, vier Zehner- und neun Einerperlen. In der Hunderterreihe befindet sich links keine Perle. Das ist ein Beweis für die Funktion der Null, die auf den leeren Plätzen steht. Um die Zahl 4700 darzustellen, schiebt man vier Tausender- und sieben Hunderterperlen am Rechenrahmen nach links; die zwei anderen Reihen bleiben leer. Wenn man die Zahl nun aufschreibt, werden die leeren Plätze mit der *Null* aufgefüllt, das heißt mit Ziffern, die keinen Wert darstellen.

Wenn das Kind das alles verstanden hat, erweitert es die Übungen von sich aus mit größtem Interesse. Es schiebt nun die Perlen am Rechenrahmen in einigen oder in allen Reihen nach links, dann interpretiert es die Zahl und schreibt sie auf die dazu vorbereiteten Blätter. Hat das Kind mit diesen Übungen begonnen, so bedeutet das, dass es das System durchschaut hat. Es genügt nun, das Kind seinen eigenen Übungen zu überlassen. Bald wird es danach verlangen, über Tausend hinauszugehen (Tafel 17).

Dazu gibt es einen weiteren Rechenrahmen mit sieben Reihen: der Einer-, Zehner-, Hunderter-, Tausender-, Zehntausender-, Hunderttausender- und der Millionenreihe. Der Übergang von einem zum anderen Rechenrahmen wird mit großem Interesse verfolgt, stellt aber keine Schwierigkeit für das Kind dar. Die Kinder werden nur einige Erklärungen brauchen und versuchen, von selbst so viel wie möglich zu verstehen. Die großen Zahlen sind für sie das Interessanteste dabei und daher auch einfach. Bald werden sie ihre Heftchen mit den wunderbarsten Zahlen vollgeschrieben haben. Sie sind nun Manager der Millionen.

Der zweite, große Rechenrahmen hat nun auf der linken Seite drei verschiedene Farben, aufgeteilt nach folgenden Gruppen: die Einer, Zehner und Hunderter sind von den Tausendern durch einen Knopf getrennt und diese wieder von der Million; auch dazu gibt es wieder ein vorbereitetes Blatt zum Schreiben der Zahlen. Auf dieses werden wieder rechts die Zahlen entsprechend dem Rechenrahmen aufgeschrieben, wobei vom Einer zur Million gezählt wird. Das heißt: eins, zwei, drei, vier, fünf, sechs, sieben, acht, neun, zehn, zwanzig, dreißig, vierzig, fünfzig, sechzig, siebzig, achtzig, neunzig, hundert, zweihundert, dreihundert, vierhundert, fünfhundert, sechshundert, siebenhundert, achthundert, neunhundert, tausend, zweitausend, dreitausend, viertausend, fünftausend, sechstausend, siebentausend, achttausend, neuntausend, zehntausend, zwanzigtausend, dreißigtausend, vierzigtausend, fünfzigtausend, sechzigtausend, siebzigtausend, achtzigtausend, neunzigtausend, hunderttausend, zweihunderttausend, dreihunderttausend, vierhunderttausend, fünfhunderttausend, sechshunderttausend, siebenhunderttausend, achthunderttausend, neunhunderttausend, eine Million (Tabelle G - siehe Tafel 18).

Nachdem nun das Kind einige Zahlen am Rechenrahmen dargestellt hat, versucht es, die Zahlen zu lesen und dann auf die linke Seite des Blattes zu schreiben: Zahlen, die sich zufällig aus dem Schieben der Perlen von rechts nach links in einer oder mehreren Reihen ergeben haben: wie z.B. 6.201.818; 1.111.111; 8.640.850; 7.000.000; 1.500.000; 3.780.000; 5.840.714; 720.000; 500.000; 430.000; 35.840; 80.724; 15.229; 1.240 (Tafel 18).

Wenn es nun darum geht, Zahlen mit mehreren Ziffern darzustellen, die Ergebnisse in einer Kolonne darzustellen, usw. erscheint das dem Kind nun alles extrem vereinfacht und kommt ihm wie eine Überraschung vor.

II. Das kleine Multiplikationsbrett

MATERIAL: Das Material zum Multiplikationsbrett besteht aus mehreren Teilen (Tafel 19). Die Gegenstände dazu sind: ein quadratisches Brett mit hundert Aushöhlungen (10 x 10), in jede passt eine Perle. Am oberen Ende des Brettes stehen jeder Spalte entsprechend die Zahlen 1, 2, 3, 4, 5, 6, 7, 8, 9, 10. Auf der linken Seite des Brettes ist es möglich, ein Kärtchen mit den obengenannten Zahlen in rot hineinzulegen: Dieses Kärtchen, das den Multiplikator darstellt, kann man austauschen; es gibt 10 verschiedene Kärtchen mit zehn verschiedenen Ziffern. Links oben gibt es eine kleine Aushöhlung, in die man eine rotes Blättchen hinein legt, dieses Detail ist aber nebensächlich. Dieses quadratische Brett ist weiß, mit roten Unterteilungen. Dazu gibt es eine elegante Schachtel, die die einzelnen Perlen enthält.

Die Übung, die mit diesem Brett zu machen ist, ist extrem einfach.

Man nehme an, dass 6 mit den Zahlen von 1 bis 10 zu multiplizieren ist; 6 x 1; 6 x 2; 6 x 3; 6 x 4; 6 x 5; 6 x 6; 6 x 7; 6 x 8; 6 x 9; 6 x 10. In die Ausnehmung am linken Rand des Brettes schiebt man das Kärtchen mit der Zahl 6. Wenn nun das Kind 6 mit eins multipliziert, macht es zwei Dinge: es legt das rote Blättchen über die 1, die am oberen Rande des Brettes steht, und legt sechs Perlen in die Spalte unter der 1. Wenn es nun 6 x 2 rechnet, legt es das rote Blättchen über die 2 und legt noch einmal sechs Perlen hin, diesmal unter die 2; rechnet es dann 6 x 3, schiebt es das rote Blättchen über die 3 und legt sechs Perlen unter die 3 und so setzt es dann fort bis 6 x 10. Das Verschieben des roten Blättchens dient dazu, den Multiplikator immer neu anzuzeigen und erfordert vom Kind große Aufmerksamkeit und Genauigkeit in der Ausführung seiner Arbeit. Während das Kind nun diese Rechenoperationen ausführt, schreibt es die Multiplikationen auf. Hierfür gibt es spezielle Blätter, die das Kind an die rechte Seite des Materials dazu legen kann. Es gibt zehn verschiedene solcher Blätter.

Das folgende Blatt zeigt ein Beispiel für die Multiplikation mit 3. Das Kind braucht dann nur mehr die Ergebnisse der Multiplikationen hinzufügen, sobald es jeweils drei Perlen dazu gelegt hat. Wenn es sich nicht irrt, schreibt es folgende Ergebnisse auf: 3, 6, 9, 12, 15, 18, 21, 24, 27, 30. Analog dazu macht es dann dasselbe mit allen Zahlen von 1 bis 10. Nachdem es 10 Kopien jedes Blattes gibt, kann es dieselbe Übung zehn Mal wiederholen.

MULTIPLIKATIONSTABELLE VON 3

mit dem Multiplikator von 1 bis 10

```
3 ·  1 = ............
3 ·  2 = ............
3 ·  3 = ............
3 ·  4 = ............
3 ·  5 = ............
3 ·  6 = ............
3 ·  7 = ............
3 ·  8 = ............
3 ·  9 = ............
3 · 10 = ............
```

So lernt das Kind schön langsam die einzelnen Multiplikationen auswendig und wir werden sehen, dass es noch auf andere Weise auswendig lernen kann. Zum Beispiel ein Kind, das auf und ab spaziert, in der Hand ein Multiplikationsblatt haltend, das es von Zeit zu Zeit anschaut. Es ist ein Blatt, das es selber ausgefüllt hat, vielleicht lernt es gerade: sieben mal sechs, zweiundvierzig; sieben mal sieben, neunundvierzig; sieben mal acht, sechsundfünfzig ...

Das kleine Multiplikationsbrett ist ein Material, mit dem mit großer Leidenschaft gearbeitet wird: die Kinder füllen sechs oder sieben Blätter aus, eines nach dem anderen und bleiben Tage oder Wochen bei dieser Übung. Fast alle wollen es mit nach Hause nehmen. Nachdem das Material das erste Mal vorgestellt wurde, rief es eine sogenannte Revolution hervor, alle wollten es mitnehmen. Nachdem das nicht erlaubt wurde, drängten die Kinder ihre Mütter dazu, es ihnen zu kaufen. Es gehörte sehr viel Überzeugungskraft dazu ihnen klarzumachen, dass es diese Dinge nicht im Handel gab. Aber die Kinder gaben nicht auf: ein schon größeres Mädchen machte sich zur Rädelsführerin: „Die Frau Dottoressa will ein Experiment mit uns machen; also gut, sagen wir ihr, dass wir nicht mehr zur Schule kommen, wenn sie uns das Multiplikationsmaterial nicht gibt". Diese Drohung war nicht gerade liebenswürdig, aber sie lenkte die Aufmerksamkeit auf die Tatsache, dass das kleine Multiplikationsbrett zur Verführung, zur Versuchung wurde, die aus Lämmern Wölfe macht.

Nachdem die Kinder ganze Blattserien mit Hilfe des Materials ausgefüllt hatten, wurde ihnen eine Kontrolltabelle präsentiert, damit sie ihre Arbeiten leicht überprüfen konnten. Tabelle für Tabelle, Zahl für Zahl, überprüften sie jedes Ergebnis. Nach vollständiger Überprüfung besitzen sie dann eine fehlerfreie Serie.

MULTIPLIKATIONSTABELLEN

der Multiplikanden von 1 bis 10

1 · 1 = 1	2 · 1 = 2	3 · 1 = 3	4 · 1 = 4	5 · 1 = 5
1 · 2 = 2	2 · 2 = 4	3 · 2 = 6	4 · 2 = 8	5 · 2 = 10
1 · 3 = 3	2 · 3 = 6	3 · 3 = 9	4 · 3 = 12	5 · 3 = 15
1 · 4 = 4	2 · 4 = 8	3 · 4 = 12	4 · 4 = 16	5 · 4 = 20
1 · 5 = 5	2 · 5 = 10	3 · 5 = 15	4 · 5 = 20	5 · 5 = 25
1 · 6 = 6	2 · 6 = 12	3 · 6 = 18	4 · 6 = 24	5 · 6 = 30
1 · 7 = 7	2 · 7 = 14	3 · 7 = 21	4 · 7 = 28	5 · 7 = 35
1 · 8 = 8	2 · 8 = 16	3 · 8 = 24	4 · 8 = 32	5 · 8 = 40
1 · 9 = 9	2 · 9 = 18	3 · 9 = 27	4 · 9 = 36	5 · 9 = 45
1 · 10 = **10**	2 · 10 = **20**	3 · 10 = **30**	4 · 10 = **40**	5 · 10 = **50**

6 · 1 = 6	7 · 1 = 7	8 · 1 = 8	9 · 1 = 9	10 · 1 = 10
6 · 2 = 12	7 · 2 = 14	8 · 2 = 16	9 · 2 = 18	10 · 2 = 20
6 · 3 = 18	7 · 3 = 21	8 · 3 = 24	9 · 3 = 27	10 · 3 = 30
6 · 4 = 24	7 · 4 = 28	8 · 4 = 32	9 · 4 = 36	10 · 4 = 40
6 · 5 = 30	7 · 5 = 35	8 · 5 = 40	9 · 5 = 45	10 · 5 = 50
6 · 6 = 36	7 · 6 = 42	8 · 6 = 48	9 · 6 = 54	10 · 6 = 60
6 · 7 = 42	7 · 7 = 49	8 · 7 = 56	9 · 7 = 63	10 · 7 = 70
6 · 8 = 48	7 · 8 = 56	8 · 8 = 64	9 · 8 = 72	10 · 8 = 80
6 · 9 = 54	7 · 9 = 63	8 · 9 = 72	9 · 9 = 81	10 · 9 = 90
6 · 10 = **60**	7 · 10 = **70**	8 · 10 = **80**	9 · 10 = **90**	10 · 10 = **100**

Die Kinder füllen nun eine Tabelle wie folgt aus: unter die 2 die Kolonne von 2, unter die 3 jene der 3, unter die 4 jene der 4 usw.

Das Pythagorasbrett (leer)

1	2	3	4	5	6	7	8	9	10
2									
3									
4									
5									
6									
7									
8									
9									
10									

So erhalten sie nun eine Tabelle, die der Kontrolltabelle gleicht. Es ist eine Zusammenfassung der Multiplikationstabellen - das Pythagorasbrett.

Das Pythagorasbrett (ausgefüllt)

1	2	3	4	5	6	7	8	9	10
2	4	6	8	10	12	14	16	18	20
3	6	9	12	15	18	21	24	27	30
4	8	12	16	20	24	28	32	36	40
5	10	15	20	25	30	35	40	45	50
6	12	18	24	30	36	42	48	54	60
7	14	21	28	35	42	49	56	63	70
8	16	24	32	40	48	56	64	72	80
9	18	27	36	45	54	63	72	81	90
10	20	30	40	50	60	70	80	90	100

Das Kind besitzt nun das Pythagorasbrett als Gesamtresultat der einzelnen Arbeiten. Es wird dann ein Leichtes sein, das Kind zu lehren, es als Multiplikationstafel zu lesen: es weiß schon alles auswendig. Es wird nun alle leeren Felder ausfüllen können; die einzige Schwierigkeit, die ihm bleibt, ist zu erkennen, in welchem Feld der Multiplikand und in welchem der Multiplikator steht.

Es gibt zehn leere Blätter für das Pythagorasbrett, hat das Kind alle ausgefüllt - natürlich frei in der Wahl der Zeit und Wiederholung - ist es sicher, das Pythagorasbrett gelernt zu haben.

III. Division

MATERIAL: Das selbe Material kann für die Division verwendet werden, nur die dazugehörigen Arbeitsblätter sind anders.

Man nimmt eine beliebige Anzahl von Perlen aus der Schachtel und zählt diese. Nehmen wir an, dass es 27 Perlen sind: diese Zahl schreibt man nun auf den leeren Platz links auf der Divisionstabelle.

	Division	Rest
: 1 =	....	....
: 2 =	....	....
: 3 =	....	....
: 4 =	....	....
: 5 =	....	....
27 : 6 =	....	....
: 7 =	....	....
: 8 =	.....3.....	.....3.....
: 9 =	.....3.....	....
:10 =	.....2.....	.....7.....

Dann beginnt man mit der Rechnung auf dem Brett.

Zuerst wollen wir 27 durch 10 dividieren: in die Spalte unter dem Einser legen wir nun zehn Perlen in die Vertiefungen; dann die nächsten zehn unter den Zweier; um unter den Dreier zehn zu legen haben wir nicht genügend Perlen. Daher schreiben wir in die letzte Reihe des Blattes demnach = 2 und für die Anzahl der übriggebliebenen Perlen 7 in die dafür vorgesehene Spalte.

Dividieren wir nun durch neun. Unter den Einser kommt nun eine Reihe von 9 Perlen; dann noch eine weitere unter den Zweier und schließlich noch eine unter den Dreier. Es bleibt keine Perle übrig. Nun schreibt man in der Höhe der Neun demnach = 3. Wenn man nun durch acht dividiert, gibt man acht Perlen unter den Einser, dann zwei weitere Achterreihen unter die 2 und die 3; für die vierte Reihe bleiben nur 3 Perlen übrig, diese sind der Rest. Und so weiter ... (Tafel 20).

Es gibt für die Division ein Päckchen von hundert Formblättern, diese sind in einer dunkelgrünen Hülle zusammengefasst und mit einem Seidenband zusammengebunden.

Die Blätter für das kleine Multiplikationsbrett, die dazugehörigen Kontrollblätter und das Pythagorasbrett sind in einem Pergamentkuvert, gebunden mit einem Lederband.

DIVISION	REST
: 1 = ...	....
: 2 = ...	....
: 3 = ...	....
: 4 = ...	....
: 5 = ...	....
: 6 = ...	....
: 7 = ...	....
: 8 = ...	....
: 9 = ...	....
:10 = ...	....

IV. Mehrstellige Rechenoperationen

Das Kind ist jetzt für mehrstellige Rechenoperationen „bereit": es verfügt über dazu notwendige Materialien und auch sein Geist ist dafür vorbereitet. Für die ersten drei Rechenoperationen: Addition, Subtraktion, Multiplikation, ist das dazu benötigte Material der Rechenrahmen; für die Division wird ein komplizierteres Material benötigt, welches dann extra beschrieben wird.

Addition

Die mehrstellige Addition ist mit dem Rechenrahmen sehr einfach und daher attraktiv. Ein Beispiel dafür sei die folgende Addition:

$$\begin{array}{r} 1320 \\ +435 \\ \hline = \end{array}$$

Zuerst stellt man die erste Zahl am Rechenrahmen dar, das heißt in der Tausenderreihe schiebt man 1 Perle nach links, in jener der Hunderter 3 und 2 in der Reihe der Zehner; dann gibt man die Perlen der zweiten Zahl dazu: das sind also 4 in der Hunderterreihe, 3 in der Zehner- und 5 in der Einerreihe. Danach braucht man nur die jetzt dargestellte Zahl abschreiben, das heißt: 1755.

Wenn es sich dabei um eine Rechnung mit Zehnerüberschreitung handelt, löst man die Sache einfach so: wenn nun die Anzahl 10 erreicht wird, schiebt man die ganze Reihe von Perlen wieder nach rechts zurück und in der darunter stehenden Reihe schiebt man nun eine Perle nach links. Dann setzt man mit der Rechnung fort. So addiert man zum Beispiel folgende Zahlen:

$$\begin{array}{r} 390 \\ +482 \\ \hline = \end{array}$$

Man stellt zuerst die Zahl 390 dar, das heißt 3 Perlen werden in der Hunderterreihe und 9 in der Zehnerreihe nach links verschoben oder man beginnt mit den Einern: das heißt man verschiebt zuerst die Zehner und dann die Hunderter, immer von rechts nach links. Bei der zweiten Zahl beginnt man nun mit den 4 Hundertern und setzt mit den 8 Zehnern fort. Sobald man nun einen Zehner verschiebt, ist die Zehnerreihe komplett: man schiebt sie zurück, verschiebt eine Perle der unteren Reihe; dann schiebt man bei den Zehnerperlen weiter, da eine schon verschoben ist, bleiben noch sieben. Man könnte auch bei den Einern beginnen, anstatt bei den Hundertern, in diesem Fall würde in der Hunderterreihe zuerst der eine Hunderter an Stelle der zehn Zehner kommen und dann die vier Hunderter, die man dazu zählen muss. Ist man nun fertig mit der Rechnung, schreibt man die dargestellte Zahl ab: 872.

Mit dem großen Rechenrahmen kann man noch komplexere Additionen ausführen.

SUBTRAKTION

Der Rechenrahmen eignet sich ebenso für die Subtraktion. Ein Beispiel dafür sei die folgende Rechnung:

$$\begin{array}{r} 8947 \\ - 6735 \\ \hline = \end{array}$$

Zunächst wird wieder die erste Zahl dargestellt; dann nimmt man die entsprechende Anzahl der Perlen der zweiten Zahl weg. Die übrig gebliebenen Perlen stellen die Differenz dar, die man dann aufschreiben kann: 2212.

Wenn es sich um Rechnungen mit Zehnerüberschreitung handelt, geht man nun so vor: wenn es links keine Perlen mehr zum Wegnehmen gibt, ersetzt man 10 Perlen der einen Reihe durch eine Perle der unteren Reihe; dann setzt man mit dem Verschieben der Perlen fort.

Zum Beispiel folgende Subtraktion:

$$\begin{array}{r} 8954 \\ - 7593 \\ \hline = \end{array}$$

Zuerst wird die erste Zahl dargestellt, dann nimmt man drei Einer weg. Man beginnt nun die Zehner wegzunehmen, bei fünf angelangt ist die Reihe leer. Es sind aber noch vier Zehner wegzunehmen. Nun nimmt man von der Hunderterreihe eine Perle weg und schiebt die zehn Zehner wieder nach links, von denen man vier wegnimmt, damit hat man nun insgesamt neun weggenommen. In der Hunderterreihe sind acht Perlen geblieben, von denen man nun fünf wegnimmt, etc. Schließlich bleibt die Differenz 1361. Man versteht nun, wie die Technik des Ersetzens vertraut und klar wird.

Multiplikation

Erklärt sich das Kind zur mehrstelligen Rechenoperation bereit, kann es das Pythagorasbrett schon auswendig und unterscheidet auch gut die Einer von den Zehnern, Hundertern usw., und auch die Beziehungen untereinander sind ihm vertraut. Es kennt die Ziffern gut und die Werte, die sie vertreten, bis zur Million. Dass man eine größere Einheit in zehn der niedrigeren umtauschen kann, ist für das Kind nun eine vertraute Tatsache.

Damit das Kind sich erfolgreich mit dieser neuen, schwierigen Rechenoperation beschäftigt, würde daher genügen dem Kind zu sagen, dass jede Ziffer des Multiplikators nun extra mit allen Ziffern des Multiplikanden multipliziert werden muss und die einzelnen Produkte untereinander geschrieben und addiert werden.

Die analytischen Prozesse sind sehr wichtig, um langfristig in der Aufmerksamkeit des Kindes zu bleiben und haben auch einen großen Bildungswert. Sie sind es, die das Kind zur inneren Reife führen, die erlaubt, die Kenntnisse zu vertiefen und von der die spontanen Verknüpfungen und Abstraktionen ausgehen. Deshalb gewöhnen sich die Kinder daran, mit immer mehr Übung, die Multiplikation in der Zerlegung ihrer einzelnen Faktoren aufzuschreiben: so brauchen sie dann nur mehr die Multiplikationen ausführen, die sie mit Hilfe des kleinen Multiplikationsbrettes gelernt haben.

Nun ein Beispiel für eine Multiplikation mit drei Ziffern, sowohl im Multiplikator als auch im Multiplikanden: 356 x 742.

742 =   2 Einer
        4 Zehner
        7 Hunderter

356 =   6 Einer
        5 Zehner
        3 Hunderter

Jede der ersten Ziffern wird nun mit den dreien der anderen Zahl auf folgende Weise multipliziert:

6 E. x 2 E. = 12 Einer
5 Z. x 2 E. = 10 Zehner
3 H. x 2 E. = 6 Hunderter

6 E. x 4 Z. = 24 Zehner
5 Z. x 4 Z. = 20 Hunderter
3 H. x 4 Z. = 12 Tausender

6 E. x 7 H. = 42 Hunderter
5 Z. x 7 H. = 35 Tausender
3 H. x 7 H. = 21 Zehntausender

Ist diese Zerlegung nun aufgeschrieben, beginnt die Arbeit auf dem Rechenrahmen, wo das Kind nun die Rechenvorgänge auf folgende Art ausführt: 2 x 6 Einer heißt 10 Perlen der ersten Reihe verschieben, diese 10 genügen nicht. Also schiebt man diese Perlen zurück und gibt eine Perle der darunter befindlichen Zehner nach links, während man dann auch noch zwei Einer verschiebt (12). Dann multipliziert man 2 x 5 Zehner. Es befindet sich schon eine Zehnerperle in der Zehnerreihe, zu der man dann noch zehn Zehner dazu geben muss: anstatt der zehn Zehner gibt man daher eine Hunderterperle nach links.

Die Perlen sind also so verteilt:

2
1
1

Man multipliziert nun 2 x 3 Hunderter und verschiebt sechs Perlen in der Hunderterreihe. Nach Beendigung der Multiplikation mit den Einern des Multiplikators haben die Perlen auf dem Rechenrahmen folgende Position:

2
1
7

Nun kommen wir zu den Zehnern des Multiplikators.
4 x 6 Zehner = 24. Das bedeutet, dass vier Zehner - und zwei Hunderterperlen verschoben werden:

2
5
9

4 x 5 Hunderter = 20 Hunderter, das bedeutet zwei Tausender:

2
5
9
2

4 x 3 Tausender = 12 Tausender: es werden nun zwei Tausender- und eine Zehntausenderperle verschoben:

2
5
9
4
1

Schließlich: 7 x 6 Hunderter sind 42 Hunderter, deshalb bewegt man 4 Tausender und zwei Hunderter: Hier befinden sich schon neun, es bleibt nur mehr eine, weil dafür ein Tausender verschoben wird:

2
5
1
9
1

Dann 7 x 5 Tausender, das sind 35 Tausender, das heißt fünf Tausender und 3 Zehntausender: es werden nun drei Perlen in der fünften und fünf in der vierten Reihe verschoben: da sich hier schon 9 befinden, bleiben also vier, denn zehn Hunderter bedeuten eine Perle in der fünften Reihe:

2
5
1
4
5

Es fehlen nun noch 7 x 3 Zehntausender, das sind 21 Zehntausender; man bewegt nun eine weitere Perle der fünften Reihe und zwei in der sechsten.
Am Ende der Durchführung sieht nun die Verteilung der Perlen auf dem Rechenrahmen so aus:

2 Perlen in der I. Reihe der Einer
5 Perlen in der II. Reihe der Zehner
1 Perlen in der III. Reihe der Hunderter
4 Perlen in der IV. Reihe der Tausender
6 Perlen in der V. Reihe der Zehntausender
2 Perlen in der VI. Reihe der Hunderttausender

Diese Verteilung bedeutet in Ziffern übersetzt folgende Zahl: 264.152, die man nun als Ergebnis neben die beiden Faktoren schreiben kann, ohne die Teilergebnisse:

356 x 742 = 264.152.

Während es sehr kompliziert ist, all dies zu beschreiben, bleibt die Übung auf dem Rechenrahmen ein einfaches und interessantes Arithmetikspiel.

Das Perlenspiel auf dem Rechenrahmen, das das Geheimnis des so überraschenden Ergebnisses enthält, ist nicht nur eine Übung, die die Beziehungen zwischen den Einheiten und Stellen klärt, sondern erklärt auch den Vorgang der abstrakten Operationen. In der schriftlichen Ausführung der Rechnung sieht das so aus:

$$\begin{array}{r} 356 \times 742 \\ \hline 712 \\ 1424 \\ \underline{2492} \\ 264152 \end{array}$$

Es sind dieselben Rechenvorgänge; nur dass man die einmal geschriebenen Ziffern nicht mehr verändern kann. Die Perlen hingegen kann man verschieben, da und dort werden zehn Einheiten gegen eine größere umgetauscht, wenn die zehn Perlen einer Reihe aus sind, das wird bei der Arbeit mit dem Rahmen zur Gewohnheit. Nachdem man das beim schriftlichen Rechnen nicht machen kann, müssen alle Zwischenergebnisse aufgeschrieben werden, untereinander je nach Stellenwert, um schließlich addiert zu werden.

Das ist eine viel längere Arbeit, weil auch das Ziffernschreiben ein komplizierterer Vorgang ist als das Verschieben einer Perle, die sehr leicht auf dem Metalldraht läuft. Und es ist auch eine viel weniger klare Arbeit als das Verschieben der Perlen, wenn man es gewohnt ist, mit dem Rechenrahmen zu arbeiten, wenn es keinen Zweifel über den Stellenwert gibt und es zur Routine geworden ist, eine Perle der unteren Reihe gegen zehn der oberen zu wechseln. Weiters ist es auch viel einfacher, neue Produkte hinzuzufügen ohne sich zu irren. Gehen wir also zur Rechnung zurück, als die Perlen so auf dem Rah-

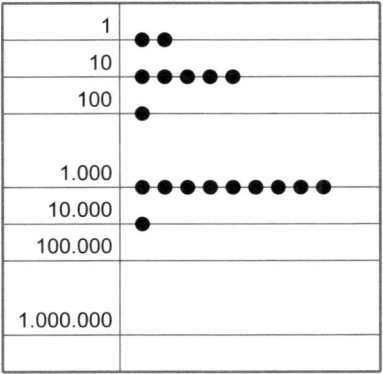

Abb. 1 - Die Verteilung der Perlen bestimmt die Zahl: 19.152

men waren, wie es in Abbildung 1 gezeigt ist.

2
5
1
9
1

Nun musste man 35 Tausender dazu geben, das heißt 5 Perlen zu den Tausendern und drei in der Reihe der Zehntausender. Die drei Perlen in der fünften Reihe kann man sofort nachrücken, das heißt die Zehntausender, ohne darauf Rücksicht zu nehmen, was in der oberen Reihe passieren wird, wenn man zu den neun fünf dazu geben muss. Was also da passiert, schreckt überhaupt nicht und es ist auch nicht notwendig, dass man zuerst in der oberen Reihe die Rechenoperation durchführt (Abbildung 2).

Wenn man also zu neun die fünf dazu gibt, bleiben in der 4. Reihe nur vier Perlen, weil die zehn von einer Perle in der unteren Reihe ersetzt werden, diese Perle kann aber auch erst dazugegeben werden, nachdem die anderen drei hinzugefügt wurden. Mit dem Rechenrahmen kann man eine Geschicklichkeit sowohl mit der Hand als auch mit dem Rechnen entwickeln, die es ermöglicht, die Multiplikationen schneller auszuführen: während das Kind, das die Rechenoperationen ausführt, beim ersten Teilergebnis der Multiplikation ist, kann jenes, das am Rechenrahmen arbeitet, das Endprodukt darstellen. Auch bei den Erwachsenen wäre ein Wettrechnen interessant, einer rechnet am Rahmen und der andere am Blatt Papier mit den herkömmlichen Methoden. Es ist auch interessant, dass man am Rechenrahmen die einzelnen Produkte nicht in einer strikten Reihenfolge ausführen muss. Es ist gleich, ob man die Perlen in Sprüngen oder in der Reihe bewegt: man kann zuerst die Zehntausender, dann die Hunderter, die Einer, schließlich die Tausender usw. bewegen. Solche Übungen, die eine tiefe Kompetenz vermitteln, wären mit der abstrakten Ausführung nicht möglich. Es liegt auf der Hand, dass solche Übungen zum angenehmen Spiel werden können.

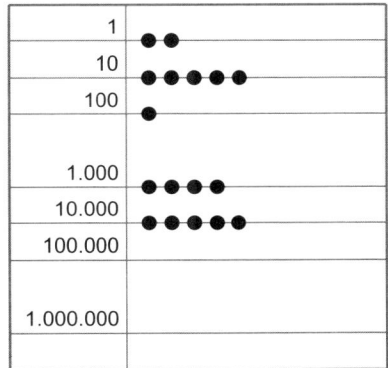

Abb. 2 - Die Verteilung der Perlen bestimmt die Zahl 54.152, das heißt, es wurden 35 Tausender zur Zahl 19.152 dazugegeben.

ANORDNUNG DER MULTIPLIKATION AUF DEM PAPIER

Zum Beispiel die Multiplikation: 8640 x 2531. Die Ziffern des Multiplikanden schreiben wir eine unter die andere, auf die entsprechenden Plätze der Stellenwerte: man weiß, dass die leeren Plätze mit Nullen auszufüllen sind. Wir wiederholen nun den Multiplikanden so oft, wie es der Multiplikator angibt; aber anstatt daneben die Worte Einer, Zehner, usw. zu schreiben, zeigen wir die richtigen Plätze mit den Nullen an. Das Kind muss schon von den Übungen auf den Blättern wissen, dass die Null einen Stellenwert besetzt und dass jede Multiplikation mit zehn eine Stellenwertverrückung bedeutet. Die Nullen der Ziffern des Multiplikators verursachen die entsprechenden Verrückungen. Die Abbildung zeigt in einfacher Weise das, was in Worten nicht einfach zu erklären ist (Abbildung 3).

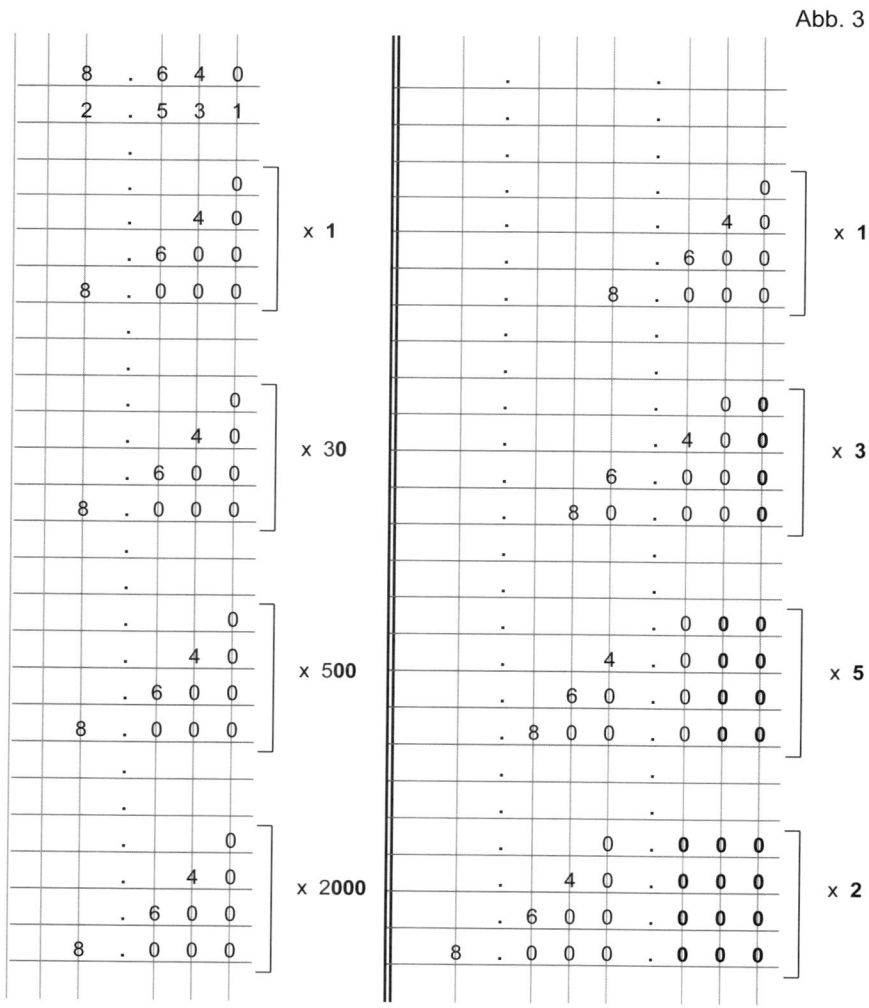

Abb. 3

Und nun zur allgemeinen Vorgangsweise bei der Multiplikation - ein siebenjähriges Kind kann nach den genannten Übungen schon leicht dazu gelangen, wobei die Anzahl der Ziffern dabei irrelevant ist. Im Gegenteil, es gefällt dem Kind besser mit großen Zahlen zu arbeiten, wie untenstehendes Beispiel zeigt. Es ist eine der unermüdlichen Übungen der Kinder, die von sich aus Multiplikand und Multiplikator auswählen (die Lehrerin würde nie an so hohe Zahlen denken!), sie führen dann die Rechenoperation ohne Zerlegung in Faktoren und ohne Rechenrahmen aus: genau so wie wir es machen würden.

```
      22364253 x 345234611
         22364253
         22364253
        134185518
         89457012
         67092759
         44728506
        111821265
         89457012
         67092759
      7720914184760583
```

MEHRSTELLIGE DIVISION

Es ist auch möglich, eine Division mit mehreren Stellen im Divisor mit dem Perlenmaterial durchzuführen: das kann zum „arithmetischen Hobby" für ein Kind werden, vor allem zu Hause. Die *abstrakte Rechenoperation,* die sonst einfach zur *Routine* wird, wird durch das Erleben und Begreifen überlagert. Dieser „Zeitvertreib" bereitet auch auf das kompliziertere Rechnen vor, das die Kinder in den höheren Schulen erwartet.

Das dazu benötigte Material ist dann nicht mehr der Rechenrahmen, sondern das Brett, das auch für die einfachen Multiplikationen und Divisionen diente. Man braucht nun mehrere solcher Bretter und eine entsprechende Menge Perlen. Die Arbeit ist zu kompliziert, um sie mit einfachen Worten zu beschreiben: Sie ist aber sehr einfach und interessant in der praktischen Ausführung.

Hier genügt es, die Arbeit kurz zu skizzieren. Die Einer, Zehner, Hunderter, usw. haben verschiedene Farben: Einer grün, Zehner Blau, Hunderter rot. Die Behälter haben außen verschiedene Farben; weiß für die Einer, Zehner, Hunderter, grau für die Tausender und schwarz für die Million. Für jede Einheit gibt es dann zehn Röhrchen mit je zehn Perlen.

Nehmen wir an, 87.632 ist durch 64 zu dividieren. Man richtet nun fünf Behälter, zwei graue und drei weiße mit folgendem Inhalt her (von links nach rechts): in die erste Schüssel gibt man 8 blaue Perlen, in die zweite 7 grüne, in die dritte 6 rote, in die vierte 3 blaue und in die fünfte 2 grüne. Hinter jeder Schüssel stehen die Kästchen mit den Röhrchen - mit jeweils 10 Perlen der entsprechenden Farbe - die zum Umtauschen notwendig sind.

Davor liegen zwei quadratische Bretter, auf dem einen stehen 6 blaue Kegel und auf dem anderen 4 grüne (Tafel 21a). Wenn man nun 87.632 durch 64 dividiert, stellt man die ersten zwei Schüsseln von links vor die zwei Bretter. Auf dem ersten Brett verteilt man die 8 Perlen auf die 6 Kegel und die 7 Perlen auf die 4 Kegel. Der Rest bleibt übrig, das heißt in der ersten Schüssel bleiben 2 Perlen übrig und in der zweiten 3, der Quotient in diesem Fall ist 1 (Tafel 21b).

Nun verschiebt man die Schüsseln um einen Platz nach links: die erste Schüssel ist also aus dem Rennen und ihr Platz wird von der zweiten eingenommen; die zwei übriggebliebenen blauen Perlen müssen in 20 grüne umgetauscht werden, das heißt in der Schüssel befinden sich dann 23 grüne Perlen, die vor dem Zehnerbrett stehen. Vor dem Einerbrett steht dann die Schüssel mit den 6 roten Perlen.

Nach dem Abräumen der Bretter werden die 23 grünen Perlen auf die 6 Zehnerkegel und die 6 roten Perlen auf die 4 Einerkegel aufgeteilt. Werden alle 23 Perlen auf die 6 Kegel aufgeteilt, ergibt das einen Quotienten von 3, bei den 6 roten Perlen auf die 4 Kegel ergibt das einen Quotienten von 1. Das heißt, es muss umgetauscht werden (Tafel 21c). Die übriggebliebenen grünen Perlen werden je nach Bedarf in je 10 rote Perlen umgetauscht und verteilt, bis sich ein gleicher Quotient ergibt. Es wird eine grüne in 10 rote getauscht und aufgeteilt, das ergibt dann auch einen Quotienten von 3 beim Einerkegel. Somit bleiben als Rest in jeder Schüssel 4 Perlen übrig (Tafel 21d). Man setzt nun die Rechnung auf diese Art fort, bis alle Schüsseln aufgebraucht sind. Was am Schluss übrigbleibt, ist der Rest der Division (Tafeln 21e-g).

Diese Übung erfordert viel Geduld und Genauigkeit; sie interessiert aber die Kinder sehr und könnte ein hervorragendes „Solitär" für die Kinder sein, an den Abenden, die sie zu Hause verbringen. Es ist überhaupt keine intellektuelle Anstrengung, aber viel Bewegung und viel intensive Aufmerksamkeit. Die Quotienten und Reste kann man auf einem Blatt Papier notieren, wenn die Rechenoperation vollendet ist, und können so von der Lehrerin überprüft werden.

Hat das Kind viele solcher Übungen gemacht, will es den mechanischen Prozess abkürzen und schon das Ergebnis ohne Umtauschen der Perlen und voll Auslegen der Bretter bestimmen. Wenn das Kind so weit ist, kann es zu schwierigeren Divisionen übergehen, ohne vorhergehende große Anstrengungen, ohne ermüdende Belehrungen und erniedrigende Korrekturen. Es wird nicht nur dabei gelernt haben, Divisionen auszuführen, sondern auch ihren Mechanismus verstanden haben; es wird den Grund jedes einzelnen Vorganges wissen, was nicht einmal Sekundarschüler wissen werden, wenn sie die nach den herkömmlichen didaktischen Methoden eingeimpfte Rechenoperation ausführen, ohne sie je verstanden zu haben.

V. Übungen zu den Zahlen

Vielfache, Primzahlen, Teilbarkeit der Zahlen

Wenn das Kind mit Hilfe des Materials die fundamentalen Ideen der vier Grundrechenarten begriffen und verstanden hat, und schon dazu übergegangen ist, sie abstrakt auszuführen, kann es weitere Übungen zu den Zahlen machen, die eine tiefere Beschäftigung mit ihnen erfordern und ihm den Weg zu komplexeren Zusammenhängen öffnen, die das Kind in den weiterführenden Schulen erwarten.

Diese Studien sind eine gute Gelegenheit, um schon bekannte Dinge zu wiederholen und zu erweitern: sie können zum Zeitvertreib werden, um Ideen und Erkenntnisse reifen zu lassen, in der Schule oder auch zu Hause.

Eine erste Übung ist die Fortsetzung der Multiplikationen von 1 bis 10, die mit dem kleinen Multiplikationsbrett begonnen wurden, indem nun die Multiplikationen ohne Hilfe des Materials ausgeführt werden. Die Multiplikation ist beendet, wenn die Zahl Hundert erreicht ist. Damit man die Multiplikationen der Reihe nach in einer Kolonne machen kann, werden sie zuerst bis 50 und dann von 51 bis 100 ausgeführt. Es ergeben sich dabei folgende Tabellen, die dem Kind zur Beratung und zum Vergleich dienen (Tabellen H, I).

Wenn man die Produkte der Zahlen, eines unter dem anderen liest, und sie auswendig lernt, ist somit auch die wachsende Zahl der Vielfachen der Zahlen von 1 bis 100 wie ein Stempel eingeprägt. Eine interessante Übung ergibt sich mit diesen Tabellen. Neben den Zahlen von 1 bis 100 werden alle möglichen Produkte zu diesen Zahlen geschrieben. Beispiel:

$6 = 2 \cdot 3 = 3 \cdot 2$; $18 = 2 \cdot 9 = 3 \cdot 6 = 6 \cdot 3 = 9 \cdot 2$. Einige Zeilen bleiben komplett leer. Das ist eine erste Präsentation der Primzahlen. Hier die komplette Tabelle (J, K).

Tabelle H

2 · 1 = **2**	3 · 1 = **3**	4 · 1 = **4**	5 · 1 = **5**	6 · 1 = **6**
2 · 2 = **4**	3 · 2 = **6**	4 · 2 = **8**	5 · 2 = **10**	6 · 2 = **12**
2 · 3 = **6**	3 · 3 = **9**	4 · 3 = **12**	5 · 3 = **15**	6 · 3 = **18**
2 · 4 = **8**	3 · 4 = **12**	4 · 4 = **16**	5 · 4 = **20**	6 · 4 = **24**
2 · 5 = **10**	3 · 5 = **15**	4 · 5 = **20**	5 · 5 = **25**	6 · 5 = **30**
2 · 6 = **12**	3 · 6 = **18**	4 · 6 = **24**	5 · 6 = **30**	6 · 6 = **36**
2 · 7 = **14**	3 · 7 = **21**	4 · 7 = **28**	5 · 7 = **35**	6 · 7 = **42**
2 · 8 = **16**	3 · 8 = **24**	4 · 8 = **32**	5 · 8 = **40**	6 · 8 = **48**
2 · 9 = **18**	3 · 9 = **27**	4 · 9 = **36**	5 · 9 = **45**	
2 · 10 = **20**	3 · 10 = **30**	4 · 10 = **40**	5 · 10 = **50**	
2 · 11 = **22**	3 · 11 = **33**	4 · 11 = **44**		
2 · 12 = **24**	3 · 12 = **36**	4 · 12 = **48**		
2 · 13 = **26**	3 · 13 = **39**			
2 · 14 = **28**	3 · 14 = **42**			
2 · 15 = **30**	3 · 15 = **45**			
2 · 16 = **32**	3 · 16 = **48**			
2 · 17 = **34**				
2 · 18 = **36**				
2 · 19 = **38**				
2 · 20 = **40**				
2 · 21 = **42**				
2 · 22 = **44**				
2 · 23 = **46**				
2 · 24 = **48**				
2 · 25 = **50**				

ARITHMETIK

7 ·	1	=	**7**	8 ·	1	=	**8**	9 ·	1	=	**9**
7 ·	2	=	**14**	8 ·	2	=	**16**	9 ·	2	=	**18**
7 ·	3	=	**21**	8 ·	3	=	**24**	9 ·	3	=	**27**
7 ·	4	=	**28**	8 ·	4	=	**32**	9 ·	4	=	**36**
7 ·	5	=	**35**	8 ·	5	=	**40**	9 ·	5	=	**45**
7 ·	6	=	**42**	8 ·	6	=	**48**				
7 ·	7	=	**49**								

10 ·	1	=	**10**
10 ·	2	=	**20**
10 ·	3	=	**30**
10 ·	4	=	**40**
10 ·	5	=	**50**

ARITHMETIK

Tabelle I

2 · 26 = **52**	3 · 17 = **51**	4 · 13 = **52**	5 · 11 = **55**	6 · 9 = **54**
2 · 27 = **54**	3 · 18 = **54**	4 · 14 = **56**	5 · 12 = **60**	6 · 10 = **60**
2 · 28 = **56**	3 · 19 = **57**	4 · 15 = **60**	5 · 13 = **65**	6 · 11 = **66**
2 · 29 = **58**	3 · 20 = **60**	4 · 16 = **64**	5 · 14 = **70**	6 · 12 = **72**
2 · 30 = **60**	3 · 21 = **63**	4 · 17 = **68**	5 · 15 = **75**	6 · 13 = **78**
2 · 31 = **62**	3 · 22 = **66**	4 · 18 = **72**	5 · 16 = **80**	6 · 14 = **84**
2 · 32 = **64**	3 · 23 = **69**	4 · 19 = **76**	5 · 17 = **85**	6 · 15 = **90**
2 · 33 = **66**	3 · 24 = **72**	4 · 20 = **80**	5 · 18 = **90**	6 · 16 = **96**
2 · 34 = **68**	3 · 25 = **75**	4 · 21 = **84**	5 · 19 = **95**	
2 · 35 = **70**	3 · 26 = **78**	4 · 22 = **88**	5 · 20 =**100**	
2 · 36 = **72**	3 · 27 = **81**	4 · 23 = **92**		
2 · 37 = **74**	3 · 28 = **84**	4 · 24 = **96**		
2 · 38 = **76**	3 · 29 = **87**	4 · 25 =**100**		
2 · 39 = **78**	3 · 30 = **90**			
2 · 40 = **80**	3 · 31 = **93**			
2 · 41 = **82**	3 · 32 = **96**			
2 · 42 = **84**	3 · 33 = **99**			
2 · 43 = **86**				
2 · 44 = **88**				
2 · 45 = **90**				
2 · 46 = **92**				
2 · 47 = **94**				
2 · 48 = **96**				
2 · 49 = **98**				
2 · 50 =**100**				

Arithmetik

7 · 8 = **56**	8 · 7 = **56**	9 · 6 = **54**	10 · 6 = **60**
7 · 9 = **63**	8 · 8 = **64**	9 · 7 = **63**	10 · 7 = **70**
7 · 10 = **70**	8 · 9 = **72**	9 · 8 = **72**	10 · 8 = **80**
7 · 11 = **77**	8 · 10 = **80**	9 · 9 = **81**	10 · 9 = **90**
7 · 12 = **84**	8 · 11 = **88**	9 · 10 = **90**	10 · 10 =**100**
7 · 13 = **91**	8 · 12 = **96**	9 · 11 = **99**	
7 · 14 = **98**			

ARITHMETIK

Tabelle J

1	51
2	52
3	53
4	54
5	55
6	56
7	57
8	58
9	59
10	60
11	61
12	62
13	63
14	64
15	65
16	66
17	67
18	68
19	69
20	70
21	71
22	72
23	73
24	74
25	75
26	76
27	77
28	78
29	79
30	80
31	81
32	82
33	83
34	84
35	85
36	86
37	87
38	88
39	89
40	90
41	91
42	92
43	93
44	94
45	95
46	96
47	97
48	98
49	99
50	100

Tabelle K

1	51 = 3 · 17
2	52 = 2 · 26 = 4 · 13
3	53
4 = 2 · 2	54 = 2 · 27 = 3 · 18 = 6 · 9 = 9 · 6
5	55 = 5 · 11
6 = 2 · 3 = 3 · 2	56 = 2 · 28 = 4 · 14 = 7 · 8 = 8 · 7
7	57 = 3 · 19
8 = 2 · 4 = 4 · 2	58 = 2 · 29
9 = 3 · 3	59
10 = 2 · 5 = 5 · 2	60 = 2·30 = 3·20 = 4·15 = 5·12 = 6·10
11	61
12 = 2 · 6 = 3 · 4 = 4 · 3 = 6 · 2	62 = 2 · 31
13	63 = 3 · 21 = 7 · 9 = 9 · 7
14 = 2 · 7 = 7 · 2	64 = 2 · 32 = 4 · 16 = 8 · 8
15 = 3 · 5 = 5 · 3	65 = 5 · 13
16 = 2 · 8 = 4 · 4 = 8 · 2	66 = 2 · 33 = 3 · 22 = 6 · 11
17	67
18 = 2 · 9 = 3 · 6 = 6 · 3 = 9 · 2	68 = 2 · 34 = 4 · 17
19	69 = 3 · 23
20 = 2 · 10 = 4 · 5 = 5 · 4 = 10 · 2	70 = 2 · 35 = 5 · 14 = 7 · 10 = 10 · 7
21 = 3 · 7 = 7 · 3	71
22 = 2 · 11	72 = 2·36 = 3·24 = 4·18 = 6·12 = 8·9 = 9·8
23	73
24 = 2 · 12 = 3 · 8 = 4 · 6 = 6 · 4 = 8 · 3	74 = 2 · 37
25 = 5 · 5	75 = 3 · 25 = 5 · 15
26 = 2 · 13	76 = 2 · 38 = 4 · 19
27 = 3 · 9 = 9 · 3	77 = 7 · 11
28 = 2 · 14 = 4 · 7 = 7 · 4	78 = 2 · 39 = 3 · 26 = 6 · 13
29	79
30 = 2 · 15 = 3 · 10 = 5 · 6 = 6 · 5 = 10 · 3	80 = 2·40 = 4·20 = 5·16 = 8·10 = 10·8
31	81 = 3 · 27 = 9 · 9
32 = 2 · 16 = 4 · 8 = 8 · 4	82 = 2 · 41
33 = 3 · 11	83
34 = 2 · 17	84 = 2 · 42 = 3 · 28 = 4 · 21 = 6 · 14 = 7 · 12
35 = 5 · 7 = 7 · 5	85 = 5 · 17
36 = 2 · 18 = 3 · 12 = 4 · 9 = 6 · 6 = 9 · 4	86 = 2 · 43
37	87 = 3 · 29
38 = 2 · 19	88 = 2 · 44 = 4 · 22 = 8 · 11
39 = 3 · 13	89
40 = 2 · 20 = 4 · 10 = 5 · 8 = 8 · 5 = 10 · 4	90 = 2·45 = 3·30 = 5·18 = 6·15 = 9·10 = 10·9
41	91 = 7 · 13
42 = 2 · 21 = 3 · 14 = 6 · 7 = 7 · 6	92 = 2 · 46 = 4 · 23
43	93 = 3 · 31
44 = 2 · 22 = 4 · 11	94 = 2 · 47
45 = 3 · 15 = 5 · 9 = 9 · 5	95 = 5 · 19
46 = 2 · 23	96 = 2 · 48 = 3 · 32 = 4 · 24 = 6 · 16 = 8 · 12
47	97
48 = 2 · 24 = 3 · 16 = 4 · 12 = 6 · 8 = 8 · 6	98 = 2 · 49 = 7 · 14
49 = 7 · 7	99 = 3 · 33 = 9 · 11
50 = 2 · 25 = 5 · 10 = 10 · 5	100 = 2 · 50 = 4 · 25 = 5 · 20 = 10 · 10

ARITHMETIK

Danach kann man zu einigen Übungen mit den Perlen übergehen. Die Kinder reflektieren nun mit dem Material ihre Erkenntnisse. Zum Beispiel 6 = 2 · 3 = 3 · 2. Das Kind wird nun sechs Perlen nehmen und zunächst zwei Dreiergruppen machen, danach drei Zweiergruppen.

So kann es das für jede Zahl machen, je nach Belieben:

$$18 = 2 \cdot 9 =$$
$$= 9 \cdot 2 =$$
$$= 6 \cdot 3 =$$
$$= 3 \cdot 6 =$$

Das Kind wird immer andere Kombinationen finden können; so wird es auch versuchen, nur in Primzahlgruppen aufzuteilen. Dieses angenehme und intelligente Spiel macht dem Kind das Konzept der Teilbarkeit der Zahlen klar. Die Zerlegung der Multiplikationsfaktoren ist eine Art, die Zahlen zu teilen. Das Kind hat zum Beispiel die Zahl 18 zunächst in 2, dann in 9, in 6 und schließlich in 3 Gruppen zerlegt. Es hat auch die 6 zuerst in 2, dann in 3 Gruppen zerlegt.

Wenn es nun darum geht, diese 2 Faktoren zu multiplizieren, ist kein Unterschied im Ergebnis, ob man 2 mit 3 oder 3 mit 2 multipliziert: „Vertauscht man die Reihenfolge der Faktoren, ändert sich das Ergebnis nicht". Bei der Division handelt es sich darum, Gruppen zu erhalten, die jeweils die selbe Anzahl der „Gegenstände" enthalten. Jede Kombination ist eine andere Art, die Zahl aufzuteilen. Das Konzept der Division ist klar: 6 : 3 = 2 heißt, dass man die 6 in drei Gruppen zerlegen kann, die jeweils 2 „Gegenstände" enthalten. 6 : 2 = 3 heißt, dass man die 6 in zwei Gruppen zerlegen kann, die jeweils drei „Gegenstände" enthalten. Die Zusammenhänge zwischen Multiplikation und Division liegen auf der Hand; wir sind ausgegangen von 6 = 3 · 2; 6 = 2 · 3. Damit dringt man in die Gegebenheit ein, dass die Multiplikation als Probe der Division dient und dabei hilft, die praktischen Vorgänge der Rechenoperation zu verstehen. Führt man eine Division durch, so weiß man, was man machen muss, um herauszufinden, ob eine Zahl durch einen bestimmten Faktor zu teilen ist oder nicht. Das macht man normalerweise bei der Vorbereitung der Division nicht: das Erlernen der Pythagorastafel ist also eine Vorbereitung zur Multiplikation.

Bei den oben genannten Übungen (Tabelle K) könnte man noch weitere Beobachtungen machen. Untersuchen wir zum Beispiel die Zahl 40: eine der Zerlegungen ist die folgende: 40 = 2 · 20. Schauen wir nun, wie man die Zahl 20 zerlegt:

20 = 2 · 10 und 10 = 2 · 5.

Wenn man die niedrigeren Zahlen heraussucht, in die die höheren zerlegt wurden, und diese ersetzt, kann man schreiben:

$40 = 2 \cdot 2 \cdot 2 \cdot 5$ oder auch $40 = 2^3 \cdot 5$
Machen wir nun das selbe mit der Zahl 60.

$60 = 2 \cdot 30 = 2 \cdot 2 \cdot 15 = 2 \cdot 2 \cdot 3 \cdot 5 = 2^2 \cdot 3 \cdot 5$

Auf diese Art wurden nun die Zahlen in Primfaktoren zerlegt: $2^3 \cdot 5$; $2^2 \cdot 3 \cdot 5$. Schauen wir uns an, was die zwei zerlegten Zahlen gemeinsam haben: in 2^3 ist 2^2 enthalten; man kann deswegen die Zerlegung auch so schreiben:

$2^2 \cdot 2 \cdot 5$; $2^2 \cdot 3 \cdot 5$

Der größte gemeinsame Teiler ist daher: $2^2 \cdot 5 = 20$. Es ist interessant, die Probe zu machen und dabei festzustellen, dass 60 und 40 durch 20 teilbar sind und durch keine größere Zahl.

* * *

Eine andere Übung besteht darin, am Hunderterbrett alle Vielfachen von 2, 3, 4, 5, 6, 7, 8, 9 und 10 zu kennzeichnen. Die so gekennzeichneten Zahlen bilden bestimmte geometrische Abbildungen, die man beobachten und studieren kann. Alle Vielfachen von 2 bilden senkrechte Linien - die geraden Zahlen. Die Vielfachen von 4 bilden ebenso senkrechte Linien, nur sind die Zahlen abwechselnd gekennzeichnet, eine ja und die andere nein; auch bei 6 setzt sich die vertikale Gruppierung fort, hier ist eine Zahl markiert, 2 werden übersprungen. Bei den Vielfachen von 8 schließlich, ist eine gerade Zahl gekennzeichnet, die anderen 3 nicht. Alle Vielfachen von 3 liegen auf diagonalen Linien. Bei der 6 ist es ebenso, nur sind die Linien abwechselnd betroffen, eine ja, eine nein, das heißt 6 ist sowohl durch 2 als auch durch 3 teilbar.

TABELLE L

1	**2**	3	**4**	5	**6**	7	**8**	9	**10**
11	**12**	13	**14**	15	**16**	17	**18**	19	**20**
21	**22**	23	**24**	25	**26**	27	**28**	29	**30**
31	**32**	33	**34**	35	**36**	37	**38**	39	**40**
41	**42**	43	**44**	45	**46**	47	**48**	49	**50**
51	**52**	53	**54**	55	**56**	57	**58**	59	**60**
61	**62**	63	**64**	65	**66**	67	**68**	69	**70**
71	**72**	73	**74**	75	**76**	77	**78**	79	**80**
81	**82**	83	**84**	85	**86**	87	**88**	89	**90**
91	**92**	93	**94**	95	**96**	97	**98**	99	**100**

1	2	**3**	4	5	**6**	7	8	**9**	10
11	**12**	13	14	**15**	16	17	**18**	19	20
21	22	23	**24**	25	26	**27**	28	29	**30**
31	32	**33**	34	35	**36**	37	38	**39**	40
41	**42**	43	44	**45**	46	47	**48**	49	50
51	52	53	**54**	55	56	**57**	58	59	**60**
61	62	**63**	64	65	**66**	67	68	**69**	70
71	**72**	73	74	**75**	76	77	**78**	79	80
81	82	83	**84**	85	86	**87**	88	89	**90**
91	92	**93**	94	95	**96**	97	98	**99**	100

1	2	3	**4**	5	6	7	**8**	9	10
11	**12**	13	14	15	**16**	17	18	19	**20**
21	22	23	**24**	25	26	27	**28**	29	30
31	**32**	33	34	35	**36**	37	38	39	**40**
41	42	43	**44**	45	46	47	**48**	49	50
51	**52**	53	54	55	**56**	57	58	59	**60**
61	62	63	**64**	65	66	67	**68**	69	70
71	**72**	73	74	75	**76**	77	78	79	**80**
81	82	83	**84**	85	86	87	**88**	89	90
91	**92**	93	94	95	**96**	97	98	99	**100**

1	2	3	4	**5**	6	7	8	9	**10**
11	12	13	14	**15**	16	17	18	19	**20**
21	22	23	24	**25**	26	27	28	29	**30**
31	32	33	34	**35**	36	37	38	39	**40**
41	42	43	44	**45**	46	47	48	49	**50**
51	52	53	54	**55**	56	57	58	59	**60**
61	62	63	64	**65**	66	67	68	69	**70**
71	72	73	74	**75**	76	77	78	79	**80**
81	82	83	84	**85**	86	87	88	89	**90**
91	92	93	94	**95**	96	97	98	99	**100**

1	2	3	4	5	**6**	7	8	9	10
11	**12**	13	14	15	16	17	**18**	19	20
21	22	23	**24**	25	26	27	28	29	**30**
31	32	33	34	35	**36**	37	38	39	40
41	**42**	43	44	45	46	47	**48**	49	50
51	52	53	**54**	55	56	57	58	59	**60**
61	62	63	64	65	**66**	67	68	69	70
71	**72**	73	74	75	76	77	**78**	79	80
81	82	83	**84**	85	86	87	88	89	**90**
91	92	93	94	95	**96**	97	98	99	100

1	2	3	4	5	6	**7**	8	9	10
11	12	13	**14**	15	16	17	18	19	20
21	22	23	24	25	26	27	**28**	29	30
31	32	33	34	**35**	36	37	38	39	40
41	**42**	43	44	45	46	47	48	**49**	50
51	52	53	54	55	**56**	57	58	59	60
61	62	**63**	64	65	66	67	68	69	**70**
71	72	73	74	75	76	**77**	78	79	80
81	82	83	**84**	85	86	87	88	89	90
91	92	93	94	95	96	97	**98**	99	100

ARITHMETIK

1	2	3	4	5	6	7	**8**	9	10
11	12	13	14	15	**16**	17	18	19	20
21	22	23	**24**	25	26	27	28	29	30
31	**32**	33	34	35	36	37	38	39	**40**
41	42	43	44	45	46	47	**48**	49	50
51	52	53	54	55	**56**	57	58	59	60
61	62	63	**64**	65	66	67	68	69	70
71	**72**	73	74	75	76	77	78	79	**80**
81	82	83	84	85	86	87	**88**	89	90
91	92	93	94	95	**96**	97	98	99	100

1	2	3	4	5	6	7	8	**9**	10
11	12	13	14	15	16	17	**18**	19	20
21	22	23	24	25	26	**27**	28	29	30
31	32	33	34	35	**36**	37	38	39	40
41	42	43	44	**45**	46	47	48	49	50
51	52	53	**54**	55	56	57	58	59	60
61	62	**63**	64	65	66	67	68	69	70
71	**72**	73	74	75	76	77	78	79	80
81	82	83	84	85	86	87	88	89	**90**
91	92	93	94	95	96	97	98	**99**	100

1	2	3	4	5	6	7	8	9	**10**
11	12	13	14	15	16	17	18	19	**20**
21	22	23	24	25	26	27	28	29	**30**
31	32	33	34	35	36	37	38	39	**40**
41	42	43	44	45	46	47	48	49	**50**
51	52	53	54	55	56	57	58	59	**60**
61	62	63	64	65	66	67	68	69	**70**
71	72	73	74	75	76	77	78	79	**80**
81	82	83	84	85	86	87	88	89	**90**
91	92	93	94	95	96	97	98	99	**100**

ARITHMETIK

VI. Quadrieren und Kubieren von Zahlen

Wir nehmen zwei Zweierperlen, die zum Zählen dienten. Diese gehören hier nun einem anderen System an, der Zweierkette. • • — • •
Es besteht noch eine weitere Möglichkeit, zwei Zweierstäbchen miteinander zu verbinden: • •
                                                                                          • •

Es wird dieselbe Sache dargestellt: 2 · 2; nur die Anordnung der Perlen ist anders, hier ist es ein Quadrat, dort war es eine Linie. Man kann daran erkennen: legt man so viele Stäbchen übereinander, wie Perlen im Stäbchen enthalten sind, erhält man ein Quadrat.

In der Reihe bieten wir nun weiters an: das rosa 3 x 3 Quadrat, das gelbe 4 x 4 Quadrat, das hellblaue 5 x 5, das graue (lila) 6 x 6, das weiße 7 x 7, das violette (braune) 8 x 8, das türkise (blaue) 9 x 9 Quadrat und das orange (goldene) 10 x 10 Quadrat; dies sind die selben Farben der Perlen, die zum Zählen dienten. Die Anzahl der Stäbchen entspricht der Anzahl der Perlen des jeweiligen Stäbchens, 3 Stäbchen für die 3, 4 Stäbchen für die 4, etc.; zusätzlich gibt es die Perlenketten, bestehend aus Stäbchen mit der jeweils gleichen Perlenanzahl, 3 x 3, 4 x 4; und, wie bereits erwähnt, gibt es die Quadrate mit der entsprechenden Anzahl von Perlen.

Das Kind kann nicht nur die Perlen der Ketten und Quadrate zählen, es kann diese auch nachbilden. Das Stäbchen wird so oft genommen, wie es Perlen enthält: das heißt, das entspricht der Multiplikation der Zahl mit sich selbst.

Nimmt das Kind zum Beispiel das Viererquadrat, so kann es an jeder Seite 4 Perlen zählen; multipliziert es 4 mit 4, erhält es die Anzahl der Perlen des Quadrates, 16. Diese Arbeit kann fortgesetzt werden mit zum Beispiel 5, 8, 9, usw. Das Zehnerquadrat hat auf jeder Seite 10 Perlen. Multipliziert man 10 mit 10, in anderen Worten, „quadriert" man eine Seite, so erhält man die Anzahl der Perlen, die das Quadrat darstellt: 100 (Tafel 22).

Es ist aber nicht die Form allein, die zu diesem Resultat führt; reiht man die Zehnerstäbchen, die das Quadrat formten, in einer Linie aneinander, so ergeben sie die „Hunderterkette". Diese Arbeit kann mit jedem Quadrat durchgeführt werden; die Kette 5 x 5 sowie das Quadrat 5 x 5 bestehen aus der selben Anzahl von Perlen, 25. Man lehrt das Kind, die Zahlen, die das Quadrat symbolisieren, wie folgt zu schreiben: $5^2 = 25$; $7^2 = 49$; $10^2 = 100$ usw. (Abbildung 4).

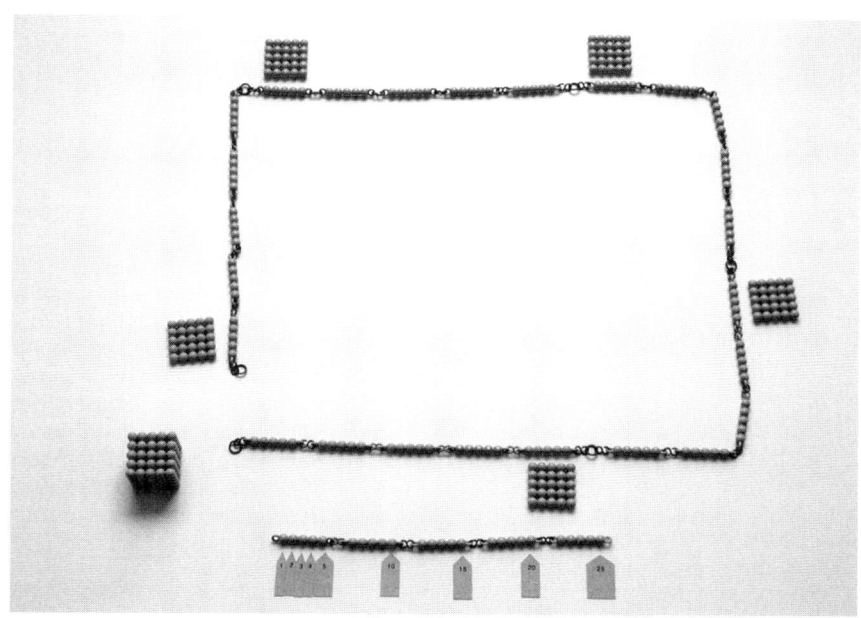

Abb. 4 - Perlenketten, Quadrate und Kubus von 5

Dieses Material gibt es für die Zahlen 2, 3, 4, 5, 6, 7, 8, 9, 10. Beginnend mit den kleinen Zahlen, wird es dem Kind dargeboten. Gibt man dem Kind das Material und lässt es frei damit arbeiten, so wird es die Idee, die dahintersteckt, selbst entdecken.

Fortgeführt wird dieses Material mit den Kuben; analog zu den Quadraten gibt es hier die Kubikketten, bestehend aus so vielen kurzen Ketten, wie das Grundstäbchen Perlen hat. Die kurzen Perlenketten, aus denen die Quadrate gelegt werden können, sind mit einem Ring untereinander verbunden; übereinandergelegt entsteht der Kubus - es gibt daher 4 Viererquadrate, 6 Sechserquadrate, 10 Zehnerquadrate, usw.

Nehmen wir beispielsweise den Viererkubus: hier gibt es eine Kette, bestehend aus vier Viererketten, die das Quadrat darstellen (Abbildung 5):

Die Kette des Kubus reproduziert 4 Viererquadrate, ähnlich jenen einzelnen, die man unterhalb sieht, mit dem Unterschied, dass man wieder eine Linie daraus machen kann (Abbildung 6). Die Anzahl ist immer die selbe, das heißt vier mal das Viererquadrat: $4 \times 4 \times 4 = 4^2 \times 4 = 4^3$. Man kann auch die vier einzelnen Quadrate übereinander legen.

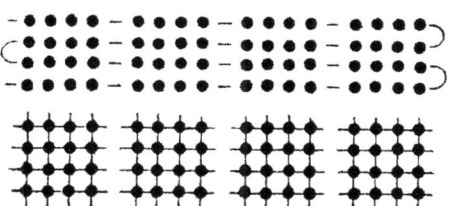

Abb. 5 - Die Abbildung stellt die Kette des Viererkubus dar, mit der man die Quadrate bilden kann; und die 4 Quadrate.

●●●● - ●●●● - ●●●● - ●●●● —— ●●●● - ●●●● - ●●●● - ●●●● ——

Abb. 6 - Die Abbildung zeigt nur einen Teil der gesamten Kette des Viererkubus.

Bei der Betrachtung des Viererkubus sieht man, dass er die Höhe 4 hat, multipliziert man 4 mal das Quadrat, ergibt das den Kubus. Multipliziert man die Fläche des Quadrats mit der Zahl, die die Höhe ergibt, hat man das Volumen des Kubus: $4^2 \times 4$ (Abbildung 7).

Abb. 7 - Ketten, Quadrate und Kubus von 4

Auf diese Weise erhält das Kind eine erste Vorahnung der notwendigen Vorgänge, um die Oberfläche und das Volumen berechnen zu können. So können mit Hilfe dieses einfach zu handhabenden und anziehenden Materials die Ideen des Kindes reifen, indem es beobachtet, experimentiert und meditiert.

* * *

Allmählich entstehen Hefte, gefüllt mit Berechnungen von Quadraten und Kuben - unabhängig von der Fülle der Möglichkeiten, die das Entwicklungsmaterial dem Kind bietet. In seiner Arbeit mit den Quadraten und Kuben wird es entdecken, dass es für die Multiplikation mit 10 genügt, die Position der Ziffer zu ändern – es genügt, eine 0 hinzuzufügen. Die Einheit für zehn ist 10, zehn mal zehn ist gleich 100, hundert mal zehn ist gleich 1000 usw.

Das Kind wird selbst zu dieser Erkenntnis kommen oder es bei anderen Kindern beobachten. Einige der fundamentalen Erkenntnisse, die mühsame Unterrichtsstunden mit herkömmlichen Methoden erfordern, sind hier intuitiv, natürlich und spontan.

Ein interessantes Studium, das die Arbeit mit den Hunderter- und Tausenderketten ergänzt, ist der Vergleich der Quadratketten und jener der Kuben untereinander. Bei den Quadraten ist die höchste Anzahl der Perlen hundert, bei den Kuben tausend, so kommt man zur Umwandlungszahl der Flächen- und Rauminhalte: ein Beispiel zur Veranschaulichung: $1 dm^2 = 100 \, cm^2$.

Interessant ist es, einen Turm mit den Kuben zu bauen (Tafeln 23a + 23b). Obwohl dieser an den rosa Turm erinnert, enthält dieser Turm, der aus Juwelen konstruiert zu sein scheint, eine tiefe Erkenntnis über die Beziehungen der Quantitäten: diese Kuben sind nicht nur ein Sinnesmaterial, sondern bekannt für hochgeistige Arbeiten.

IV Geometrie

I. Ebene Geometrie

Die metallenen Einsatzrahmen, die im „Kinderhaus" als Sinnesmaterial dienten, machten die Kinder mit vielen ebenen Figuren vertraut: Quadrat, Rechteck, Dreieck, Vieleck, Kreis, Ellipse, usw. So lernten sie auch, die Figuren aus Zeichnungen zu erkennen; schließlich zeichneten sie die Figuren von den Einsatzrahmen ab und füllten sie mit Farbstiften mit parallelen Linien aus (Übungen zum Schreiben).

Das Material zur Geometrie, das in den Grundschulklassen verwendet wird, setzt das in den „Kinderhäusern" eingesetzte fort.

Es erinnert sehr an die metallenen Einsatzrahmen: der einzige Unterschied ist, dass jeder einzelne Rahmen auf einem Quadrat fixiert ist, das als Hintergrund dient. So ist hier keine Stütze notwendig, wie es die Gestelle bei den metallenen Einsatzrahmen waren. Hier ist der Rahmen grün, der Hintergrund weiß und der Einsatz rot. Einsatz und Rahmen sind gleich hoch. Die Besonderheit dieser beweglichen Einsätze liegt darin, dass sie aus mehreren Stücken gemacht sind, die alle gemeinsam auf den weißen Hintergrund passen.

Die Verwendung dieser Einsätze ist vielfältig und hat zum Hauptziel, die Kinder selbstständig zu den geometrischen Übungen und zur Lösung reeller Probleme zu führen. Die Möglichkeit, mit den geometrischen Figuren beliebig hantieren zu können und deren Zusammenhänge herauszufinden, zieht das Interesse der Kinder stark an. Alle Einsätze, die sich auf die Gleichheit von Figuren beziehen, erinnern an gewisse Geduldspiele, die man für Kleinkinder erfand, die aber kein präzises Erziehungsziel haben. Das Kind erhält durch die Übungen am Material klare Erkenntnisse über geometrische Prinzipien, zu denen es kaum nach herkömmlichen Unterrichtsmethoden kommen kann. Die Unterscheidung in gleiche, ähnliche und flächeninhaltsgleiche Figuren; die Möglichkeit, jede regelmäßige viereckige Figur auf ein flächeninhaltsgleiches Rechteck zurückzuführen und sogar die Lösung des Pythagoräischen Lehrsatzes sind daraus resultierende spontane Erkenntnisse für jedes Kind. Das gilt auch für die Bruchrechenkreise: die Bedeutung des Bruches und auch sein Wert sowie die Zurückführung der gewöhnlichen Brüche auf Dezimalbrüche werden zu geistigen Errungenschaften. Das Kind, das lange mit diesem Entwicklungsmaterial experimentieren konnte, hat nicht nur seinen Verstand und seinen Charakter gestärkt, sondern hat auch Kenntnisse erworben, die seine geistigen Fähigkeiten erweitern. In seinen weiteren Abstrahierungen wird ihm ein überraschender Fortschritt ermöglicht werden. Während ein Gymnasialkind all seine geistigen Kapazitäten dazu verwendet, die Beziehungen zwischen den geometrischen Figuren zu verstehen, finden sie unsere Grundschulkinder ganz von alleine und sie freuen sich so sehr darüber, dass sie sich sofort auf die Suche nach weiteren Beziehungen machen. Sie galoppieren frei auf ebenen Straßen dahin, angespornt von ihrer inneren Energie, während die anderen Kinder mit zusammengebundenen und nackten Füßen zwischen brennenden Kieseln gehen.

Jede positive Erkenntnis, die das Kind erfährt, indem es nach seinem persönlichen Tempo übt und sie dadurch reifen lässt, führt als Konsequenz zu einer spontanen Abstraktion. Wie kann man ein Kind nur zur Abstraktion führen, wenn der Geist noch nicht reif dazu ist und es noch keine ausreichenden Kenntnisse dafür hat? Diese zwei wichtigen Stützen sind wie die Beine des Menschen, die ihn tragen. Wir werden dieses Phänomen wiederholt sehen. Jede Übung, die das Kind innerlich reifen lässt, jede weitere Kompetenz wird das Kind zu neuen und immer höheren Flügen auf dem Gebiet der Abstraktion bringen. Wichtig dabei ist aber folgendes Prinzip: der Geist muss, um fliegen zu können, von einem Stützpunkt aus wegfliegen wie das Flugzeug vom Hangar; und er muss eine gewisse Reife dazu erlangt haben wie der Vogel, der für seine ersten Flüge vom Nest wegfliegt, wo er geboren wurde und aufwuchs. Das Flugzeug ohne Stützpunkt am Hangar und der Vogel, der nur mit dem Instinkt fliegt ohne den Entwicklungsprozess vom Ei zum ersten Flug durchgemacht zu haben, existieren in Wirklichkeit nicht.

Eine Maschine, die ständig fliegt ohne jemals wieder aufgetankt zu werden, gibt es nicht, die stürzt ab. Und so ist es auch mit dem geistigen Flug des Menschen, der die Gedanken schweifen lässt und produziert. Obwohl das seine Art des Seins ist, sein höherer Instinkt, muss auch der Mensch sich an der Realität orientieren und seine inneren Energien ab und zu regenerieren. Je länger ein Material die Aufmerksamkeit des Kindes auf sich ziehen kann, desto eher erfolgt eine Abstraktion als Konsequenz einer entwickelten Fähigkeit. Das hat nichts mit dem Vorstellungsvermögen zu tun, das man in der Schule zu entwickeln versucht.

Ohne positiven Nachschub gibt es keinen spontanen geistigen Höhenflug; die Möglichkeiten, die Vorstellungskraft zu entwickeln, das sind bereits die unüberwindlichen Schwierigkeiten der herkömmlichen Schulen. In der Tat kann das Kind ohne eigene Antriebskraft, wenn es nur vom Lehrer zur Abstraktion gezwungen wird, höchstens mit einem Fallschirm fliegen: sich aber niemals von sich aus zum Flug erheben. Das ist der Unterschied und daher ist auch das ständige Üben notwendig, um sich dann frei erheben zu können.

Es ist hier müßig zu wiederholen, wie wichtig auch die Freiheit und ausreichend Zeit in der Phase des Auftankens sind, um den geeigneten Zeitpunkt zu finden, denn darüber wurde schon wiederholt gesprochen. Aber es ist gut, auch hier klar auszudrücken, dass ein geeignetes Entwicklungsmaterial dafür verantwortlich ist, die geistige Entwicklung zu fördern.

Eines der Materialien mit den vielfältigsten Anwendungen ist das der geometrischen Einsätze, die genau dem „Arbeitsinstinkt" des kindlichen Geistes entsprechen.

Die Übungen, die man mit diesem Material macht, sind nicht nur das Zusammenstellen der einzelnen Figuren oder Austauschen und Ersetzen. Es schließen sich daran auch Malübungen, die durch die lang andauernde Arbeit, die sie erfordern, dem kindlichen Geist erlauben, sich bei jeder Besonderheit aufzuhalten und darüber zu meditieren. Die so entstandene Zeichnung hat daher eine geometrische und eine künstlerische Bedeutung; weiters entstehen daraus neue Anwendungen.

Das geometrische Zeichnen besteht in der Reproduktion der Figuren: und so lernt das Kind, verschiedene Instrumente des Zeichnens handzuhaben: wie Winkel, Lineal, Zirkel, Winkelmesser. Mit solchen Übungen erwirbt das Kind wirkliche geometrische Kenntnisse.

Andere Zeichnungen bestehen aus der Kombination verschiedener geometrischer Figuren. Die Umrisse werden abgezeichnet und die Figuren werden mit Buntstiften oder Wassermalfarben ausgemalt. Solche Kombinationen sind wahre ästhetische Kreationen der Kinder, hervorgerufen durch die Proportionen der Figuren. Wir konnten mit diesen Einsätzen einige klassische Dekorationen reproduzieren, die sich in unseren größten Kunstwerken befinden, wie die Dekorationen von Giotto.

Eine Kombination aus künstlerischem und geometrischem Bild ist schließlich auch die Dekoration einzelner Teile der geometrischen Figuren, wie die Zentren, die Seiten, die Ecken, die Umfänge, usw.; oder auch die Feingestaltung frei Hand mit einigen Details der Dekorationen, die aus der Kombination der Einsätze entstehen.

II. Beschreibung der Entwicklungsmaterialien für die Geometrie

Erste Serie: die geteilten Quadrate

Es ist eine Serie von 9 Quadraten, alle Einsatzrahmen haben den gleichen weißen Hintergrund in Form eines Quadrates mit der Seitenlänge von 10 cm. Einer der Rahmen enthält ein ganzes Quadrat, die anderen sind wie folgt zusammengesetzt (Abbildung 8):

ein Quadrat in zwei gleich große Rechtecke geteilt
ein Quadrat in vier gleich große Quadrate geteilt
ein Quadrat in acht gleich große Rechtecke geteilt
ein Quadrat in sechzehn gleich große Quadrate geteilt

weiters:

ein Quadrat in zwei gleich große Dreiecke geteilt
ein Quadrat in vier gleich große Dreiecke geteilt
ein Quadrat in acht gleich große Dreiecke geteilt
ein Quadrat in sechzehn gleich große Dreiecke geteilt

Das Kind kann das in zwei Rechtecke geteilte Quadrat nehmen und jenes, das in zwei Dreiecke geteilt ist und die Figuren austauschen, das heißt: das erste mit den Dreiecken füllen und das zweite mit den Rechtecken. Beide Figuren sind jeweils die Hälfte des Quadrats, obwohl die Formen verschieden sind. So kommt man zum Begriff „flächeninhaltsgleich". Die zwei Dreiecke und die zwei Rechtecke sind gleiche Figuren. Das Kind vergleicht nun sofort Dreieck und Rechteck und kommt zu dem Schluss, dass die überstehenden kleinen Dreiecke genau dort hineinpassen, wo das Rechteck nicht abgedeckt ist, das bedeutet: obwohl die Form nicht gleich ist, ist der Flächeninhalt gleich.

Diese Beobachtungen wiederholen sich in analoger Form mit den anderen Einsätzen. Das Quadrat, das ein Viertel des großen Quadrates ist, ist flächeninhaltsgleich mit dem Dreieck, das ebenfalls ein Viertel des großen Quadrates ist und so weiter.

Der Unterschied zwischen gleich (= die gleiche Figur und Größe) und flächeninhaltsgleich ergibt sich, indem man die Figuren einfach vergleicht. Die Figuren hingegen, die die gleiche Form haben, aber von der Größe her unterschiedlich

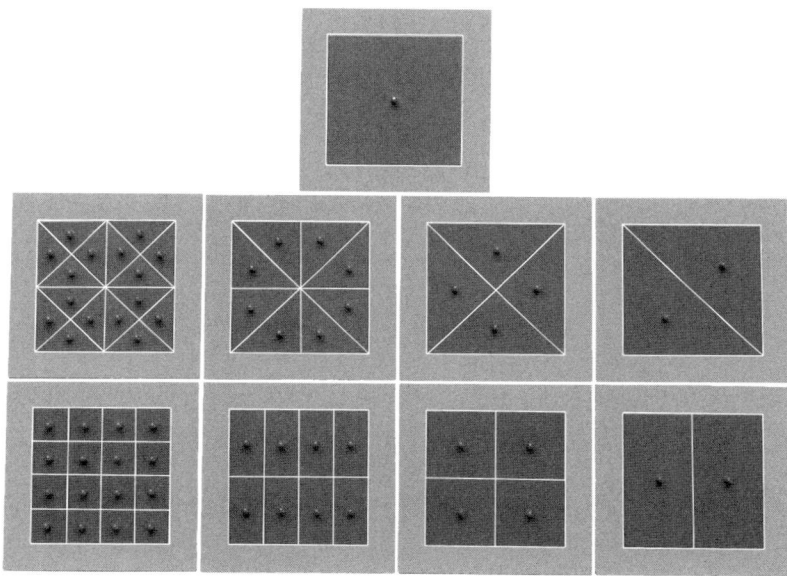

Abb. 8 - Geometrische Einsatzrahmen: das ganze Quadrat in zwei, vier, acht, sechzehn gleiche Teile geteilt: in der ersten Reihe sind es Dreiecke, in der zweiten Vierecke.

Abb. 9 - Geometrische Einsatzrahmen: der ganze Kreis und geteilt in zwei, drei, vier, fünf, sechs, sieben, acht, neun, zehn Teile.

sind, sind ähnliche Figuren.

In der Teilung des Quadrats steckt auch die Idee des Bruchs, obwohl dies nicht das Material zu den Brüchen ist. Zu diesem Zweck gibt es eine

ZWEITE SERIE VON EINSATZRAHMEN: DIE BRUCHRECHENKREISE

Es sind zehn Einsatzrahmen, die einen weißen Kreis als Grund haben, mit einem Durchmesser von zehn cm. Der erste Kreis ist ganz, die anderen enthalten 2, 3, 4, 5, 6, 7, 8, 9, 10 gleiche Teile (Abbildung 9).

Die Kinder lernen damit auch, die Winkel jedes Teils zu messen und die Grade zu zählen. Dazu dient ein metallener Halbkreis, der in 18 Abschnitte von jeweils 10° unterteilt ist (Abbildung 10).

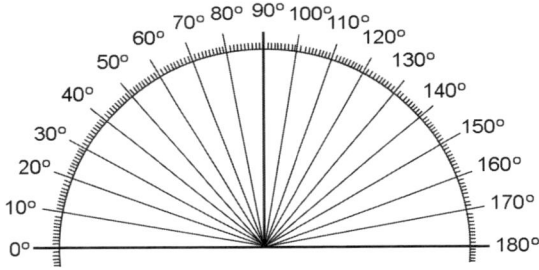

Abb. 10 - Gradmesser

Der Durchmesser ist stärker gekennzeichnet als die Gradunterteilungen, um ihn für die Winkelmessungen genau positionieren zu können, ebenso sind die 90° hervorgehoben gekennzeichnet.

Das Kind nimmt nun eines der Bruchteile und legt es auf den Halbkreis, wobei die Spitze im Zentrum des Durchmessers ist und der Kreisbogen von innen den Halbkreis berührt. Die Messung beginnt bei 0° und am anderen Ende des Bogens liest man den genauen Winkel in Grad ab. Nach diesen Übungen können die Kinder alle Winkel messen. Weiters lernen sie, dass der Kreis 360° misst, der Halbkreis 180° und der rechte Winkel 90°.

Nun, da sie wissen, dass der Kreisumfang 360° enthält, können sie beispielsweise leicht ausrechnen, wie viele Grade ein Kreisteil enthält, der ein Siebentel des Kreises darstellt. 360° : 7 = 51°; das können sie sofort nachmessen.

Solche Berechnungen und Messungen werden nun mit allen Kreisteilen wiederholt:

$\frac{1}{3}$ des Kreises = 120° und 360° : 3 = 120°

$\frac{1}{4}$ des Kreises = 90° und 360° : 4 = 90°

$\frac{1}{5}$ des Kreises = 72° und 360° : 5 = 72°

$\frac{1}{6}$ des Kreises = 60° und 360° : 6 = 60°

$\frac{1}{7}$ des Kreises = 51° und 360° : 7 = 51°

$\frac{1}{8}$ des Kreises = 45° und 360° : 8 = 45°

$\frac{1}{9}$ des Kreises = 40° und 360° : 9 = 40°

$\frac{1}{10}$ des Kreises = 36° und 360° : 10 = 36°

So lernt das Kind die Brüche schreiben:

$\frac{1}{2}, \quad \frac{1}{3}, \quad \frac{1}{4}, \quad \frac{1}{5}, \quad \frac{1}{6}, \quad \frac{1}{7}, \quad \frac{1}{8}, \quad \frac{1}{9}, \quad \frac{1}{10}$

Es hat den Wert über das Material begriffen und kennt auch den arithmetischen Zusammenhang. Das Material eignet sich für endlose Kombinationen, die alle geeignete Übungen für die Bruchrechnung sind (Abbildung 11). So kann das Kind zum Beispiel zwei Halbe durch vier Viertel von 90° ersetzen und kann folgenden mathematischen Schluss daraus ziehen:

$$\frac{1}{2} + \frac{1}{2} = \frac{1}{4} + \frac{1}{4} + \frac{1}{4} + \frac{1}{4}$$

Und es kann weiters sagen, dass zwei Halbe gleich vier Viertel sind:

$$\frac{2}{2} = \frac{4}{4}$$

Im Kopf wird eine Summe gebildet, wenn man die einzelnen Teile sieht. Wie macht man das schriftlich: ist der Nenner gleich, werden die Zähler addiert.

$$\frac{1}{2} + \frac{1}{2} = \frac{1}{4} + \frac{1}{4} + \frac{1}{4} + \frac{1}{4}$$

$$\frac{1}{2} + \frac{1}{2} = \frac{2}{2} \qquad \frac{1}{4} + \frac{1}{4} + \frac{1}{4} + \frac{1}{4} = \frac{4}{4}$$

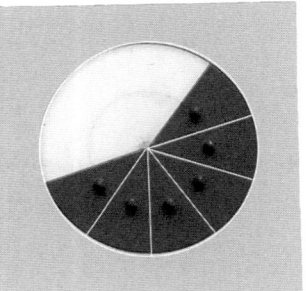

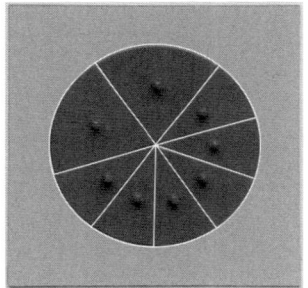

Abb. 11 - Die Abbildung stellt folgende Summe dar:

$$\frac{6}{10} + \frac{2}{5} = 1$$

Mit sechs von den Zehnteln und zwei von den Fünfteln füllt sich ein ganzer Kreis.

Nun füllen wir einen Kreis mit verschiedenen Teilen: z. B. mit einem Halbkreis und zwei Vierteln:

$1 = \frac{1}{2} + \frac{2}{4}$ Es ergibt sich aus den Kreisteilen, dass $\frac{1}{2} = \frac{2}{4}$

Wenn man den Kreis mit möglichst wenig Teilen füllen möchte, angenommen: ein Halbes liegt bereits im Einsatzrahmen, so muss man die zwei Viertel durch ein Halbes ersetzen.

$$1 = \frac{1}{2} + \frac{1}{2} = \frac{2}{2} = 1$$

Füllen wir den Kreis nun mit drei von den Fünfteln und vier von den Zehnteln:

$$1 = \frac{3}{5} + \frac{4}{10}$$

Lässt man jetzt wieder die größeren Teile liegen und möchte man den Kreis mit der geringsten Anzahl von Teilen füllen, so müsste man die vier Zehntel in zwei Fünftel umtauschen. Also:

$$1 = \frac{3}{5} + \frac{2}{5} = \frac{5}{5} = 1$$

Füllen wir den Kreis nun so:

$$\frac{5}{10} + \frac{1}{4} + \frac{2}{8} = 1$$

Versuchen wir wieder möglichst große Teile zu nehmen, indem man die gleichen Teile mit einem größeren eintauscht: statt der fünf Zehntel kann man also ein Halbes nehmen; und statt der zwei Achtel kann man ein Viertel nehmen. Der Kreis füllt sich also wie folgt:

$$1 = \frac{1}{2} + \frac{1}{4} + \frac{1}{4} = \frac{1}{2} + \frac{2}{4}$$

Ersetzen wir weiter die zwei Viertel mit einem Halben, dann füllt sich der Kreis so:

$$1 = \frac{1}{2} + \frac{1}{2} = \frac{2}{2} = 1$$

All dieses Umtauschen kann man in Ziffern aufschreiben:

$$\frac{5}{10} + \frac{1}{4} + \frac{2}{8} = \frac{1}{2} + \frac{1}{4} + \frac{1}{4} = \frac{1}{2} + \frac{2}{4} = \frac{1}{2} + \frac{1}{2} = \frac{2}{2} = 1$$

Auf diese Weise bekommen die Kinder ein Gefühl dafür, wie man umtauscht. Es interessiert sie auch sofort, zwei, drei oder vier Kreise zu füllen und das Ergebnis zu addieren. Daraus entsteht bei den Kindern der Wunsch, die Rechenoperationen beim Bruchrechnen zu verstehen. Sie erfinden beeindruckende Rechnungen wie zum Beispiel die folgende:

$$\frac{\left[8 + \left(\frac{7}{7} + \frac{18}{9} + \frac{24}{2}\right) + 1\right]}{8} = \frac{[8 + (1 + 2 + 12) + 1]}{8} =$$

$$= \frac{8 + 15 + 1}{8} = \frac{24}{8} = 3$$

Es kann ihnen dabei eine Reihe von Aufgaben, wie im folgenden Beispiel, helfen:

Nimm   ein Fünftel von   25 Perlen.
Nimm   ein Viertel von   36 Marken.
Nimm   ein Sechstel von   24 Bohnen.
Nimm   ein Drittel von   27 Bohnen.
Nimm   ein Zehntel von   40 Bohnen.
Nimm   zwei Fünftel von   60 Marken.

Im letzten Fall sind es zwei Rechenoperationen: 60 : 5 = 12; 12 x 2 = 24; oder 2 x 60 = 120; 120 : 5 = 24 usw.

UMWANDELN DER BRÜCHE IN DEZIMALBRÜCHE

Dazu gibt es einen quadratischen Rahmen mit einem Kreis, der in 10 Teile geteilt ist; jeder dieser Teile ist wieder in 10 Teile geteilt, wobei der Fünferstrich länger als die anderen ist. Bei jeder der Zehnerteilungen stehen die Ziffern dabei: 10, 20, 30, 40, 50, 60, 70, 80, 90, 100. An den Verlängerungsstrich der Null legt man nun die Bruchteile an, die man messen möchte (Abbildung 12).

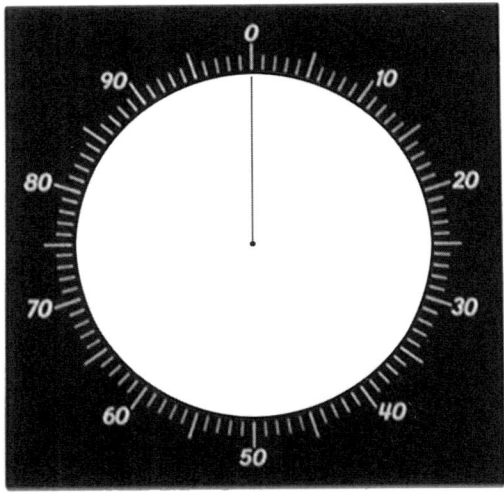

Abb. 12 - Messgerät, um die Bruchteile in Dezimalbrüche umwandeln zu können (Umwandlung der gewöhnlichen Brüche in Dezimalbrüche).

Wo der Kreisbogen endet, liest man die Anzahl der Hundertstel ab. Zum Beispiel ein Viertel: der Bogen endet bei 25, das heißt

$$\frac{1}{4} = 0{,}25$$

Die Abbildung 13 stellt die praktische Anwendung dar - mehrere Bruchteile liegen im Messgerät:

$$\frac{1}{3} + \frac{1}{4} + \frac{1}{8} = 0{,}70 \qquad \frac{1}{3} = 0{,}33$$

Wenn man hingegen ein Fünftel hineinlegt, endet der Bogen bei 20, das heißt:

$$\frac{1}{5} = 0{,}20 \text{ usw.}$$

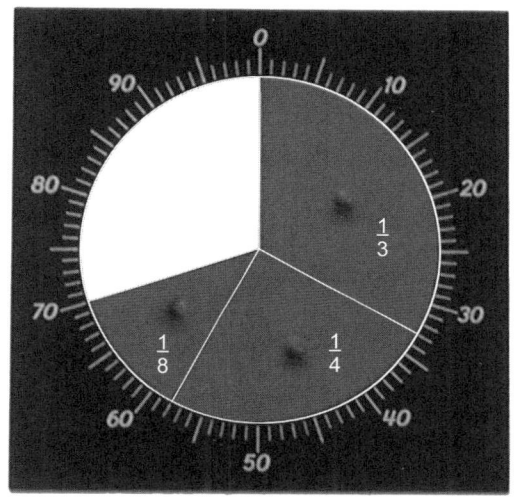

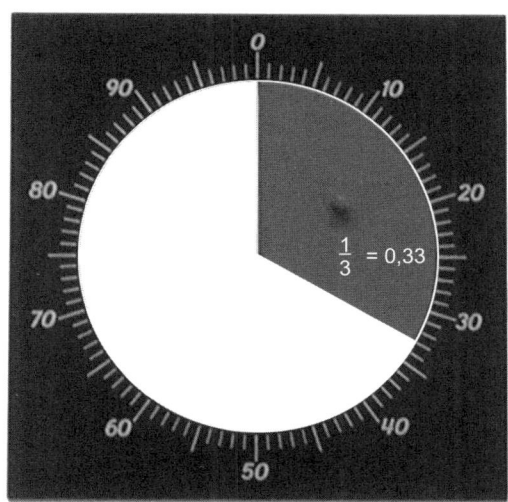

Abb. 13 - Beispiel zur Umwandlung von gewöhnlichen Brüchen in Dezimalbrüche: mehrere Bruchteile liegen im Messgerät:

$$\frac{1}{3} + \frac{1}{4} + \frac{1}{8} = 0{,}70 \qquad \frac{1}{3} = 0{,}33$$

Man kann in den Kreis auch mehrere Teile legen, zum Beispiel:

$$\frac{1}{4} + \frac{1}{7} + \frac{1}{9} + \frac{1}{10}$$

Wo der letzte Bogen endet, liest man dann das Ergebnis ab, und man hat den entsprechenden Dezimalwert (Abbildung 14).

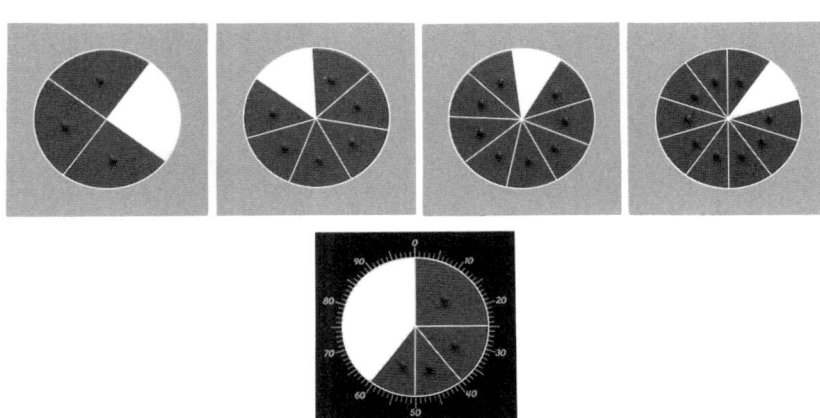

Abb. 14 - Die Summe ergibt näherungsweise 0,60.

So kann man ganz einfach die notwendigen arithmetischen Kenntnisse erwerben. Anstelle der 1, die den ganzen Kreis darstellt, nimmt man 100 und stellt damit die gesamte Aufteilung bei der Umwandlung in Dezimalbrüche dar. Die Hundert teilen wir auf die einzelnen Bruchteile auf und erhalten damit die Anzahl der Hundertstel:

$\frac{1}{4}$ = 100 : 4 = 25 Hundertstel   das heißt: $\frac{25}{100}$ ist 0,25

Die Division führt man aus, indem man den Zähler durch den Nenner dividiert: 1 : 4 = 0,25.

Dritte Serie: flächeninhaltsgleiche Figuren

Die in Rechtecke und Dreiecke geteilten Quadrate haben zwei Konzepte zur Grundlage: das der Bruchteilung und jenes der Flächeninhaltsgleichheit von Figuren. Zum Bruchrechnen gibt es ein eigenes Material, das die Umwandlung in Dezimalbrüche zulässt, auch führt es zu weiteren Erkenntnissen, wie z. B. dem Gradmessen.

Für das Konzept der Flächeninhaltsgleichheit von geometrischen Figuren gibt es ein weiteres Material. Es dient zur Flächenberechnung verschiedener geometrischer Figuren und auch zur selbstständigen Entwicklung der Erkenntnis bestimmter Zusammenhänge, die bis jetzt zu Verständnisschwierigkeiten bei Grundschülern führten.

MATERIAL: Ein Dreieck und ein inhaltsgleiches (mit Inhalt ist immer Flächeninhalt gemeint) Rechteck, dessen Längsseite der Basis des Dreiecks entspricht und das dessen halbe Höhe besitzt (Abbildung 15).

In einem großen rechteckigen Einsatz sind zwei Felder mit weißem Hintergrund leer: das Rechteck und das Dreieck. Die Teile, die in das Rechteck hineinpassen, passen auch genau in das Dreieck hinein. Das beweist die Flächeninhaltsgleichheit dieser Figuren. Der dreieckige Teil des Rahmens ist mit zwei gleichen rechtwinkeligen Dreiecken und einem Trapez gefüllt. Legt man Dreieck und Trapez übereinander, sieht man, dass sie gleich hoch sind.

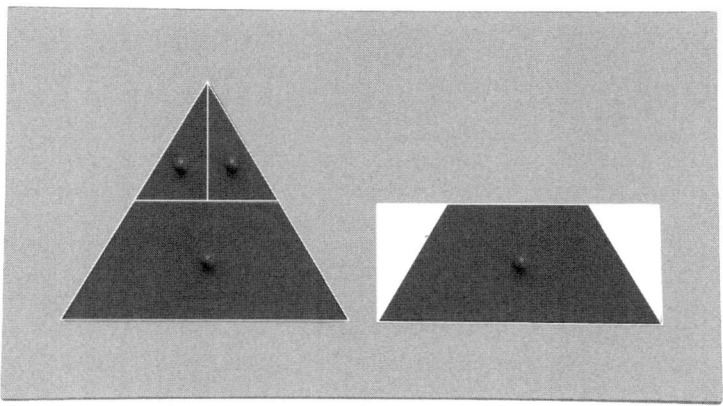

Abb. 15 - Geometrische Einsatzrahmen: Umwandlung eines Dreiecks in ein flächeninhaltsgleiches Rechteck.

Bereits die Arbeit mit den Perlen und die Berechnung der Quadrate von Zahlen führten dazu, die Fläche des Quadrats zu berechnen, indem eine Seite mit der anderen multipliziert wird.

Analog berechnet man die Fläche des Rechtecks. Da sich das Dreieck in ein Rechteck mit der halben Höhe verwandeln lässt, ist es auch einfach, dessen Fläche zu berechnen, indem die Basis mit der halben Höhe multipliziert wird.

MATERIAL: Flächeninhaltsgleichheit von Rhombus und Rechteck, dessen eine Seite der des Rhombus entspricht und die andere Seite der Höhe. Der Rahmen enthält einen Rhombus, der durch die Diagonale in zwei gleiche Dreiecke geteilt ist (Abbildung 16) und ein Rechteck (Abbildung 17), in das drei Dreiecke passen, die auch den Rhombus füllen können (Abbildung 18). Weiters gehören zum Material je ein Rhombus und ein Rechteck, die in die jeweiligen Figuren passen. Legt man diese beiden Figuren übereinander, so sieht man, dass sie gleich hoch sind.

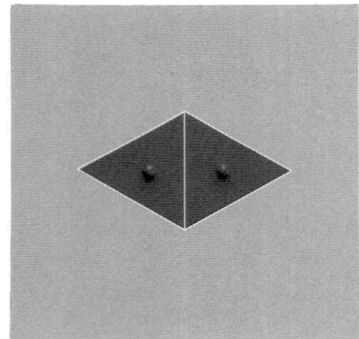

Abb. 16 - Geometrische Einsatzrahmen: Ein Rhombus geteilt in zwei Dreiecke.

Abb. 17 - Geometrische Einsatzrahmen: Rhombus und Rechteck sind flächeninhaltsgleich. Mit den Figuren, die im Rechteck sind, lässt sich auch der Rhombus füllen.

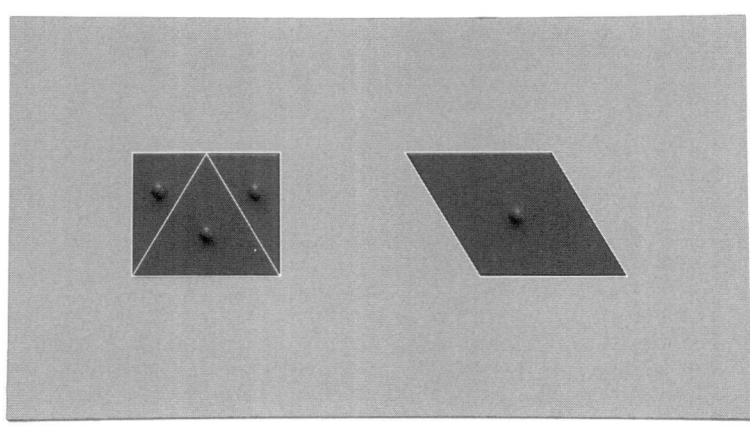

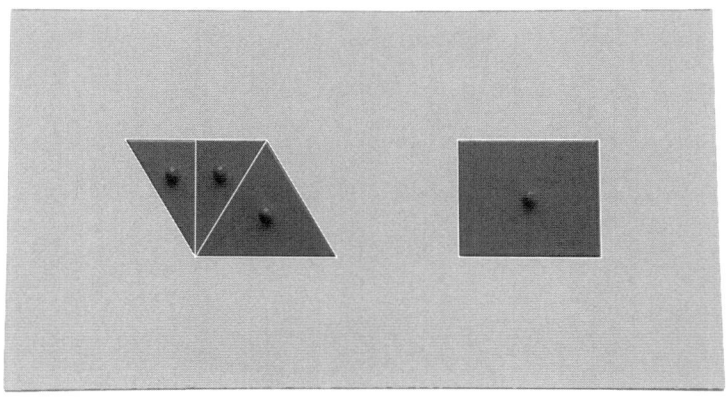

Abb. 18 - Umgekehrt lässt sich auch das Rechteck mit den Teilen des Rhombus füllen.

Leicht ergibt sich daraus die Erkenntnis für die Flächenberechnung: die Seite multipliziert mit der Höhe.

MATERIAL: Flächeninhaltsgleichheit zwischen Trapez und Rechteck, das in der Länge der Summe der zwei Basen des Trapezes entspricht und die andere Seite der halben Höhe. Das Kind kann dann selbst die andere Kombination finden: die Gleichheit des Trapezes mit einem Rechteck, dessen eine Seite gleich der Höhe ist und die andere Seite der halben Summe der Basisseiten entspricht. Es genügt, das Rechteck zu halbieren und die beiden Hälften übereinander zu legen.

Der große rechteckige Rahmen enthält drei freie Flächen: zwei gleiche Trapeze und ein flächeninhaltsgleiches Rechteck, dessen eine Seite aus der Summe der Parallelseiten des Trapezes besteht und die andere gleich der halben Höhe des Trapezes ist. Eines der Trapeze ist mit zwei Stücken gefüllt, das heißt, das Trapez ist in der halben Höhe durchgeschnitten; legt man die zwei Teile übereinander, sieht man, dass sie gleich hoch sind. Das andere Trapez ist mit Teilen gefüllt, die das Rechteck komplett bedecken (Abbildung 19). Durch das Überprüfen der Flächeninhaltsgleichheit ist auch bewiesen, dass sich die Fläche des Trapezes dadurch berechnet, dass man die Parallelseiten addiert und mit der halben Höhe multipliziert oder die halbe Summe der Seiten mit der Höhe multipliziert (Die Kinder messen die Seiten ab und berechnen die einzelnen Flächen).

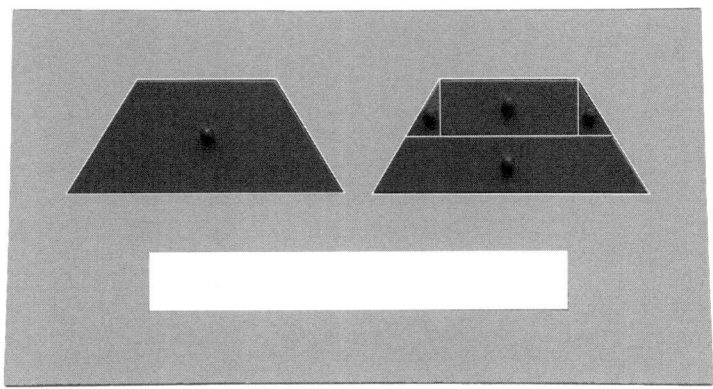

Abb. 19 - Geometrische Einsätze: Umwandlung des Trapezes in ein inhaltsgleiches Rechteck.

MATERIAL: Flächeninhaltsgleichheit eines regelmäßigen Vieleckes und eines Rechteckes, dessen eine Seite aus dem Umfang des Vieleckes besteht und die andere Seite aus der halben Höhe der Dreiecke, in die sich das Vieleck teilen lässt.

Im Rahmen sind zwei Zehnecke, wobei eines als ganzes Stück enthalten ist und das andere in zehn Dreiecke geteilt ist.

Die Abbildung 20 stellt die Flächeninhaltsgleichheit eines Zehnecks mit einem Rechteck dar, dessen eine Seite dem Umfang des Zehnecks entspricht

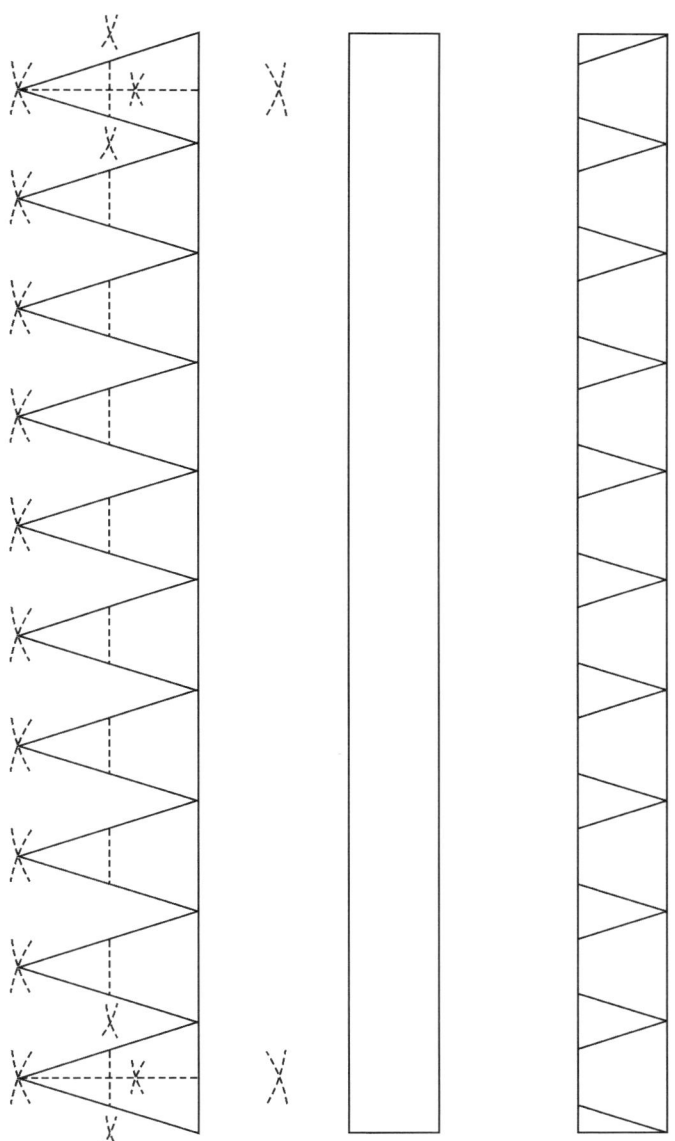

Abb. 20 - Diese Abbildung stellt eine Kombination der zehn Dreiecke dar, in die das Zehneck zerlegt ist. Das Rechteck hat als Länge den Umfang des Zehnecks und als Breite die halbe Höhe der Dreiecke. Die Dreiecke sind vertikal in zwei Teile geteilt, sodass die Höhe halbiert ist und die so entstandenen Teile auf das Rechteck in der rechten Figur verteilt werden.

und die andere Seite der halben Höhe der Dreiecke, in die sich das Zehneck teilen lässt.

Ein weiterer Rahmen zeigt die Gleichheit des Zehnecks mit einem Rechteck, das als Seiten den Umfang des Zehnecks und die halbe Höhe der Dreiecke hat, in die sich das Zehneck teilen lässt. Im Rechteck haben alle Dreieckstücke Platz (siehe Abbildung 20; eines der kleinen oberen Dreiecke muss der Länge nach in zwei geteilt werden). So kommt gleich der Beweis mit: die Fläche des Vielecks berechnet man durch Multiplikation des Umfangs mit der halben Dreieckshöhe.

Die Abbildung 21 präsentiert die Teile, die im Rahmen sind, das heißt, das Zehneck und das inhaltsgleiche Rechteck; unterhalb dieser Teile sind die Dreiecke, in die die Figuren zerlegt sind.

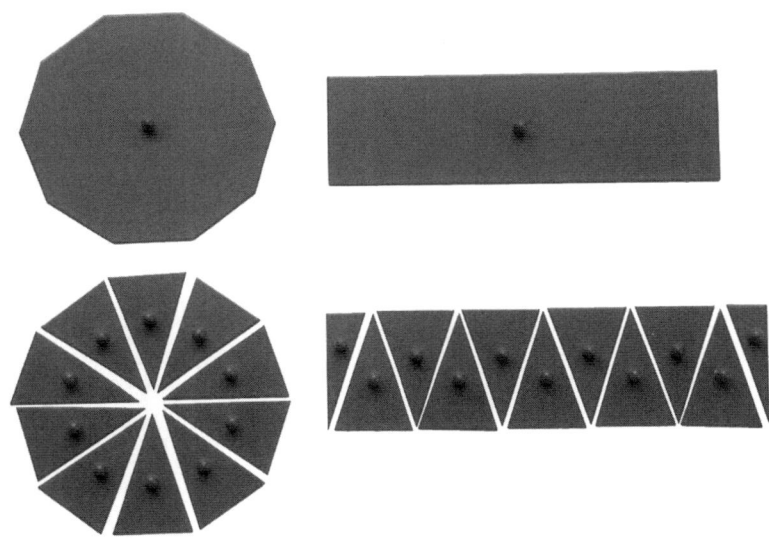

Abb. 21 - Geometrische Einsätze: in der Abbildung sind nur die Teile dargestellt, die in den entsprechenden Rahmen hineinzugeben sind. Das Zehneck und das Rechteck kann man aus den gleichen Dreiecken zusammensetzen.

Dadurch wird gezeigt, dass das flächeninhaltsgleiche Rechteck auch so sein kann, dass die eine Seite dem halben Umfang des Zehnecks entspricht und die andere der Höhe der Dreiecke, in die sich das Zehneck teilen lässt.

Die Abbildung 22 stellt diese Teile, wie sie in den Rahmen hineingehören, dar.

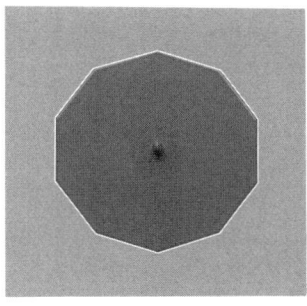
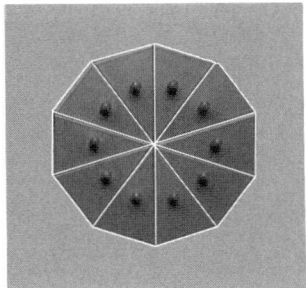
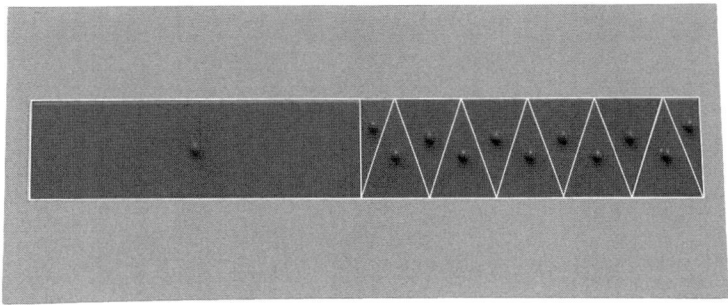

Abb. 22 - Geometrische Einsätze: Flächeninhaltsgleichheit des Zehnecks mit einem Rechteck, das als Länge den halben Umfang des Zehnecks und als Breite die Dreieckshöhe hat.

EINIGE GRUNDSÄTZE ZUR FLÄCHENINHALTSGLEICHHEIT

A) Alle Dreiecke mit der gleichen Basis und der gleichen Höhe sind flächeninhaltsgleich. Das ergibt sich aus der Tatsache, dass man die Fläche durch Multiplikation der Basis mit der halben Höhe berechnet. Für den Beweis gibt es folgendes Material:

MATERIAL: Rhombus und flächeninhaltsgleiches Rechteck sind jeweils in zwei Dreiecke geteilt. Die Dreiecke des Rhombus sind durch die verschiedenen Diagonalen auch unterschiedlich. Die drei verschiedenen Dreiecke, die sich aus der Teilung von Rechteck und Rhombus ergeben, haben die gleiche Basis (das lässt sich mit dem Material durch Übereinanderlegen zeigen) und passen alle in das Rechteck hinein, das sich unterhalb der einzelnen Figuren befindet: somit ist gezeigt, dass die Dreiecke die selbe Höhe haben. Sie sind flächeninhaltsgleich, da jedes Dreieck der Hälfte der flächeninhaltsgleichen Figuren entspricht (Abbildung 23).

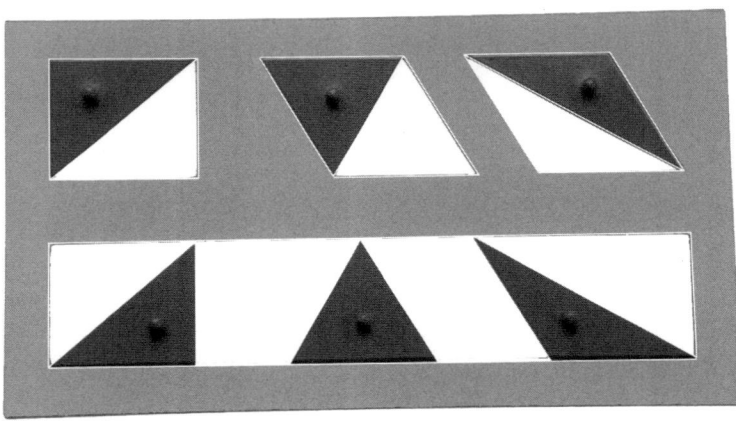

Abb. 23 - Geometrische Einsätze: Dreiecke mit gleicher Basis und gleicher Höhe sind flächeninhaltsgleich (Die drei Dreiecke, die diesen Bedingungen entsprechen, haben jeweils die Hälfte der Fläche von geometrischen Figuren, von denen schon bewiesen ist, dass sie flächeninhaltsgleich sind).

B) Der Satz von Pythagoras - In einem rechtwinkeligen Dreieck ist das Quadrat über der Hypotenuse gleich der Summe der Quadrate über den Katheten.

MATERIAL: Das Material stellt drei verschiedene Fälle dar:
Erster Fall: die zwei Katheten sind gleich;
Zweiter Fall: die zwei Katheten stehen im Verhältnis 3:4;
Dritter Fall: allgemein.

Erster Fall: Der Beweis des ersten Falles ist äußerst intuitiv.
Die Abbildung 24 (siehe auch Tafel 24) stellt den Fall dar, wo die beiden Quadrate über den Katheten durch eine Diagonale in zwei Dreiecke geteilt sind; das Quadrat über der Hypotenuse ist in vier Dreiecke geteilt. Die acht so entstandenen Dreiecke sind alle gleich. So passen die Dreiecke der zwei Katheten genau in das Quadrat der Hypotenuse und umgekehrt: die vier Dreiecke der Hypotenuse füllen genau die Quadrate der Katheten. Das Austauschen der Dreiecke kann sehr unterhaltsam sein, auch weil dann die Dreiecke der Katheten die selbe Farbe haben, während die vier Dreiecke der Hypotenuse eine andere Farbe haben.

Zweiter Fall: Die Katheten stehen im Verhältnis 3:4.
Die drei Quadrate sind mit kleinen Quadraten in drei verschiedenen Farben gefüllt. Ihre Anzahl ist folgende: Im Quadrat der kleineren Kathete sind $3^2 = 9$; in jenem der größeren $4^2 =16$; in dem der Hypotenuse $5^2 = 25$ (Tafel 25).

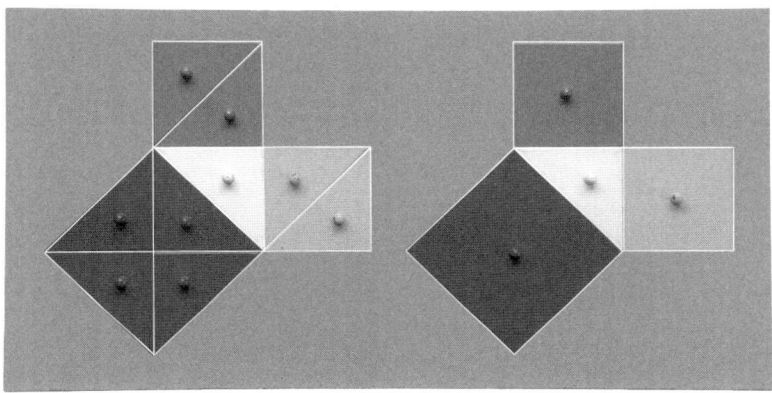

Abb. 24 - Geometrische Einsätze: Der Satz des Pythagoras (erster Fall: die Katheten sind gleich).

Das Spiel ist offensichtlich. Während man die zwei Quadrate der Katheten komplett mit den Quadraten der Hypotenuse füllen kann, sodass sie in derselben Farbe sind, kann das Quadrat über der Hypotenuse mit verschiedenen Mustern zweifarbig gestaltet werden (Tafel 26).

Dritter Fall (allgemeiner Fall): Der große Rahmen ist sehr kompliziert und schwierig zu beschreiben. Er eignet sich für eine bemerkenswerte geistige Herausforderung. Der Rahmen 44 x 24 cm ähnelt einem Schachbrett, wo die zu verrückenden Spielfiguren auch verschiedene Kombinationen bestimmen können. Die schon gezeigten Prinzipien sind folgende:
1) Zwei Vierecke mit gleicher Basis und Höhe sind flächengleich.
2) Zwei Figuren, die einer dritten gleich sind, sind untereinander gleich.

Im Rahmen ist das Quadrat über der Hypotenuse in zwei Rechtecke geteilt, wie die Abbildung 25 zeigt (Die Höhe des rechtwinkeligen Dreiecks bestimmt die Teilung der Seite und bestimmt so die eine Seite der Rechtecke).

Weiters sind im Rahmen auch zwei Rauten, bei denen je eine Seite gleich der Katheten des rechtwinkeligen Dreiecks ist, die andere Seite entspricht der Hypotenuse (siehe auch Abbildung 26).

Die kürzere Höhe der zwei Rhomben entspricht, wie man in der Abbildung sieht, der Höhe beziehungsweise der kürzeren Seite der Rechtecke.

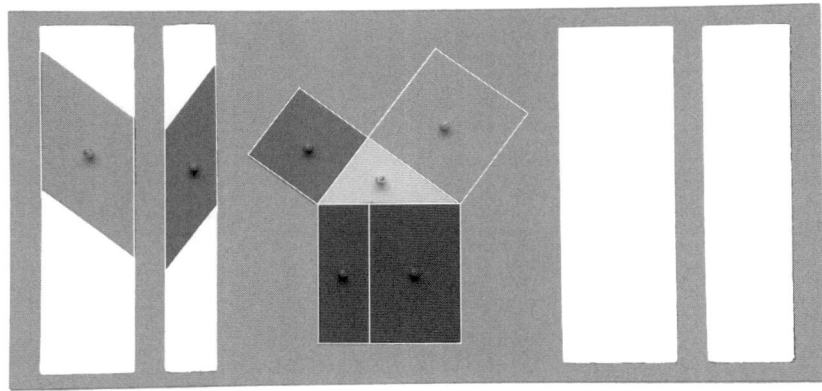

Abb. 25 - Gewohnte Darstellung des Pythagoras (Normalposition)

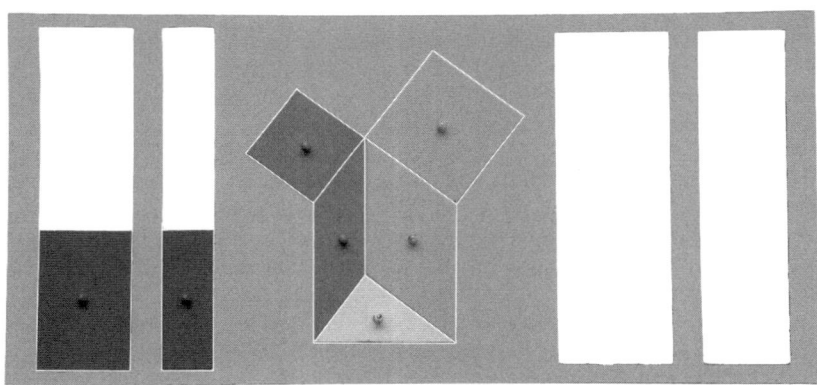

Abb. 26 - Die zwei Rechtecke sind ersetzt durch die zwei Rhomben und füllen den Raum des Dreiecks und des Quadrates über der Hypotenuse aus.

Die längere Höhe entspricht den Seiten der Quadrate über den Katheten (wie man in Abbildung 27 sieht).

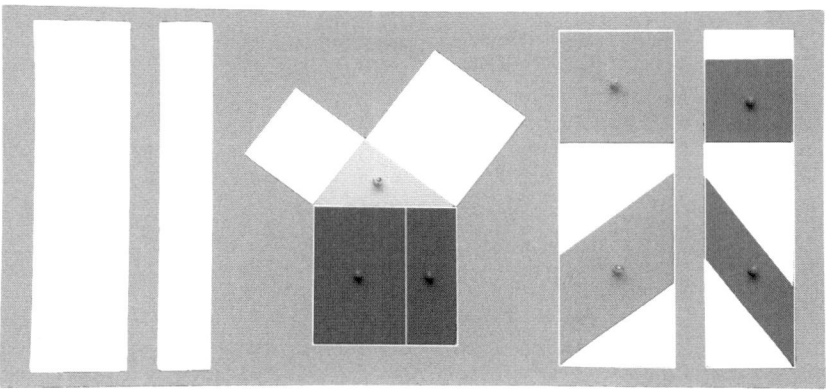

Abb. 27 - Die zwei Rhomben haben mit den zwei Quadraten eine Seite und die Höhe gemeinsam, deshalb sind sie flächeninhaltsgleich mit den Quadraten.

Die dimensionalen Entsprechungen müssen dem Kind noch nicht bekannt sein. Dieses sieht nur die roten und gelben Teile und setzt diese in die Vertiefungen des Rahmens ein. Das Einsetzen und Verschieben der beweglichen Teile gibt dem Kind die Möglichkeit, den Satz des Pythagoras zu verstehen, nicht das abstrakte Wissen über die dimensionalen Entsprechungen der Seiten und der Höhen der Figuren. So wird die Übung für das Kind einfach und interessant. Das Material eignet sich für verschiedene Darbietungen.

DARBIETUNG A - *Austauschen der einzelnen Teile:*
Wir gehen vom Rahmen, wie er in Abbildung 25 dargestellt ist, aus: Die zwei Rechtecke nimmt man vom Quadrat über der Hypotenuse heraus und gibt sie in die beiden langen Rechtecke auf der linken Seite des Rahmens. Das Dreieck wird nach unten verschoben und der leere Platz wird mit den beiden Rhomben gefüllt (Abbildung 26).

Das heißt: derselbe Platz, der mit dem Dreieck und den beiden Rechtecken gefüllt war, ist dann mit dem Dreieck und den beiden Rhomben gefüllt.

Das heißt also, die Summe der zwei Rechtecke (= Quadrat über der Hypotenuse) entspricht der Summe der zwei Rhomben.

Beim weiteren Austauschen der Teile beziehen wir uns auf die Rhomben, um ihre Gleichheit mit den Quadraten über den Katheten zu beweisen. Beginnen wir mit dem größeren Quadrat: Wir gehen dabei wieder vom Rahmen, wie er in Abbildung 25 dargestellt ist, aus und betrachten nun den Raum, den das Dreieck und das Quadrat über der längeren Kathete einnehmen. Die Teile nehmen wir heraus und füllen den Raum in folgender Weise:
1. mit dem Dreieck und dem Quadrat über der längeren Kathete
2. mit dem Dreieck und dem größeren Rhombus, wie in Abbildung 28.

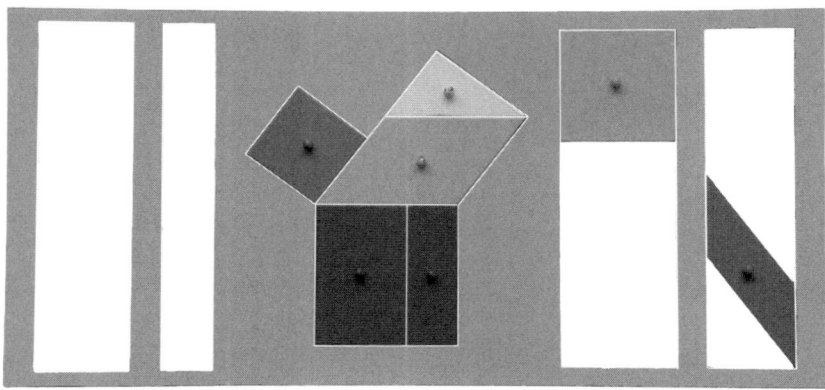

Abb. 28 - Den Raum, den Dreieck und Quadrat einnehmen, nehmen nun das Dreieck und der größere Rhombus ein.

Und so weiter, ... siehe Abbildung 29.
Wie schon gesagt, eignet sich der Rahmen auch für eine weitere Darbietung.

Abb. 29 - Den Raum des kleineren Quadrats und des Dreiecks nehmen nun folgende Teile ein: Dreieck und kleinerer Rhombus.

DARBIETUNG B – *Gleichheit:*
In dieser zweiten Darbietung wird die Gleichheit der Rhomben, Rechtecke und Quadrate bewiesen und zwar in den seitlichen rechteckigen Streifen, außer-

halb der Figur. Es wird somit bewiesen, dass die Höhen der hineingelegten Vierecke gleich sind.

Man geht nun folgendermaßen vor: Ausgegangen wird wie immer von der Normalposition (Abbildung 25). Es werden die beiden Rechtecke herausgenommen und mit den beiden Rhomben in die Parallelstreifen auf der linken Seite gegeben. Damit ist gezeigt, dass die Höhe der Figuren gleich ist. Es genügt nun, die Figuren entlang der Basen zu vergleichen um zu sehen, dass sie flächeninhaltsgleich sind (Abbildung 30).

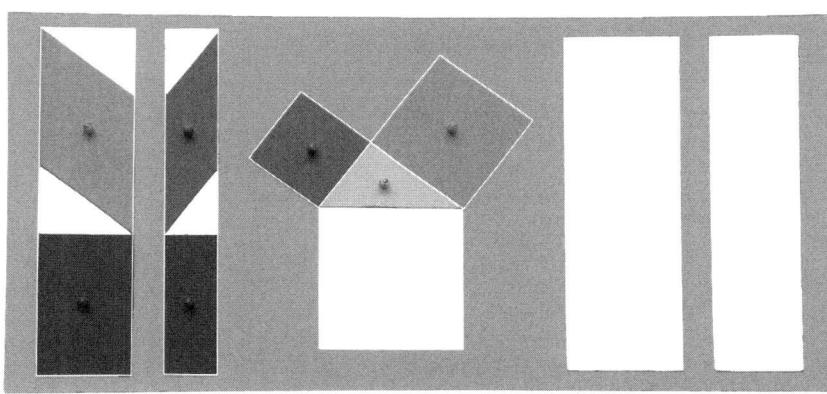

Abb. 30 - Die beiden Rhomben haben mit den beiden Rechtecken eine Seite und die Höhe gemeinsam, daher sind sie flächeninhaltsgleich mit den Rechtecken.

Man kehrt nun zur Normalposition zurück und verfährt genauso mit den Quadraten (Abbildung 27). In die Rechteckstreifen auf der rechten Seite passen das große Quadrat und der große Rhombus, diesmal aber nach der längeren Höhe ausgerichtet; so kann man das auch mit dem kleineren Quadrat und dem kleineren Rhombus machen. Auch diese Figuren haben gleiche Basen und gleiche Höhen. Es folgt daraus, dass auch die Rhomben und Quadrate flächeninhaltsgleich sind. Da Rechtecke und Quadrate jeweils flächeninhaltsgleich sind mit den Rhomben, sind die Rechtecke auch flächeninhaltsgleich mit den Quadraten; der Satz ist somit bewiesen.

* * *

Es gibt noch anderes Geometriematerial, das aber weniger wichtig ist.

Vierte Serie der geometrischen Einsätze: Teilung des Dreiecks

Dieses Material besteht aus vier gleichen Platten, in denen sich jeweils ein gleichseitiges Dreieck mit der Basis von 10 cm Länge auf weißem Grund befindet. Es gibt nun verschiedene Teile, die das Dreieck ausfüllen (Abbildungen 31 und 32).

In einer Platte ist ein ganzes Dreieck: das Vergleichsdreieck. Eine weitere ist mit zwei rechtwinkeligen Dreiecken gefüllt, jeweils die Hälfte des Vergleichsdreiecks, das der Höhe nach geteilt ist. Das dritte Dreieck ist in drei Teile geteilt, die Teilungslinien sind die Winkelhalbierenden. Das vierte schließlich ist in vier gleichseitige Dreiecke geteilt, das heißt, es sind ähnliche Dreiecke zum Vergleichsdreieck.

Abb. 31 - Die Dreiecksteile, bei denen das Dreieck in zwei, drei oder vier Teile geteilt ist, sind teilweise aus den Feldern herausgenommen.

Das Kind kann nun mit diesen Dreiecken ein genaueres Studium machen, als es das mit dem Material im „Kinderhaus" machen konnte. Es misst die Winkel der Ecken und unterscheidet rechte (90°), spitze (< 90°) und stumpfe Winkel (> 90°). Indem es die Summe aller Winkel im Dreieck misst, findet es heraus, dass die Winkelsumme immer gleich ist, nämlich 180°, das heißt, zweimal der rechte Winkel.

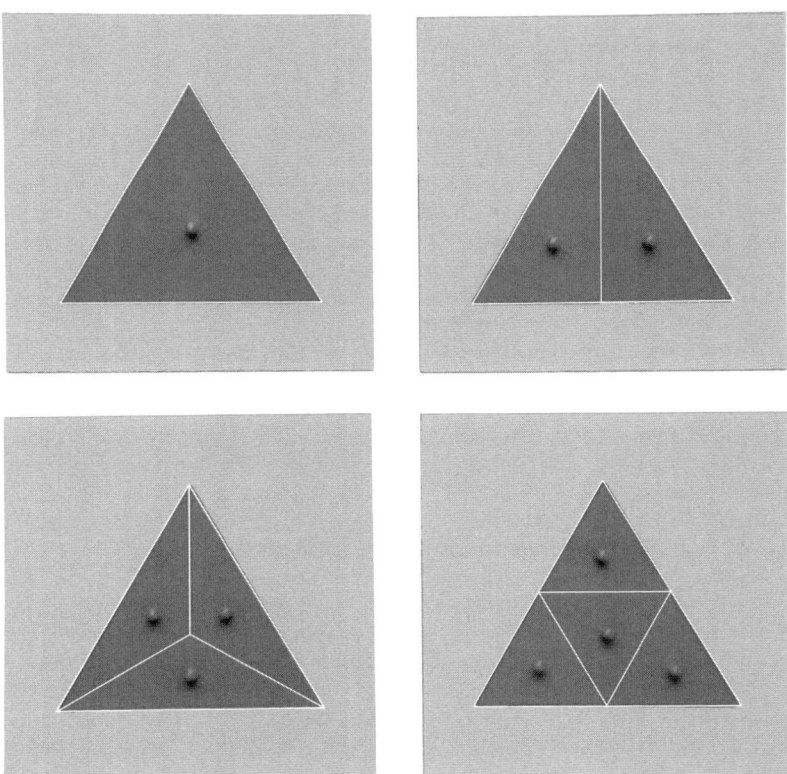

Abb. 32 - Die Dreiecke sind nun eingeordnet.

Das Kind kann beobachten, dass im gleichseitigen Dreieck alle Winkel gleich sind und genau 60° betragen: Im gleichschenkeligen Dreieck sind die beiden spitzen Winkel gleich groß, während im rechtwinkeligen Dreieck die Winkel alle verschieden groß sind, die Summe der beiden spitzen Winkel genau dem rechten Winkel gleich ist. Man kann daher sagen, dass Dreiecke ähnlich sind, wenn ihre Winkel gleich sind.

Material der eingeschriebenen und konzentrischen Figuren

Dieses Material besteht großteils aus schon beschriebenem und ist eine Anwendung desselben. Auf den weißen Grund kann man eingeschriebene und konzentrische Figuren legen. So z. B. kann man in das gleichseitige Dreieck das kleine gleichseitige rote Dreieck legen, das ein Viertel des großen Dreiecks ist: jede Spitze des mittleren Dreiecks berührt jeweils den Mittelpunkt der Seiten des großen Dreiecks (Abbildung 31).

Es gibt beim Geometriematerial auch zwei Quadrate: eines mit 7 cm Seitenlänge und das andere mit 3,5 cm Seitenlänge; das Quadrat mit 7 cm Seitenlänge kann man auf den Grund des Quadrates mit 10 cm Seitenlänge so legen, dass jede Spitze den Seitenmittelpunkt des Rahmenquadrats berührt. Dasselbe kann man mit jenem Quadrat von 5 cm Seitenlänge (das ist ein Viertel des großen Quadrats) im Rahmen des Quadrats von 7cm Seitenlänge machen; mit jenem von 3,5 cm Seitenlänge im Quadrat von 5 cm Seitenlänge; und schließlich mit dem Quadrat, das ein Sechzehntel des großen Quadrats ist, im Rahmen des Quadrats mit 5 cm Seitenlänge.

Darüber hinaus gibt es einen Kreis, der den Rahmen des großen gleichseitigen Dreiecks berührt: diesen Kreis kann man auf den weißen Grund des großen Kreises (10 cm Seitenlänge) legen, in diesem Fall bleibt rundherum ein weißer Kreisring über (konzentrischer Kreis). Im kleinen obengenannten Kreis lässt sich perfekt das kleinere gleichseitige Dreieck einschreiben (ein Viertel des großen Dreiecks).

Schließlich gibt es noch einen ganz kleinen Kreis, der das kleine gleichseitige Dreieck berührt. Weiters gibt es noch Kreise, die die Quadrate berühren und zwar jene von 7 cm und 3,5 cm Seitenlänge. Der große Kreis mit 10 cm Durchmesser passt genau in das Quadrat mit 10 cm Seitenlänge; und alle anderen Kreise sind zu diesem konzentrisch. All diese Zusammenhänge ergeben, dass die Figuren für künstlerische Darstellungen geeignet sind, aus denen man dekorative Zeichnungen machen kann (siehe das folgende Kapitel: Zeichnen).

Es gehören dann noch zwei Sterne dazu, die dem dekorativen Zeichnen dienen: die zwei Sterne oder *Blumen* sind auf dem Quadrat mit 3,5 cm Seitenlänge konstruiert: angesetzte Halbkreise (einfache Blume); der mittlere Kreis wird über den Halbkreis gezogen, sodass sich vier Kreise treffen (Blume und Blätter).

III. Dreidimensionale Geometrie

Geometrische Körper

So wie die Kinder begonnen haben, die Fläche jeder regelmäßigen geometrischen Figur mit Hilfe der erworbenen arithmetischen Kenntnisse zu berechnen, mittels des Perlenmaterials über Quadrat und Kuben der Zahlen, so ist es auch sehr einfach, mittels derselben Prinzipien das Volumen der geometrischen Körper zu berechnen.

Dass man die Grundfläche mit der Höhe multipliziert, führt zur Berechnung des Volumens des Prismas; das kann man ganz leicht nach dem Studium der Kuben der Zahlen mit den Kuben der Perlen erkennen.

Abb. 33 - Geometrische Hohlkörper

Abb. 34 - Geometrische Hohlkörper

Es gibt drei geometrische Hohlkörper: ein Prisma, eine Pyramide derselben Grundfläche und Höhe wie dieses Prisma und ein Prisma mit gleicher Grundfläche und einem Drittel der Höhe des ersten Prismas. Diese sind hohl; die zwei Prismen sind wie Schachteln mit einem Deckel zu schließen und die Pyramide ohne Deckel. Sie dient dazu, Material aufzunehmen und zu befördern (Abbildungen 33 und 34).

Diese Körper kann man mit verschiedenen Substanzen füllen, wie Hirse oder Sand, und so kann man den Inhalt messen, so wie man zum Beispiel in der Anthropologie den Inhalt eines Schädels messen möchte. Einen Körper so zu füllen, dass exakt immer der gleiche Inhalt hineinpasst, ist nicht einfach; wir nehmen normalerweise immer eine geringere Menge des Materials, die dem wahren Volumen nicht entspricht, sondern einem geringeren.

Man muss wissen, wie man einen Hohlkörper füllt. Genau so wie es Geschicklichkeit erfordert, ein Paket zu machen, in dem die Gegenstände möglichst geringen Raum einnehmen sollen. Das ist eine angenehme Übung für die Kinder: die Behälter zu schütteln und ihnen die größte Menge an Inhalt einzufüllen.

Man kann die Körper auch mit Flüssigkeiten füllen, in diesem Fall müssen die Kinder lernen umzugießen ohne auszuschütten und damit an Inhalt zu verlieren. Diese technischen Vorgänge sind eine Vorbereitung zum Umgang mit den *metrischen Maßen*.

Die Kinder stellen auf diese Weise fest, dass die Pyramide das selbe

Volumen wie das kleine Prisma hat, das heißt ein Drittel des großen Prismas: daher berechnet man das Volumen der Pyramide mittels Multiplikation der Grundfläche mit einem Drittel der Höhe.

Wenn man das kleine Prisma z. B. mit Plastilin füllt, hat man die selbe Menge an Material, um die Pyramide zu füllen und so könnte man aus Plastilin zwei volumengleiche Körper herstellen, die nicht leer sind. Aus der fünffachen Materialmenge des kleinen Prismas kann man somit drei der geometrischen Körper herstellen.

* * *

Wenn man diese fundamentalen Kenntnisse hat, ist es einfach, den Rest zu studieren: wenige Erklärungen werden dazu nötig sein.

In vielen Fällen können die Nachforschungen vom Wunsch des Kindes aus angespornt sein, die Probleme, die sich ihm stellen, zu lösen: Wie findet es die Fläche des Kreises? Wie das Volumen des Zylinders? Wie das des Kegels?

Oder das Problem, die Oberfläche der geometrischen Körper zu berechnen. Oft haben die Kinder spontane Intuitionen: und es ist sicherlich spontan, dass die Kinder alle Oberflächen von Körpern abmessen wollen, die ihnen zur Verfügung stehen - so holen sie sich auch Material vom „Kinderhaus".

Das Material bietet eine Serie von Körpern aus Holz an, deren Grundmaß immer 10 cm ist.

Es sind folgende Körper:

Parallelepiped[1] mit quadratischer Grundfläche (10, 10, 20 cm);
Parallelepiped mit quadratischer Grundfläche, ein Drittel des obengenannten Körpers;
Quadratische Pyramide (10, 10, 20 cm);
Dreieckiges Prisma (10, 20 cm);
Dreieckiges Prisma gleich einem Drittel des oberen Prismas;
Entsprechende Pyramide (10, 20 cm);
Zylinder (Durchmesser 10 cm, Höhe 20 cm);
Zylinder gleich einem Drittel des oberen Zylinders;
Kegel (Durchmesser 10 cm, Höhe 20 cm);
Kugel (Achse 10 cm);
Ovoid (längere Achse 10 cm);
Ellipsoid (längere Achse 10 cm).

Und die regelmäßigen Polyeder:
Tetraeder;
Kubus;
Oktaeder;
Ikosaeder;
(diese Polyeder sind verschieden bemalt).

[1] Anmerkung der Übers.: Parallelepiped = von 3 parallelen Ebenen begrenzter Körper

ANWENDUNGEN

DIE POTENZEN DER ZAHLEN

MATERIAL: Zwei Kuben mit gleicher Kante von 2 cm; ein Prisma, das Doppelte der Kuben; ein Prisma gleich dem Doppelten des vorhergehenden Prismas; sieben Kuben mit 4 cm Kantenlänge.

Damit macht man folgende Zusammenstellungen:
Die zwei kleineren Kuben gegenübergestellt: 2;
Dieselben neben dem Prisma, das das Doppelte der Kuben ist, das zusammen ist: 2^2;
Dieselben mit dem doppelten Prisma: 2^3; so kommt man zu einem Kubus mit 4 cm Kantenlänge: stellt man noch so einen Kubus dazu mit 4 cm Kantenlänge, hat man 2^4; gibt man noch zwei weitere solcher Kuben dazu hat man 2^5; gibt man darauf weitere vier gleiche Kuben hat man 2^6.
So hat man einen Kubus mit 10 cm Kantenlänge konstruiert.
2^0, 2^3 sind Kuben; 2^2, 2^5 sind Quadrate; 2, 2^4 sind Stangen.

DER KUBUS EINES BINOMS

$(a + b)^3 = a^3 + b^3 + 3a^2b + 3b^2a$

MATERIAL: Ein Kubus mit 6 cm Kantenlänge;
Ein Kubus mit 4 cm Kantenlänge;
Drei Prismen mit quadratischer Grundfläche von 4 cm Kantenlänge und der Höhe 6 cm;
Drei Prismen mit quadratischer Grundfläche von 6 cm Kantenlänge und der Höhe 4cm.

Damit rekonstruiert man einen Kubus von 10 cm Kantenlänge.

* * *

GEWICHTE UND MASSE

Für Gewichte und Maße gibt es ähnliche Anwendungen und Experimente. Die Kinder haben dazu mehrere Gegenstände zur Verfügung, die es im Handel oder in den Bereichen des praktischen Lebens gibt.

Schon seit dem „Kinderhaus" hatten sie die roten Stangen in den Händen, die den *Meter* und die Unterteilungen in *10 cm* enthalten.

Dann haben sie den Dekameter zur Verfügung, mit dem sie Fußböden etc. abmessen können und die Fläche berechnen. Sie haben den Meter in verschiedenen Formen zur Verfügung: als Metermaß wie ihn die Kaufleute benutzen, ein Metermaßband.

Ein Lineal von 20 cm Länge, unterteilt in mm, verwenden sie weitgehendst zum Zeichnen; und sie haben Freude daran, die Flächen der gezeichneten geometrischen Figuren zu berechnen oder der Metallrahmen der geometrischen Figuren. Oft berechnen sie die weißen Flächen und auch die einzelnen Teile, die hineinpassen, um zu überprüfen, ob die Summe der einzelnen Flächen gleich der ganzen entspricht. Dass die Maße immer andere Namen annehmen, je zehn Einheiten, ist für die Kinder leicht zu verstehen, sie sind ja im Dezimalsystem schon vorbereitet und haben große Leichtigkeit im Erweitern ihres Vokabelschatzes.

Die Zusammenhänge von Länge, Fläche und Volumen nehmen sie mit den verschiedenen Maßen dazu auf und wissen, dass es bei den Längen immer 10 von einer Einheit zur nächsten sind, bei den Flächen 100, beim Volumen 1000.

Das Perlenmaterial und der rosa Turm, mit dem in der ersten Kindheit gebaut wurde, geben den Ansporn zu einer tieferen Auseinandersetzung mit den sogenannten Sinnesmaterialien.

Sie berechnen die Volumina der geometrischen Körper: Stangen, braune Treppe, rosa Turm. Sie erkennen so die verschiedenen Dimensionen, auch ist schon bekannt, dass das Quadrat von zehn hundert ist und der Kubus von zehn tausend.

* * *

Die Kinder verfügen über verschiedene wissenschaftliche Instrumente: Thermometer, Destilliergerät, Waage und verschiedene „Maße in Verwendung".

Einen leeren metallenen Kubus mit 10 cm Kantenlänge, wie die geometrischen Körper, die zur Berechnung von Volumina dienen, füllt man mit Wasser und da ist der *Liter*, den man in der Glasflasche messen kann. Alle Vielfachen des Zehnersystems sind so leicht zu verstehen. Die Kinder arbeiteten oft mit Flüssigkeiten, die sie hin und her schütteten, und mit den kleinen Maßen für Wein und Öl, die im Handel sind.

Sie destillieren dann das Wasser mit dem Destilliergerät, messen mit dem Thermometer bis 100°, die Temperatur des kochenden Wassers und die Temperatur des Gemisches im Kühlschrank; sie sammeln das Wasser, das man braucht, um das Gewicht von einem kg zu bestimmen, und halten dabei seine Temperatur bei 4°.

Auch Gegenstände, um verschiedenste Inhalte zu messen, stehen den Kindern zur Verfügung.

Es ist nicht notwendig, besonders hervorzuheben, welche Vielfalt von Konsequenzen entsteht, die auf eine methodische Vorbereitung der Intelligenz zurückzuführen sind und sich auch dadurch ergeben, weil die Möglichkeit besteht, mit realen Gegenständen in Kontakt zu sein.

Eine Menge von Aufgabenstellungen, von uns oder den Kindern selbst gemacht, zeigt, wie einfach das spontane Produzieren der äußeren Effekte ist, wenn die innere Vorbereitung geschehen ist! ...

V ZEICHNEN

-
-
-
-

I. Zeichnen geometrischer Figuren

Es wurde schon vorher erwähnt, dass die geometrischen Einsatzrahmen auch ihre Anwendung beim Zeichnen haben. Und beim Zeichnen kann das Kind lange bei den geometrischen Figuren verweilen, indem es sie verschieden kombiniert, die Teile untereinander austauscht und daraus eine komplexe Lernarbeit macht. Durch das Abzeichnen reproduziert es alle Figuren und lernt dabei viele Begriffe und Hilfsmittel kennen und diese auch anwenden, wie: das Lineal mit Zentimetereinteilung, Winkeldreieck, Winkelmesser, Reißfeder, Zirkel. Wir haben dieses Geometriematerial mit einem Album ergänzt, das nicht nur die Abbilder aller Figuren enthält sondern auch kurze Erklärungen und ihre genauen Bezeichnungen. Das Kind kann somit nicht nur die Figuren sondern auch das ganze Album, einschließlich der erklärenden Tafeln reproduzieren.

Die Erklärungen auf den Tafeln sind ganz einfach, wie zum Beispiel folgende zum Quadrat:

„QUADRAT": Die Basis des Quadrats ist in 10 Zentimeter geteilt. Alle anderen Seiten sind genauso lang, also auch 10 cm. Das Quadrat hat vier gleich lange Seiten und vier rechte Winkel. Das sind die Charakteristika des Quadrats, das heißt die Zahl vier bezieht sich auf die Gleichheit der Seiten sowie auf die der Winkel.

Die Kinder falten Blätter und konstruieren Figuren, mit einer bewundernswerten Aufmerksamkeit und Handhabung. Sie lieben es, mit dem Zirkel zu arbeiten und sind stolz darauf, ihn zu besitzen.

Ein Mädchen verlangte von seiner Mutter zu Weihnachten „die *letzte* Puppe und eine Schachtel mit Zirkeln", als ob es sich um den Abschluss einer Lebensepoche handeln würde. Ein Bub bat, seine Mutter begleiten zu dürfen, als sie für ihn die Zirkel kaufen ging. Die Verkäuferin war erstaunt, dass die Zirkel für so ein kleines Kind bestimmt waren, und bot daher die einfachsten an. „Nein, nicht diese", protestierte das Kind, „ich will eine Schachtel mit Zirkeln für Ingenieure". Und so bekam er diese - das war der Grund, warum er seine Mutter begleiten wollte.

Wenn die Kinder zeichnen, lernen sie viele Einzelheiten der geometrischen Figuren kennen: Seiten, Ecken, Basis, Zentrum, Mittellinie, Radius, Durchmesser, Sektor, Segment, Diagonale, Mittelsenkrechte, Kreisumfang, Umfang, usw.

Sie lernen das nicht auswendig und belassen es auch nicht damit, das Album zu reproduzieren. Jedes Kind gestaltet das Album nach seinen Vorlieben. Das

Album besteht aus weißen Zeichenblättern, auf die mit Chinatinte gezeichnet wird, für die Spezialtafeln werden bunte Blätter verwendet, auf die mit Tinte in allen Farben, auch Silber und Gold, gemalt wird. Die Kinder füllen die geometrischen Figuren mit verschiedenen Ornamenten aus, mit der Feder oder Aquarell. Diese führen zu Erkenntnis und Verständnis einzelner Teile der geometrischen Figuren wie: Zentrum, Ecken, Umfang, Mittellinie, Diagonale, usw. (Abbildungen 35, 36 und 37).

Die Ornamente werden von den Kindern ausgewählt oder von ihnen erfunden, ebenso obliegt die Wahl der Farben, der Blätter und der Tinte den Kindern. Um die ästhetische Vorstellungskraft der Kinder zu nähren, genügt die direkte Beobachtung der Natur (Blüten und ihre Bestandteile - Blütenstaub, Blätter, Querschnitte der Stängel - beobachtet unter dem Mikroskop, Pflanzensamen, Muscheln, Insekten, usw.). Weiters haben sie Zeichnungen von Künstlern zur Verfügung, Fotos von Kunstwerken und die berühmten Alben von Haeckel: „Kunstformen der Natur", die die Kinder interessieren und begeistern.

Das Zeichnen beschäftigt die Kinder viele Stunden: Somit wird die ganze Kunstgeschichte während dieser Arbeit des Kopierens vom Kind aufgenommen.

Sei es das Kopieren oder das Zeichnen von selbst Beobachtetem, die Auswahl der Farben, die zum Ausfüllen der Figuren genommen werden oder die dazu dienen, das Zentrum oder die Seite einer Figur zu erkennen: der mechanische Akt des Verdünnens einer Farbe, der Vergleich verschiedener Tinten, das Auflösen der Bronzefarbe, das Spitzen eines Bleistifts, ein Blatt zurechtlegen, den Zirkel öffnen, all das erfordert viel Geduld und Genauigkeit, erfordert aber nicht viel geistige Konzentration. Es ist deshalb mehr eine Arbeit der Beharrlichkeit und weniger der Eingabe, wobei die Gabe der Beobachtung der einzelnen Besonderheiten für eine genaue Reproduktion den Geist eher ordnet und erholen lässt, anstatt ihn für kreative Arbeiten in Bewegung zu bringen. Das Kind ist mehr von den Arbeiten der Hände gefesselt als vom Geist, aber auch der Geist ist von diesen Beschäftigungen eingenommen, sodass er keine Zeit zum Träumen hat.

Das sind Stunden ruhiger Arbeit, in denen das Kind nur teilweise beschäftigt ist und noch etwas anderes sucht. So wie im Winter, wenn sich die Familie am Kamin versammelt und jeder mit einer manuellen Arbeit beschäftigt ist, die nicht sehr viel Intelligenz erfordert; man verfolgt die Flammen des Feuers mit einer gewissen Zufriedenheit, bereit, Stunden in Frieden zu verbringen - wohl merkend, dass ein Teil der Bedürfnisse nicht zufrieden gestellt ist. Das ist die Zeit, Geschichten zu erzählen oder zu lesen und auch für unsere Kinder ist das die beste Zeit, um vorgelesenen Inhalten aller Art zuzuhören.

So zum Beispiel „Die Verlobten" von Manzoni, Psychologiebücher wie Itard's „Die Erziehung des Wilden von Aveyron" oder Geschichtsbücher. Die Kinder entwickeln so ein tiefes Interesse am Lesen: jedes ist mit seiner Zeichnung beschäftigt und in Gedanken mit der Beschreibung des Gehörten; es scheint, dass in der Beschäftigung mit dem einen, die notwendige Energie für die Vervollkommnung des anderen gefunden wird. Die mechanische Aufmerksamkeit, die dem Zeichnen gewidmet wird, macht das Kind fähig, das Vorgelesene aufzusaugen;

Abb. 35 - Beispiele für Verzierungen des Quadrats entlang der Mittellinien und Diagonalen gemäß der Naturgestaltung Haeckels.

Abb. 36 - Verzierungen im Zentrum und an den Ecken.

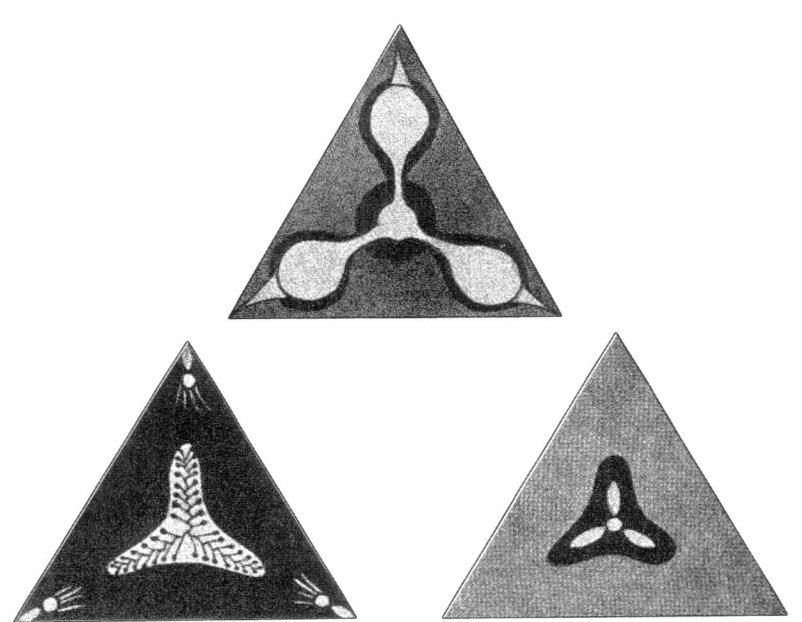

Abb. 37 - Verzierungen des Dreiecks in Zentrum, Ecken und entlang der Winkelsymmetralen.

andererseits scheint die Freude darüber, der Hand und dem Auge neue Energie zu geben.

Die Linien werden sehr exakt, das Ausgemalte wird immer feiner. Hat das Interesse am Lesen den Höhepunkt erreicht, beginnen die Kinder mit Bemerkungen, Ausrufen, Beifall oder Diskussionen, die die Arbeit anregen oder erheitern, ohne sie zu unterbrechen. Es ist aber auch schon vorgekommen, dass eine Zeichnung kurzfristig unterbrochen wurde, um eine Szene einer Komödie zu entwerfen und sofort einen historischen Moment darzustellen, der das Herz berührte; oder es blieben - so wie es während des Lesens des „Wilden von Aveyron" geschah - die Hände unbewusst in der Intensität der Emotion hängen, während das Gesicht mit einem Ausdruck von Ekstase den bekannten sentimentalen Vers zu interpretieren schien:

„Eine Frau, dieser ähnlich, hab ich noch nie gesehen."

Künstlerische Kompositionen mit den Einsatzrahmen

Unsere geometrischen Einsatzrahmen, die alle von den Dimensionen her zusammenpassen und ein System von einschreibenden Figuren enthalten, eignen sich zu den schönsten Kompositionen. Damit stellen die Kinder die tollsten Kreationen her und manchmal verfolgen sie eine ihrer künstlerischen Ideen Tage und Wochen lang. Schon die Einsatzrahmen selber stellen durch ihre innere Beweglichkeit und die Kombinationsmöglichkeiten auf weißem Grund Dekorationen dar (Abbildungen 38 und 39).

Die Einfachheit, Bilder zu komponieren, indem man die Metallstücke auf ein Blatt Papier legt und sie nachzeichnet, und die Harmonie, die man dadurch erreicht, entfachen im Kind eine Leidenschaft: es stellt auf diese Weise manchmal wundervolle Arbeiten her.

Während dieser kreativen, zeichnerischen Tätigkeit ist das Kind, so wie beim Abzeichnen von wahren Gegenständen, ganz tief konzentriert: all seine Intelligenz ist gefesselt und jede Anweisung würde stören.

Mit unseren Einsatzrahmen konnten einige klassische Dekorationen, die in unseren größten italienischen Kunstwerken bewundert werden, reproduziert werden, wie zum Beispiel in jenen von Giotto, in der florentinischen Kunst (Abbildungen 40, 41, 42 und 43). Wenn die Kinder versuchen, mit den Einsatzrahmen die klassischen Dekorationen von den Vorlagen einer Fotosammlung zu reproduzieren, leisten sie minuziöse Beobachtungsarbeit, die sich als künstlerische Studie bezeichnen lässt. Was die Proportionen der wirklichen Figuren betrifft, achtet das Kind dabei auf Harmonie. Das ästhetische Empfinden wird so ab der frühesten Kindheit geschult.

Abb. 38 - Kombinationen der einzelnen Teile in den Einsatzrahmen.

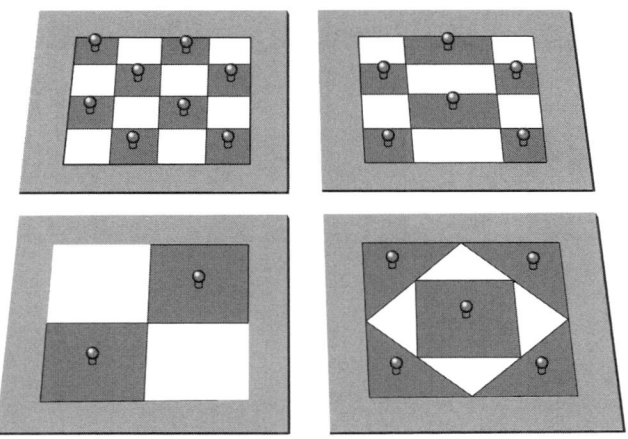

Abb. 39 - Kombinationen der einzelnen Teile in den Einsatzrahmen.

Abb. 40 - Dieses Design entstand mit folgenden Elementen der Einsätze:
großes Quadrat (10 cm Seitenlänge),
in obiges eingeschriebenes Quadrat (7 cm SL.),
Quadrat mit 3,5 cm SL.,
großer Kreis, mit dem der Stern des kleinen Quadrats konstruiert wird,
einfache Blume, mit der das große Quadrat verziert wird.
Die einzige Freihandzeichnung dabei ist die Abänderung der gekrümmten Linien des kleinen Quadrats innerhalb der Blume.
Eine derartige Dekoration befindet sich in der Kathedrale von Florenz auf den großen Fenstern rund um die Apsis: Fotografien dieses künstlerischen Details sind im Handel erhältlich.

Abb. 41 - Die Zeichnung wurde mit folgenden Einsatzelementen hergestellt:
großes Quadrat (10 cm),
Quadrat mit 5 cm SL.: entspricht einem Viertel des obigen, Kreis, der dem kleinen gleichseitigen Dreieck eingeschrieben ist (1/4 des großen Dreiecks),
Quadrat mit 3,5 cm SL. - es ist für den kleinen Stern im Zentrum zweckmäßig, der eine Freihandzeichnung ist.
Mit dem Kreis werden die vier Halbkreise im kleinen Quadrat konstruiert, dieses dient als Verzierung für den Stern, der mit Hilfe der zwei großen Quadrate gebildet wird. Die Blume, im sich ergebenden Kreuz, wurde mit dem Zirkel konstruiert: das kleine schmückende Detail in den Armen des Kreuzes ist ebenfalls eine Freihandzeichnung.

Abb. 42 - Verzierung, die mit folgenden Einsatzelementen gestaltet wurde:
großes Quadrat (10 cm),
Quadrat, das einem Viertel des großen entspricht (5 cm),
Quadrat mit 3,5 cm SL.

Aus dem kleinen Quadrat im Inneren wurde ein Kreuz, die Umrisse wurden durch zwei parallele Linien ersetzt.

Abb. 43 - Konstruktion, die mit Hilfe zweier Einsätze entstanden ist:
Quadrat, das einem Viertel des großen Quadrats entspricht (5 cm Seitenlänge),
Dreieck, das 1/16 des großen Quadrats entspricht.

Diese Verzierung befindet sich unterhalb des Madonnenbildnisses in der Kirche des Hl. Franz von Assisi (Umbrien).

II. Freies Zeichnen vom Vorbild der Natur

Alle vorangegangenen Übungen sind für die Kunst des Zeichnens prägend. Sie stellen dem Kind das Handwerkszeug zur Verfügung, um eine geometrische Zeichnung ausführen zu können und schulen das Auge für das Schätzen der harmonischen Proportionen zwischen den einzelnen geometrischen Figuren. Auch das Betrachten vieler Zeichnungen sowie die Gewohnheit, Gegenstände aus der Natur minuziös genau zu beobachten, sind vorbereitende Schulungen. Man kann aber auch sagen, dass die Methode, Hand und Auge zu schulen, und die Gewohnheit, zu beobachten und die Arbeiten mit großer Ausdauer auszuführen, auf das Zeichnen vorbereitet. Der Geist, der immer die Möglichkeit hatte sich frei zu entfalten, ist nun bereit zu produzieren.

Das Zeichnen, dieser wunderbare Ausdruck der menschlichen Seele, formt das Individuum. Die Fähigkeit das *Wahre in den Formen* zu sehen, in den Farben, in den Proportionen; die Bewegungen der eigenen Hand im Griff zu haben, genügen schon. Die Inspiration ist dann jedem Einzelnen überlassen und jeder kann, wenn er im Besitz der grundlegenden Elemente ist, dieser Ausdruck verleihen.

Es gibt keine abgestuften Übungen des Zeichnens bis hin zur künstlerischen Kreation; nur die Ausbildung der Mechanismen und die Freiheit des Geistes können dazu führen.

Deshalb unterrichten wir die Kinder nicht direkt im Zeichnen, wir bereiten sie nur indirekt darauf vor und lassen sie dann unbeeinflusst, die geheimnisvolle und göttliche Arbeit die Dinge, gemäß ihrer Gefühle reproduzieren.

Das Zeichnen wird dann wie das Sprechen zum natürlichen Bedürfnis sich auszudrücken; jede Idee kann so durch das Zeichnen ausgedrückt werden und der Wunsch, sich zu perfektionieren, ist ähnlich dem beim Erlernen der Muttersprache, wo die Gedanken in die Realität übertragen werden. Dieser Wunsch kommt spontan; der echte Zeichenlehrer steckt im Kind selbst, er entwickelt sich, perfektioniert sich und kommt dann durch die Werke, die entstehen, nach außen.

Schon von klein auf versuchen die Kinder, spontan die Umrisse der Gegenstände, die sie wahrnehmen, zu zeichnen; die schrecklichen Zeichnungen aber, die in den Regelschulen präsentiert werden und als freie Kreationen und als charakteristische Kinderzeichnungen bezeichnet werden, sieht man bei unseren Kindern nicht. Jene schrecklichen Gekritzel, die von den modernen Psychologen als Dokumente der kindlichen Seele gesammelt und katalogisiert werden, sind nichts anderes, als scheußliche Zeugnisse einer vernachlässigten Seele. Sie enthüllen, dass das kindliche Auge ungeschult ist, die Hand unbeweglich, die Seele taub dem Schönen sowie dem Hässlichen gegenüber, blind für das Wahre und auch das Falsche. Sie enthüllen die Irrtümer der Seele. Sie brüllen mit lauter Stimme hinaus, was der Mensch ohne Erziehung ist.

Das sind keine *„freien Zeichnungen"* der Kinder. Man bekommt *freie Zeichnungen*, wenn man freie Kinder hat, die wachsen und sich perfektionieren konnten, in all ihren Aktivitäten der Assimilation ihrer Umgebung und des Nachahmens; und wer frei ist, sich auszudrücken und zu schaffen, der drückt sich auch tatsächlich aus und schafft.

Die sensorische und manuelle Vorbereitung für das Zeichnen ist nichts anderes als ein Alphabet; aber ohne sie ist das Kind ein Analphabet, der sich nicht ausdrücken kann. Genauso wenig, wie man die Schrift eines Analphabeten untersuchen kann, kann jemand ein psychologisches Studium über die Zeichnungen der Kinder machen, die ihrem inneren Chaos und dem der unkoordinierten Muskeln überlassen wurden.

Alle Ausdrücke psychischer Art sind wertvoll, wenn die innere Persönlichkeit durch die eigene Entwicklung an Wert gewinnt. Wenn das Kind nicht die Möglichkeit zur eigenen Entwicklung hat, verstehen wir nichts von der Psychologie dieses Kindes und seines kreativen Potentials.

Wir werden nicht wissen, wie sich das Zeichnen als natürlicher Ausdruck entwickelt, solange wir nicht wissen, wie sich das Kind entwickeln muss, um seine natürlichen Ressourcen zu entfalten. Es wird keine *„Zeichenschule"* sein, die der Hand diese bedeutende Sprache vermitteln kann, sondern die *„Schule des neuen Menschen"*, die sie wie eine unversiegbare Quelle heraussprudeln lässt.

Man muss dem Kind ein Auge geben, das sieht, eine Hand, die gehorcht, eine Seele, die meditiert, um ihm das Zeichnen nahe zu bringen; und ihm ein Leben ermöglichen, das diese Aufgabe fördert. Das heißt, das Leben selbst bereitet auf das Zeichnen vor und der innere Funke erledigt den Rest.

Überlasst also dem Menschen jene erhabene Geste, die auf der Leinwand die Spuren der göttlichen Schaffenskraft hinterlässt. Lasst sie entwickeln, schon von klein auf, wenn das Kind eine Kreide in die Hand nimmt und auf der Tafel etwas reproduziert; ein kleines Blatt sieht und die ersten Eindrücke auf einer weißen Seite wiedergibt. Es ist auf der Suche nach Sprache, nach Ausdruck, weil keine Sprache alleine ausreicht, um sein inneres Leben wiederzugeben. Es spricht, schreibt, zeichnet und singt, wie eine Nachtigall im Frühling trällert.

* * *

Betrachten wir nun die einzelnen „Elemente" des Zeichnens, die unsere Kinder im Laufe ihrer Entwicklung erworben haben: sie sind aufmerksame „Beobachter", die wissen, wie sie echte Formen und Farben wiedergeben können. Sie haben eine eigene Sensibilität für Farben, die sie schon seit den ersten Lebensjahren mit den Sinnesübungen entwickeln konnten. Ihre Hände sind an die feinsten Bewegungen gewöhnt - sie beherrschen sie seit der Zeit im „Kinderhaus". Wenn die Kinder dann beginnen, Figuren zu zeichnen, stellen sie die verschiedensten Gegenstände dar - nicht nur Blumen, sondern alle Dinge, die sie interessieren: Vasen, Säulen und sogar Landschaften. Ihre Versuche sind spontan und die Kinder zeichnen auf die Tafel und auf Papier.

Was die Farben betrifft bemerkt man, dass die Kinder schon im „Kinderhaus" lernen, die Farben anzurühren und zu mischen, was sie mit großer Leidenschaft tun. Im fortgeschritteneren Alter steigt die Sorgfalt bei der Auswahl der Farben, die sich mit den Farben der Natur decken[1]: sie probieren die verschiedensten Zusammenstellungen aus, bis sie die gewünschte Nuance erreicht haben! Es ist bewundernswert zu sehen, wie das Auge die feinsten Farbnuancen erkennen kann und das Kind diese Farben mit wunderbarer Übereinstimmung reproduziert.

Das Studium der Naturwissenschaften ist eine bemerkenswerte Hilfe für das Zeichnen.

Einmal zeigte ich den Kindern, wie man eine Blume seziert; ich brachte alles dazu Nötige in die Schule mit: Pinzetten, Nadeln, Uhrgläser usw., wie es auch auf der Uni verwendet wird.

Abb. 44 - Diese Zeichnung entstand ohne Hilfe der Einsätze; ein Mädchen realisierte mit Hilfe von Zirkeln eine spontane Idee. Der Hintergrund ist schwarz, das Kreuz ist weinrot mit Schattierungen, der Kreis ist gelb, intensiver in der Mitte und zum Rande hin immer heller werdend. Die Farbkombination ist sehr harmonisch und effektvoll gewählt.

Mein Ziel war es herauszufinden, ob die Kinder zur Anatomie der Pflanzen denselben Zugang haben wie die Studenten. Von den Erfahrungen an der Uni hatte ich den Eindruck, dass die Herstellungen der Präparate auch für die Kinder geeignet seien. Alle Studenten wissen wie schwierig es ist, einen Stängel, ein Stempelgefäß oder ein Epithel mit der Nadel zu sezieren - mit einer Hand, die jahrelang nur ans Schreiben gewöhnt ist. Bedenkend, welche Fähigkeiten die Hände unserer Kinder haben, wollte ich den Versuch wagen um festzustellen, ob der kindliche Geist und die Geschicklichkeit der Hände unserer Kinder geeignet sind, dieselben Arbeiten auszuführen wie ein neunzehnjähriger Student.

Ich wurde nicht enttäuscht: die Kinder führten mit extremer Genauigkeit und lebhaftestem Interesse die Sektion eines Veilchens durch und lernten dabei die Handhabung aller Instrumente. Ich bewunderte sie, weil sie die sezierten Teile nicht wegwarfen, wie wir es als Studenten taten, sondern sie bewahrten alle Teile

---

[1] Zunächst haben die Kinder nur drei Farben zur Verfügung: rot, gelb, blau und sie mischen daraus eine Vielzahl von Farben.

auf einem weißen Blatt Papier auf. Es war wie ein unerwartetes Geheimnis: alle Kinder schickten sich an, mit großer Freude die einzelnen Teile abzuzeichnen, unermüdlich und geduldig begannen sie, die Farben zu mischen und arbeiteten bis zur letzten Minute des Schultages; die Stängel und Blätter waren grün, die Blütenblätter lila, die Staubgefäße gelb, das Stempelgefäß hellgrün. Am nächsten Tag brachte mir ein Mädchen eine lebhafte und zarte Komposition, womit sie ihre Begeisterung für die neue Arbeit beschrieb und die Einzelheiten eines Veilchens, die sie vorher noch nie beobachtet hatte.

Diese beiden Ausdrucksformen - Zeichnen und Malen - waren die spontanen Zeugnisse ihres freudigen Einstiegs in die wissenschaftliche Arbeit.

Ermutigt von so viel Erfolg, brachte ich einige einfache Mikroskope in die Schule. Die Kinder begannen, Blütenpollen und einige der Membranschichten der Blumen zu untersuchen. Von sich aus machten sie großartige Querschnitte von Stängeln, die sie aufmerksam studierten.

Sie zeichneten alles, was sie sahen. Das Zeichnen schien der natürliche Ausdruck ihrer Beobachtungen zu sein.

Auf diese Weise lernten die Kinder *ohne Zeichenlehrer* zu zeichnen und zu malen. Sie produzierten Arbeiten - sowohl geometrische Zeichnungen (Abbildung 44) als auch Naturstudien von Blumen - die den durchschnittlichen Zeichnungen von Kindern weit überlegen waren (Abbildungen 45, 46, 47 und 48).

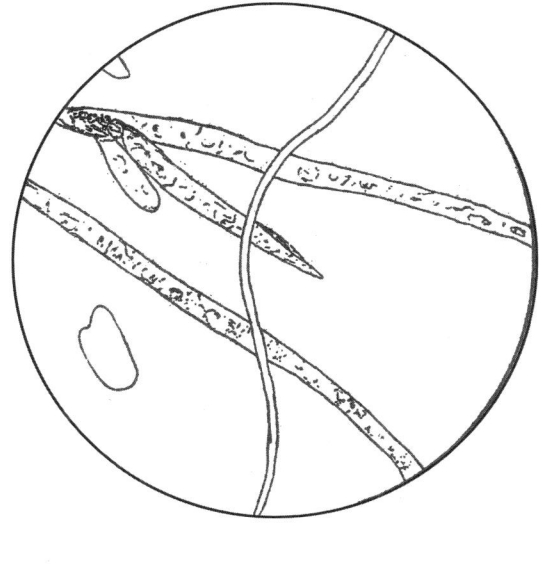

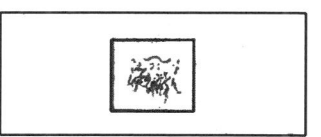

Abb. 45 - Beobachtung im Mikroskop.

Das Mädchen schrieb unter die Zeichnung: „Staubgefäße der Rose unter dem Mikroskop, darunter das Präparat".

Abb. 46 - Spontanes Ergebnis von Naturstudien.

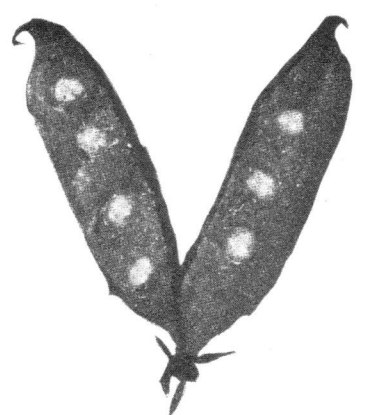

Abb. 47 - So wächst eine Erbse.

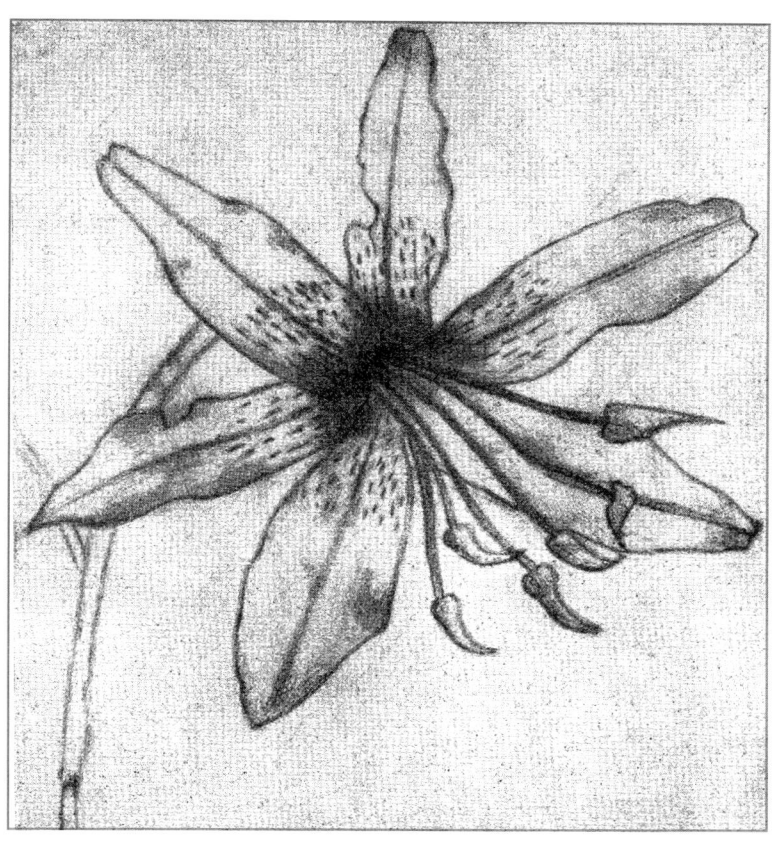

Abb. 48 - Bleistiftzeichnung.

VI Musik

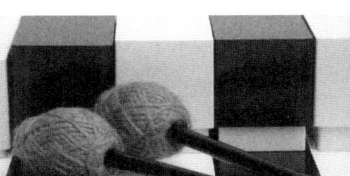

1. Die Tonleiter

Seitdem mein erster Band über die Erziehungsmethode der Kleinkinder erschienen ist, hat es einen großen Fortschritt, was die musikalische Erziehung betrifft, gegeben.

Fräulein Maccheroni, die nach Rom gezogen ist, um mit mir über die Fortsetzung der Methode in der Grundschule zu arbeiten, hat über längere Zeit verschiedene Tests gemacht und so die ersten Schritte dieses wichtigen Teils der Erziehung gewagt. Als Mitarbeiter hatten wir die Herrschaften Tronci aus Pistoja, die nach Übereinstimmung mit unseren Vorstellungen die Herstellung des Materials übernahmen.

Schon bei Erscheinen des ersten Bandes ist das Glockenmaterial entstanden, das dazu dient, das Ohr zu schulen, um die verschiedenen musikalischen Töne zu erkennen. Das Material wurde nach der Veröffentlichung von meinem „Own Handbook" (London, Heinemann, 1914), wo das erste Mal eine Abhandlung über die musikalische Methode erschienen ist, verändert und perfektioniert.

Der Hauptteil des Systems besteht aus einer Serie von Glocken, die Töne und Halbtöne innerhalb einer Oktave reproduzieren. Das Material muss die Grundzüge eines Sinnesmaterials haben, das heißt, dass nur der Sinn angesprochen wird, den man schulen will. Daher sind die Glocken äußerlich alle gleich: in der Größe, in der Form usw.; sie müssen aber verschiedene Töne von sich geben. Die einfachste Übung besteht darin, diejenigen Glocken herauszufinden, die den gleichen Ton haben.

Wie sieht nun dieses Material aus: Wir haben ein Holztablett anfertigen lassen (es kann auch aus anderem Material sein), 1,15 m lang und etwa 0,25 m breit, auf dem die Glocken stehen. Die Breite ist so gewählt, damit zwei Glocken nebeneinander stehen können. Das Tablett ist in schwarze und weiße Flächen unterteilt, so groß, dass je eine Glocke darauf stehen kann: die weißen Flächen entsprechen den vollen Tönen und die schwarzen den Halbtönen (Abbildung 49).

Dieses Tablett ist somit eine Skala, denn sie zeigt die Position der Töne in der diatonischen Skala an, das heißt, mit den weißen und schwarzen Rechtecken zeigt sie die Intervalle von Note zu Note an, was jeweils ein Halbton zwischen Terz und Quart und Sept und Oktav ist, und ein Ton zwischen den anderen Noten.

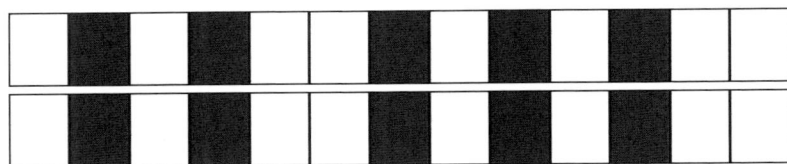

Abb. 49

Die Glocken sind fix und nicht alle gleich, ihre Größe verändert sich je nach Note. Das erleichtert nicht nur das Arbeiten, sondern macht auch die Herstellung billiger, weil die Glocken, die gleich groß sind, eine größere Dicke brauchen, und daher eine schwierigere Verarbeitung verlangen und auch mehr kosten. So wird das Auge schon an einen Unterschied gewöhnt durch das Material, wo auch wirklich ein Unterschied besteht. Die Glocken des Sinnesmaterials hingegen sind alle gleich (Tafel 27).

Die Übung ist nun folgende: das Kind lässt mit einem kleinen Schlägel eine der fixen Glocken erklingen und sucht unter den anderen, die beliebig vermischt sind, diejenige mit dem gleichen Klang. Wenn sie gefunden ist, wird sie auf den der fixen Glocke entsprechenden Platz gestellt. Bei den ersten Übungen arbeitet man nur mit vollen Tönen, in der Folge dann auch mit Halbtönen.

Nach dieser einfachen Sinnesübung, die der Paarfindung bei den anderen Reizen entspricht (taktiler Reiz, usw.), kommt das Kind nun zur Abstufung der Reize (wie das Kind es auch mit den Farbtafeln, den Geräuschdosen usw. machte). Dazu stellt das Kind die acht Glocken mit den vollen Tönen auf einen Tisch; sie werden gemischt und zum Erklingen gebracht, das Kind erkennt nun das *do* und alle anderen Noten der Oktav, die Glocken werden nun gemäß der Töne der Oktav aneinandergereiht. Wie bei den anderen Sinnesübungen wird der Name der erkannten Noten dazugelegt: *do, re, mi, fa, sol, la, si*. Ich ließ zu diesem Zweck kleine Kärtchen herstellen, auf denen der Name der Note steht, und die zu den Glocken dazugelegt werden können. Die runde Form erinnert an den Kopf der geschriebenen Note: diese Kärtchen können schon bei der ersten Übung zu den Glocken dazugelegt werden, sodass das Kind, das lesen kann, dem Ton den entsprechenden Namen der Note zuordnen kann.

Es gibt Personen, die beim Anblick dieses Materials die ehrergiebigsten Erklärungen ihrer natürlichen musikalischen Unfähigkeit machten, indem sie behaupteten, dass die Musik nur wenigen Auserwählten ihre Geheimnisse preisgibt.

Hier handelt es sich aber um die Unterscheidung von Noten, die jedes normal geschulte Ohr vornehmen kann, ohne ein musikalisches Naturtalent zu sein. Bei der Unterscheidung von Farben braucht man ja auch kein Genie zu sein! Die besondere Bereitschaft für die „Musik" ist von anderen Faktoren höherer Ordnung bestimmt, wie zum Beispiel der Intuition der Harmoniegesetze und der des Kontrapunktes oder der Gabe zum Komponieren.

Bei der praktischen Anwendung des Materials, nur in spärlichem Ausmaß, zeigte sich dann, dass bei 40 Kindern zwischen 3 und 6 Jahren nur 6 oder 7 fähig waren, nach Gehör die Tonleiter zu erstellen; wurde es hingegen frei aufgestellt, zeigten sich alle Kinder bereit, damit zu arbeiten und machten die gleichen Fortschritte, wie es auch beim Lesen und Schreiben passierte. Wenn es dann aber individuelle Unterschiede gab, waren diese nicht wegen der Möglichkeit diese Übungen zu machen, sondern wegen der Intensität, mit der sie ausgeübt wurden und wofür sich einige Kinder bewegen ließen. Die Liebe dazu ist bei den Kindern häufiger als wir annehmen würden, gingen wir von uns selbst aus.

Die kleinen Kinder nehmen nur eine Glocke, sie räumen die anderen sogar weg, falls ein größeres Kind alle acht aufstellt; sie lassen ihren Ton ganz lang erklingen, halten sie in der Hand, schauen sie an und schlagen sie immer langsamer an.

Die größeren interessieren sich gleich für die Zusammenstellung der Paare und wiederholen diese Übung oft. Einen besonderen Zauber aber übt der aufeinanderfolgende Klang der acht Glocken in der richtigen Reihenfolge oder der Klang der Tonleiter auf die Kinder aus.

Nennella vom „Kinderhaus" der Via Giusti lässt 200 Mal die Tonleiter erklingen, 100 Mal aufwärts, 100 Mal abwärts. Das kann für die ganze Klasse interessant sein, die Kinder verfolgen das Erklingen der Töne mit absoluter Hingabe und genießen die Stille. Mario suchte für sich den hintersten Platz aus, stützte die Ellenbogen am Tisch auf, legte den Kopf auf die Hände, ruhte unbeweglich in der Stille des halb verdunkelten Saales und demonstrierte durch sein Verhalten und den Gesichtsausdruck außergewöhnliches Interesse.

Im geeigneten Moment kommt auch das Interesse, die Note mit der Stimme nachzuahmen. Die Kinder begleiten die Tonleiter mit ihrer Stimme und erreichen einen exakten Ansatz der Note, sodass ihre Stimme bei dieser Übung lieblich und harmonisch klingt - ohne Gekreische kindlicher Stimmen, wie wir es bei Kinderliedern gewohnt sind! Es ist auch vorgekommen, wie z. B. in der Klasse der Via Trionfale, dass Kinder diese Übung verlangten: sie wollten mit ihrer Stimme die Tonleiter begleiten, die ein Kind auf den Glocken spielte. Dieses Interesse überstieg jenes, das die Kinder für den Gesang von Kinderliedern spürten, die, wie leicht zu erkennen ist, mit ihren „Sprüngen", der Aussprache der Wörter, dem musikalischen Ausdruck, der Geschwindigkeit usw. für anfängliche Gesangsübungen nicht geeignet sind.

Das exakte Gefühl und Reproduzieren der Note kommt also bei den Kindern ohne es direkt angesprochen und gefordert zu haben. Nachdem die Kinder lange genug geübt haben, die entsprechenden Paare der Noten zu finden, bilden sie die Tonleiter nur mit einer Glockenserie und wiederholen mehrmals diese Übung. Manchmal suchen sie z. B. das tiefe *do* und dann das *re* oder sie suchen zu einer Note den tieferen Ton. Ein andermal wieder nehmen sie zwei beliebige Noten und versuchen sie nach irgend einem System zu ordnen, welche tiefer oder höher ist und so weiter. Es kommt auch vor, dass sie nach beliebiger Auswahl der Glocken sofort wissen, welchem Ton diese Glocke entspricht: das ist *mi*, das ist *do* usw. Ein Kind, das diese Übung mit den Glocken vor ihrer

Majestät der Königinmutter im Mai machte, und dieses Material im „Kinderhaus" der Via Giusti nicht mehr hatte, wurde im November gebeten, diese Übung mit den Klangrohren[1] zu machen, die es nicht kannte und die, da sie nie verwendet wurden, nicht geordnet waren. Es waren 16 Rohre, bunt gemischt, die zweimal die diatonische Tonreihe darstellten. Das Kind nahm eines, schlug es an, sagte: „Das ist: *si*", und hängte es in die Vorrichtung zurück; das machte es mit allen 16 Röhren und hängte sie in der richtigen Reihenfolge der Tonleiter in die Vorrichtungen. Dieses Kind hatte im vergangenen Schuljahr fleißigst geübt und so dieses absolute Gedächtnis der Noten erhalten.

An diesem Punkt angelangt, beginnt nun das Kind seine Umgebung mit seiner erlangten Erkenntnis zu erforschen, wie es das auch bei den Farben, den geometrischen Formen usw. machte. Es sagt dann z. B. zur Lehrerin, die gerade am Klavier spielt: „Das ist Ste eeee ...", oder die Note des ersten Wortes eines Liedes (Stern, kleiner Stern ...). Und die Taste, die das Kind anschlägt, ist ein *do*, genauer gesagt die Note, zu der die Silbe *ste* von „stella" (Stern) gehört. Eine längere Erfahrung wird noch nettere Beispiele für das musikalische Erforschen der Umgebung liefern.

[1] Die Klangrohre sind ein Parallelmaterial zu den Glocken, empfehlenswert für alle Schulen, die eine reichere Materialauswahl haben können.

II. Lesen und Schreiben der Noten

MATERIAL: Die Präsentation des Liniensystems (in den Kinderhäusern) wurde mit einer grün lackierten Holztafel gemacht, in die die Notenlinien eingraviert sind; auf jeder Linie und auf jedem Platz, der den Noten gemäß der Oktav und den Klängen der Glocken entspricht, befindet sich eine kleine runde Einbuchtung, in die man die Notenkärtchen deponieren kann. In jeder Einbuchtung steht eine Zahl geschrieben: 1, 2, 3, 4, 5, 6, 7. Die Kärtchen dieser Übung tragen auf ihrem unteren Teil eine Zahl und auf dem oberen den Namen der Note, z. B.: 1, *do*; 2, *re*; 3, *mi*; 4, *fa*; 5, *sol*; 6, *la*; 7, *si* (Abbildung 50).

do – re – mi – fa – sol – la – si – do.

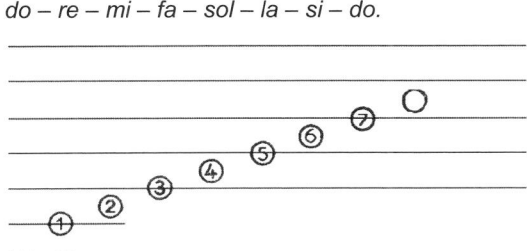

Abb. 50

Mit dieser Anleitung kann das Kind die Noten auf die Linien setzen ohne sich zu irren und ohne ihre Position zu lernen. Die Einbuchtungen sind so angeordnet, dass dort ein Platz frei bleibt, wo ein Halbton hingehört: *do, re, mi, fa, sol, la, si, do.*

In diese Einbuchtungen kann man die schwarzen Kärtchen hineinlegen, die die Halbtöne darstellen.

Nach weiteren Übungen ist das Liniensystem ein Holzbrettchen ohne Einbuchtungen. Das Kind verfügt über eine große Anzahl an Kärtchen, auf denen auf einer Seite die Note steht; das Kind hat nun 30 bzw. 40 dieser Kärtchen durcheinander gemischt und versucht, sie auf den richtigen Platz der

Note im Liniensystem einzuordnen, die Seite, auf der der Name der Note steht, ist dabei nicht sichtbar. Erst wenn das Kind die Arbeit beendet hat, dreht es die Kärtchen um und kann nun beurteilen, ob die Zuordnung gelungen ist: die Kärtchen mit dem selben Namen müssen sich auf dem selben Platz der Notenlinie befinden. Sollten Zweifel darüber aufkommen, kann die Notenlinie mit den nummerierten Einbuchtungen als Kontrolle dienen.

An diesem Punkt seiner Erkenntnisse angekommen, kann das Kind üben, indem es Noten liest und sie auf den Glocken interpretiert.

Die Notenlinien sind auf 17 cm hohen, rechteckigen Kartonkärtchen vorbereitet, die Noten haben einen Durchmesser von 2 cm. Die Kartonkärtchen haben verschiedene Farben, blau, violett, gelb, rot (Abbildung 51).

Die Kinder fangen selbst damit an, Noten zu schreiben: und wir haben zu diesem Zweck Seiten vorbereitet, die sie in ein Heft oder in ein Album einordnen können (Abbildungen 52 und 53).

Es gibt einige Lieder, die aus zwei oder drei verschiedenen Noten komponiert sind und so einfach, dass das Kind sie nach Gehör auf den Glocken spielend erkennen kann: Wenn das Kind dann nach genügend Übungen die Sicherheit gewonnen hat, das Lied nachspielen zu können, schreibt es die Noten auf eine Notenlinie und komponiert somit seine eigene Musik.

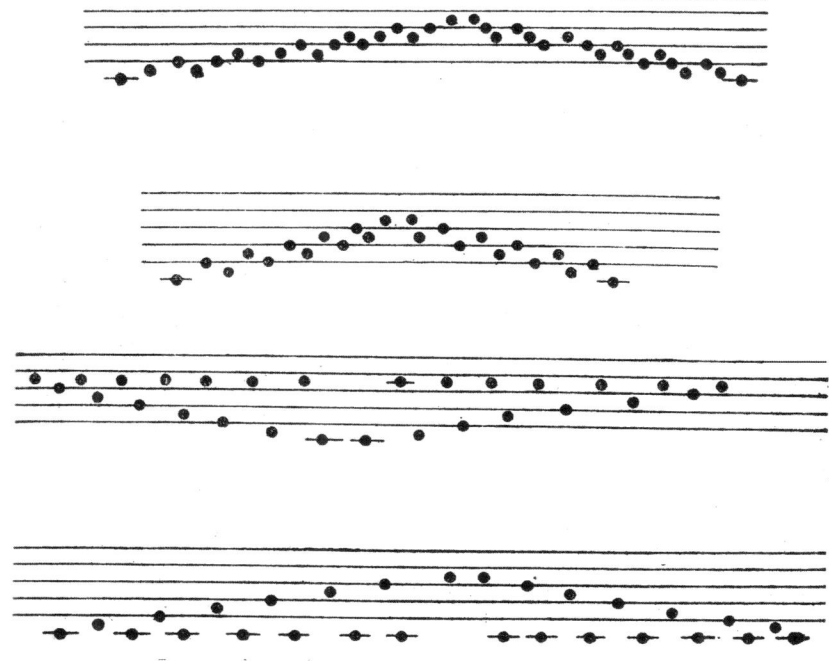

Abb. 51 - Die Kärtchen zum Notenlesen: jedes Kärtchen enthält eine einzige Notenlinie.

Abb. 52 - Notenblatt zum Schreiben der Noten.

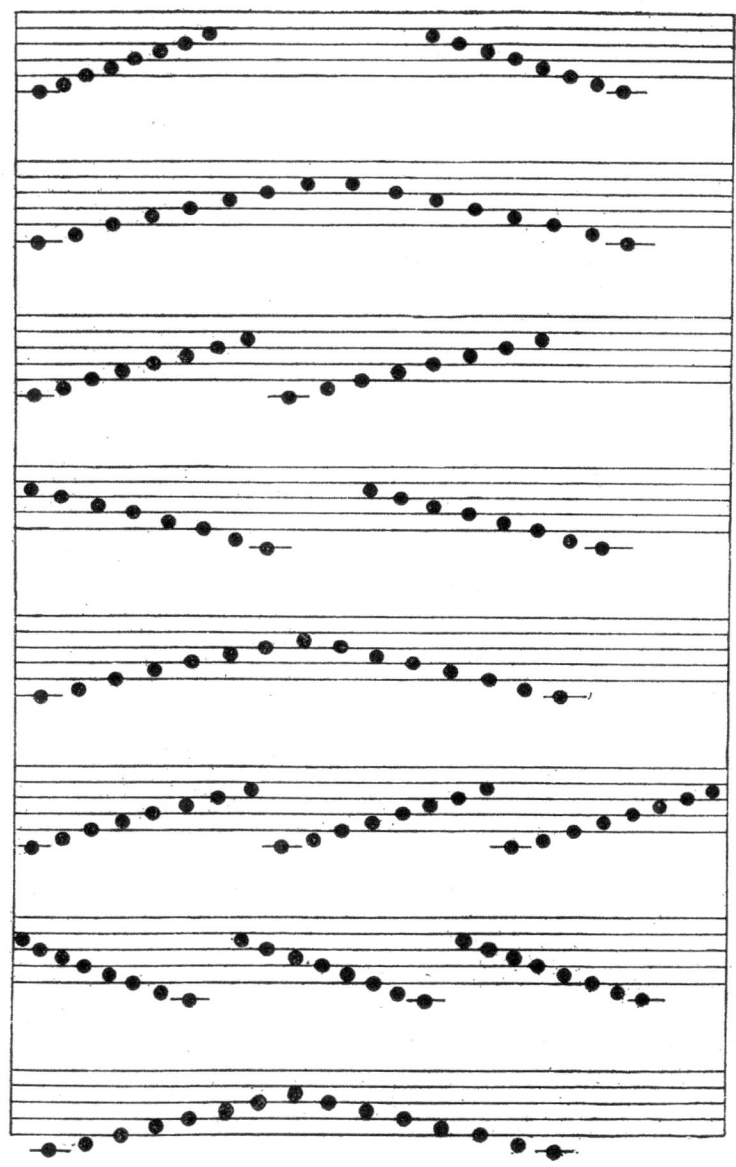

Abb. 53 - Die Kinder schreiben auf diese Blätter ihre Noten, die sie dann auf den Glocken nachspielen.

DIE BEIDEN NOTENSCHLÜSSEL - DER VIOLIN- UND DER BASSSCHLÜSSEL

DIE RHOMBUSFÖRMIGE ANORDNUNG DER NOTEN - Das Lesen der Noten hat mit dem Notenschlüssel zu tun, den wir dem Kind bis jetzt aber noch nicht vorgestellt haben, denn vorher müssen die Kinder den Platz der Noten auf den dazugehörigen Linien kennen. Dazu verwenden wir, dem Beispiel des Musikalischen Konservatoriums von Mailand folgend, die doppelte Notenlinie (Abbildung 54).

Abb. 54

Die unterbrochene Notenlinie zeigt den Platz des *do* an und das ist die Ausgangsposition der Notenleiter:
do, re, mi, fa, sol, la, si, do;

das selbe rückwärts:
do, si, la, sol, fa, mi, re, do.

Ist der Platz des *do* klar, findet man die anderen Noten oberhalb und unterhalb leicht: vom linken *do* kann man bis zum *do* der folgenden Oktav aufsteigen und auch absteigen zum *do* der niedrigeren Oktav. Wenn man nun die Scheiben der Noten auf den Notenlinien macht, ergibt sich das Bild eines Rhombus (Notenrhombus) (Abbildung 55). Trennt man die beiden Notenlinien voneinander, ergibt sich die Notenverteilung gemäß des Violin- und des Bassschlüssels. Diese gibt es auch als separate Teile im Material (Abbildung 56).

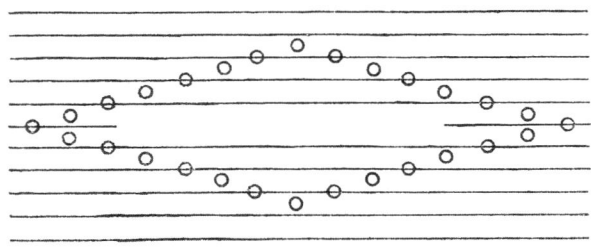

Abb. 55

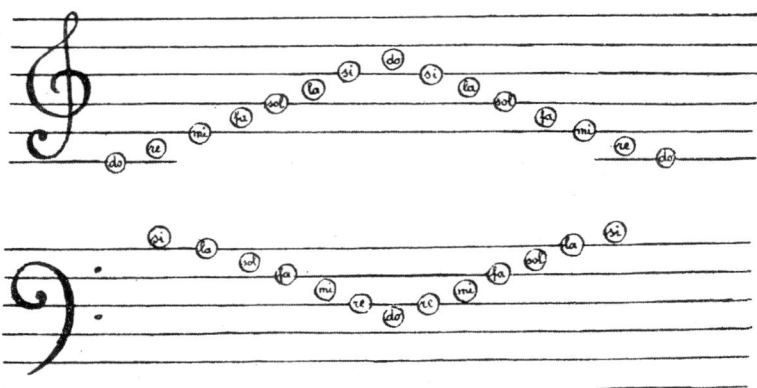

Abb. 56

So haben die Kinder die Tonleiter des höheren *do* gelernt. Die Unterteilung in weiße und schwarze Plätze ermöglicht es dem Kind, die Noten auch auf dem Klavier zu erkennen.

Zum Material gehört weiters eine kleine Tastatur, deren Tasten so klein sind, dass sie den Dimensionen der Kinderhand entsprechen und somit der Fingerübung dienen kann. Die angeschlagenen Tasten heben einen Hammer, der den Namen der angeschlagenen Note trägt: auf diese Art lernt das Kind die Verteilung der Noten auf der Tastatur, während es die Bewegung der Finger trainiert. Das kleine Klavier ist stumm. Man kann aber eine Art von Orgelpfeifen oberhalb der Hämmer anbringen, sodass jeder Hammer, wenn er sich hebt, auf ein Rohr schlägt, das den entsprechenden Ton von sich gibt.

Alle bis jetzt gemachten Übungen haben als Basis und Ausgangspunkt die Sinnesübungen: es ist das Ohr, das die Grundtöne erkennt, das eine musikalische Erziehung zulässt. Der Rest, wie auch das Schreiben der Noten usw. ist nicht Musik.

III. Die Dur-Tonleitern

Für das Lernen der Tonleitern gibt es ein weiteres Material, siehe Abbildung 57; auf Karton ist eine Figur gezeichnet, die an die Tafel erinnert, die bei den Anfangsübungen mit den Glocken verwendet wird. Das heißt, auf ihr sind die Abstände der Noten auf der Tonleiter gekennzeichnet.

Die Tonleiter ist eine Aufeinanderfolge von acht Tönen, deren Abstände untereinander durch die schwarzen Zeichen angegeben sind: 1 Ton, 1 Ton, ½ Ton, 1 Ton, 1 Ton, 1 Ton, ½ Ton (Abbildung 57).

Abb. 57

Auf der Leiter des höheren *do* verteilen sich die Abstände zwischen folgenden Noten: ein Ton zwischen: *do* und *re; re* und *mi; fa* und *sol; sol* und *la; la* und *si;* und ein Halbton zwischen: *mi* und *fa* und zwischen *si* und *do*.

Wenn man hingegen die Tonleiter nicht beim *do,* sondern bei einer anderen Note beginnt, bleiben die charakteristischen Abstände zwischen den Noten trotzdem gleich. Deswegen ist unter der Figur, die zwei Oktaven umfasst, eine andere Figur, die aus einem beweglichen Stück Karton besteht, der den Aufbau der Oktav in schwarz und weiß aufgezeichnet trägt. Entfernen wir diesen beweglichen Streifen und geben ihn unter das *mi,* so sind die Abstände zwischen den Tönen der Tonleiter von *mi* die selben, wie für alle anderen Tonleitern: *mi, fa diesis, sol diesis, la, si, do diesis, re diesis.* Es ist möglich, das nun für alle Tonleitern zu machen und für das Kind kann es eine sehr interessante theoretische Übung sein, weil das Kind alleine alle Tonleitern schreiben kann. Dem entspricht auch ein echtes Material: auf einer Holzplatte, ähnlich der bei den Glocken, aber zwei Oktaven lang, sind Prismen gleicher Größe verteilt, weiß oder schwarz gefärbt, je nach Art des Tones. Jedes Prisma hat ein rechteckiges Täfelchen, verschiedener Größe; schlägt man sie an, geben sie alle Noten von zwei Oktaven wieder und die Prismen funktionieren als Resonanzkörper. Die Töne klingen lieblich und harmonisch und sind von einer einzigartigen Klarheit.

Genauso wie sich der Karton bei einer anderen Tonleiter verschieben ließ, so funktioniert das auch bei diesem Material. Alle Prismen werden angeschlagen, die den weißen Plätzen auf der Holzplatte entsprechen (Tafel 28).

Verschiebt man z. B. die beiden Prismen von *do* und *do diesis* nach links und verschiebt man von rechts nach links alle Prismen, sodass das *re* den Platz vom *do* einnimmt, so bekommt man die höhere Tonleiter von *re*, wenn man die Täfelchen der Reihe nach anschlägt; wir finden folgende Noten: *re, mi, fa diesis, sol, la, si, do diesis, re*. Es genügt dieser kleine Hinweis um herauszufinden, dass es sich um ein sehr interessantes Instrument handelt, das in einfacher Form angenehme und klare Grundprinzipien der Harmonie enthält. Die drei folgenden Tonleitertabellen können als Leitfaden dienen, um dieses Instrument zu verwenden und zu verstehen (siehe Tabellen M, N, O).

TABELLE M

Diese Leitern beginnen mit weißen Tönen.

Nach und nach komponieren die Kinder so alle Tonleitern und sie schreiben sie in einer gewissen Ordnung in das dafür vorgesehene Heft: zuerst alle Tonleitern mit einer *diesis*, dann mit zwei, drei usw.

Tabelle N

Diese Leitern beginnen mit den schwarzen Tönen.

Es werden dabei folgende Beobachtungen gemacht: die Tonleiter mit zwei *diesis* hat die selbe *diesis* wie die vorhergehende Tonleiter; diejenige mit drei die zwei der vorhergehenden usw., die *diesis* folgen einem Abstand von 5 auf 5.

Tabelle O

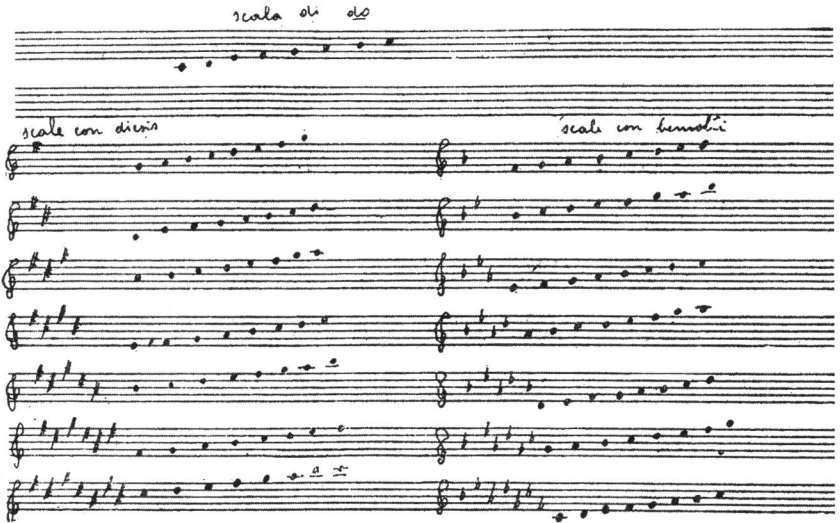

Zusammenfassung der Tonleitern, die sich in *diesis* und *b* unterscheiden.

Wenn es mit dem ersten Material nicht unterlassen wurde, die kleine harmonische Tonleiter mit dem Wechsel von der 3. auf die 6. Glocke zu lernen, und das Kind sie gebildet und angehört hat, Abbildung 58, dann ist das mit diesem Material eine ganz einfache Sache.

Es gibt dazu Übungen, die auf das Erkennen von höheren und tieferen Tönen vorbereiten.

1	2	3	4	5	6	7	8
1	2	3	4	5	6	7	8

Abb. 58

So ist es einfach, dasselbe simple Motiv in diversen Tonlagen zu spielen; es genügt, die verschiedenen Plättchen zu verschieben und sich von den schwarzen und weißen Räumen leiten zu lassen.

Beispiel einer Tontransposition:

An diesem Punkt entsteht in den Kindern ein lebhafter Wunsch, Töne und Tonleitern in jeder möglichen Klangfarbe zu produzieren, das heißt, verschiedenste Instrumente zu spielen: Blasinstrumente, Saiteninstrumente, usw.

Ein Instrument, das die Kinder dazu bringt, Noten zu produzieren und wiederzuerkennen, ist das Monocord (Abbildung 59): das ist ein einfacher Resonanzkasten, auf den eine Saite gespannt ist. Die erste Übung ist jene der Instrumentenstimmung, mit einer der Noten der Prismenresonanzkörper (*do*); zum Verstellen der Saite gibt es einen Schlüssel. Dazu ist es wichtig, den Umgang mit dem Geigenbogen oder einer einfachen Mandolinenfeder zu lernen oder das Kind lernt einfach die Saite zu zupfen, wie es bei der Leier oder Harfe üblich ist. Auf einem der Monocorde sind die Noten auf fixierten Querstäbchen gekennzeichnet. Auf dem anderen Monocord ist nichts gekennzeichnet und das Kind muss nach Gehör die Plätze für die Noten finden. Auch kleine Flöten ziehen den Musikgeschmack des Kindes an (Abbildung 60).

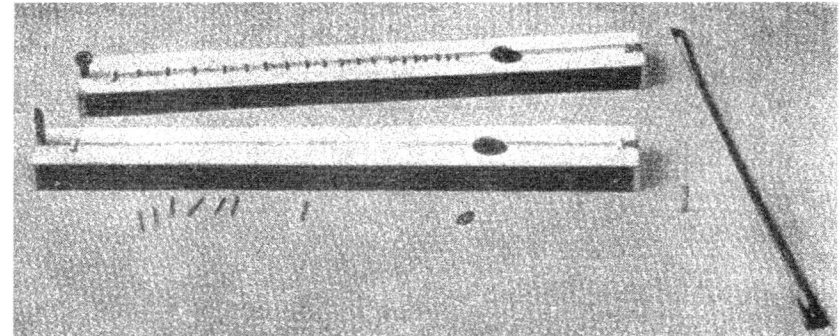

Abb. 59

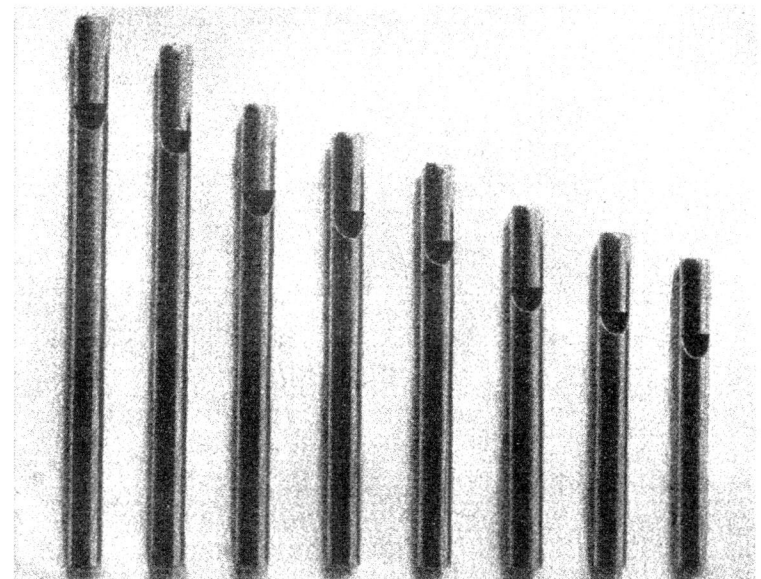

Abb. 60

Tonleitern zu komponieren, sie dann anzuhören, das ist wirklich eine Übung zur musikalischen Erziehung. Die selbe Melodie in einer höheren Tonleiter wiederholt sich in verschiedenen Tönen. Sie aufmerksam anzuhören, sie zu wiederholen, zu beobachten, aus welchen Noten sie zusammengesetzt ist, das ist eine ähnliche Übung wie das Anhören einer Note; ausgehend von dieser Übung kommt man zum Melodieverständnis. Damit das Anhören von Musik eine anspruchsvolle Sache wird, und nicht so ist wie das Lesen ohne zu verstehen, was man da gelesen hat, sind vorbereitende Übungen notwendig: das Anhören von verschiedenen Tonleitern, um die verschiedenen Töne zu kennen, sowie Übungen zum Rhythmus.

IV. Übungen zum Rhythmus

Eine der ersten gelungenen Anwendungen war die Übung um das Gehen zu perfektionieren, das heißt das „Gehen auf der Linie". Sie ist von der motorischen Erziehung bekannt, man setzt einen Fuß nach dem anderen auf eine vorgezeichnete Linie auf den Boden, wie es die Seiltänzer tun. Das hilft sehr, das Gleichgewicht zu stabilisieren und daher auch aufrecht zu gehen und macht freier und unbefangener in der Bewegung des Gehens.

Fräulein Maccheroni begann ihre rhythmischen Übungen mit der Begleitung auf dem Klavier. So erkannten die Kinder den Beginn der Übung. Wenn die Lehrerin auf dem Klavier spielt, stellen die Kinder sich schon spontan auf die Linie. Zunächst ist die Musik nur das Startzeichen und Begleitung zur Bewegung und es ist noch keine Übereinstimmung zwischen der Bewegung des Kindes und dem musikalischen Rhythmus zu bemerken. Wenn aber lange Zeit hindurch die selben Rhythmen wiederholt werden, bemerkt man, dass schon einige Kinder ihre Schritte dem Rhythmus anpassen. Es gibt sehr viele individuelle Unterschiede, aber schließlich entwickeln alle Kinder ein gewisses Gespür für den Rhythmus. Die Persönlichkeit des Kindes entwickelt allgemeine Verhaltensmuster des Körpers in Bezug zur Musik. Zunächst wechseln die Kinder ihre Gangart gemäß der Musik: langsames Gehen, schnelleres Gehen, Laufen, das geschieht spontan, die Lehrerin gibt keine Anweisungen dazu. So interpretiert jedes Kind eigenständig den Rhythmus und agiert mit seiner Bewegung. Damit das passiert, ist es aber wichtig, dass die Lehrerin perfekt spielt.

Die Kinder lieben es auf der Linie zu gehen, es ist wie eine Meditation für sie. Das ist der richtige Moment, um sich ans Klavier zu setzen und ohne ein Wort zu sagen die erste Melodie zu spielen. Die Kinder lächeln, schauen, gehen weiter und kommen so in eine tiefere „Meditation" hinein. Die Melodie leitet wie eine überzeugende Stimme und die kleinen Füße bewegen sich auf der Linie automatisch zur Musik. Es gibt dreijährige Kinder, die schon nach ein-, zweimaligem Anhören auf der Linie gehen, nach einigen Malen macht es die ganze Gruppe von 40 Kindern.

Man muss mit dem Ausdruck spielen, den die Melodie verlangt, dessen sicher, dass sich der Rhythmus alleine durch die Melodie selbst manifestiert. Eine Note betonter zu spielen, nur weil auf sie der rhythmische Akzent fällt, bedeutet, dem musikalischen Stück seinen melodischen Wert zu nehmen und daher auch die Stärke eine Zugmaschine in Bezug auf den Rhythmus zu sein.

Es ist notwendig ganz exakt zu spielen und mit Gefühl, mit einer guten Interpretation, so weit es möglich ist. Das ergibt ein „musikalisches Tempo", das kein „mechanisches Tempo" wie das des Metronoms ist. So wie es absurd ist, eine Nocturne von Chopin mit dem Metronom zu spielen, ist es auch komisch, ein Tanzlied mit dem Metronom zu spielen. Wer die Fähigkeit hat, die Exaktheit der Tempi zu hören, spielt auch mit einem speziellen Augenmerk auf diese Genauigkeit und weiß, dass er dem Metronom nicht folgen kann ohne zu leiden. Die Kinder hören, ob der Rhythmus mit einem Gespür für Musik gespielt wird, deshalb ist das etwas anderes, als die Kinder auf der Linie gehen zu lassen nach dem Klatschen der Hände mit Kommando eins!, zwei! ...

Ein zehnjähriges Mädchen tanzte zu den Klängen eines Walzers von Chopin und seine Bewegungen entsprachen den Klängen der Noten mit dem schneller und langsamer Werden. Diese Art zu tanzen verlangt einen perfekten Einklang mit der Musik; das ist das, was die Kinder, auch die kleinen, in hohem Grad besitzen und entwickeln, wenn sie lange und ungestört nach dem Klang einer sich wiederholenden Melodie gehen. Es ist interessant, wie ihr Gehen exakt dem Ausdruck der Musik, die sie begleitet, entspricht: ein Dreijähriger hielt die Handflächen zu Boden gedreht und ging, bei jedem Schritt die Knie beugend, und federte so mit Leichtigkeit und beim Übergang von der ersten zur zweiten Melodie änderte sich nicht nur die Schnelligkeit des Schrittes, sondern die ganze Haltung seines Körpers. Äußerlich gesehen, ist das eine Kleinigkeit, aber es ist eine große innere Veränderung, da die Veränderung der Haltung ein künstlerisches Element ist.

Es ist eine ernsthafte Interpretation, deren der Komponist stolz sein kann, denn um Gefühle zu vermitteln, ist die musikalische Sprache eine der sensibelsten.

Die zweite Melodie unserer Serie ist ein *andante,* ein bisschen *staccato*: die erste war langsam und gebunden (*legato*). Die Kinder spüren das *legato* und entsprechen mit bedächtigen Bewegungen: Das *staccato* lässt sie vom Boden abheben; das *crescendo* lässt ihre Schritte schneller und zu einem Stampfen werden; das *forte* bringt sie dazu, auch mit den Händen zu klatschen, das *calando* holt sie wieder zum ruhigen, bedächtigen Schritt zurück, der während des *piano* die perfekte Stille erreicht. Der Abschluss dieses musikalischen Abschnittes bringt sie zum Anhalten oder Warten, bis es weitergeht oder das Ende erreicht ist, dann bleiben sie still stehen.

Beppino, ein Dreijähriger, hält den Takt mit dem ausgestreckten rechten Zeigefinger; die Musik dazu ist ein Lied, das aus zwei Teilen besteht, die sich wiederholt abwechseln, ein *legato* und ein *staccato*; und er bewegt die Hand mit einer gleichförmigen Bewegung beim *legato* und einer abgehackten beim *staccato.*

Vierzig Kinder gehen bedächtig während einer *pianissimo* gespielten Musik. Die selben Kinder, die am ersten Tag, als sie das *piano* hörten, zur Lehrerin sagten: „Spiel lauter, man hört nichts!" Dann spielte die Lehrerin also nicht *pianissimo*, sondern *mezzo forte*!

Die Kinder, die sich für die erste Melodie interessierten, sind „taub" allen anderen Melodien gegenüber. Die Kinder der Schule in der Via S. Barnaba in Mailand, die sich für die 1. Melodie aufstellten, bemerkten gar nicht, dass die Lehrerin die 2. Melodie spielte. Diese kehrte zur 1. Melodie zurück, also zu jener, die zu den Schritten der Kinder passte, die mit einem zustimmenden Lächeln in ihren Gesichtern antworteten. So entdeckt die Lehrerin den richtigen Moment, wann die Ohren der Kinder für eine neue Melodie bereit sind. Auch wenn es zuerst nur wenige sind, die beide Melodien hören wollen, gelingt es ihr, ohne die anderen in ihrem Rhythmus zu stören.

In einem Gemeindekindergarten in Perugia wurde folgender Versuch von einer Besucherin, die sich diese Freiheit erlauben konnte, gestartet: Die Kinder wurden in einen Saal geführt, wo die 3. Melodie gespielt wurde, der Marsch. Die größeren Kinder stellten sich sofort auf. Nach einigen Momenten wurde zum Galopp gewechselt: einige Kinder merkten den Wechsel überhaupt nicht, die kleineren Kinder setzten sich auf die Bänke und klatschten in die Hände zum Galopp einiger anderer Kinder! Das bestürzte die Lehrerinnen, es war aber gewiss auch ein sehr schönes Erlebnis für sie! Den Kindern zu sagen: springt, lauft, marschiert, ist sicher nicht der richtige Weg. Bei der Leseübung sagt man auch nicht zum Kind: lies! Musikalische Interpretation geschieht durch Ausdruck mit Hilfe des Körpers und der Seele und es ist dabei wichtig, die Kinder frei zu lassen!

Nannina (vier Jahre alt) machte sich breiter, indem sie ihre Arme an ihren Körper legte, ging ein wenig in die Knie, warf den Kopf zurück und schenkte dem, der hinter ihr stand, ein Lächeln, ihr Gesicht zurückwendend.

Beppino (viereinhalb Jahre alt) steht mit geschlossenen Beinen mitten in der am Boden eingezeichneten Ellipse, auf der die Kinder gehen, und gibt den Takt der 1. Melodie mit dem ausgestreckten Arm an, damit die Kinder rechtzeitig in die Knie gehen und sich wieder strecken.

Nannina, das nette Mädchen, von dem vorher gesprochen wurde, macht ihren Körper ganz steif beim Ertönen eines Militärmarsches, setzt eine düstere Miene auf und marschiert.

Es macht die Kinder glücklich, wenn man ihre Bewegungen korrigiert, sodass ihr Ausdruck perfekt wird. Erminia, Graziella, Peppinella, Sofia und Amelia umarmten einander und auch ihre Lehrerin aus lauter Begeisterung, weil sie einen Teil eines rhythmischen Tanzes lernen durften.

Ottello, Vincenzino und Teresa dankten ihrer Lehrerin, die ihnen dabei half, einen besseren Effekt beim Schlagen des Tamburins zu erzielen sowie auch bei ihren Schritten und Gesten. Vincenzino warf ihr einen leuchtenden Blick zu, als er in ihre Nähe kam, Teresa liebkoste sie verstohlen mit ihrer Hand und Ottello entfernte sich kurz von der Linie um sie an sich zu drücken.

Wenn die Spontaneität jedes Kindes respektiert wird, das heißt wenn jedes Kind sich auf seine Art vorbereiten durfte und somit ein persönliches musikalisches Verständnis entwickeln konnte, was schon das Anhören der Melodien und das Interpretieren mit eigenen Schritten und Bewegungen betrifft, dann ist es auch für die Lehrerin einfach, wenn sie z. B. 40 Kinder im Alter von drei bis fünfeinhalb Jahren hat, mit nur einer Betreuerin an ihrer Seite. Sie erzielt sogar den gleichen Erfolg wie ein Kapellmeister nur mit minimalem Aufwand, denn jede Bewegung der Kinder harmoniert mit der Melodie, mit exakter Genauigkeit tanzen sie Märsche, machen sie simultane Bewegungen etc.

Die Kinder gehen zum Beispiel zu zweit an der Hand während einer kurzen Melodie, am Ende gehen sie in die Knie, sodass sie genau mit dem Erklingen der letzten Note mit dem Knie den Boden berühren.

So kann man sagen, dass man mit diesen Übungen auch eine innere Ruhe erreichen kann.

Bei der Eröffnung einer Schule in Mailand (1908) reagierten die Kinder beim Erklingen des Klaviers so, dass sie orientierungslos herumsprangen, Arme und Beine bewegten, als ob sie ein Chaos darstellen wollten. Sie blieben plötzlich stehen und hörten mit großem Interesse die Musik weiter an. Dann setzten sie mit der Bewegung fort, indem sie einfach der Melodie folgend gingen.

Riziero's Bewegungen grafisch dargestellt:

Die Grafik zeigt an, wann er auf der Linie blieb und wann er nicht an den Übungen teilnahm. Er störte sogar die anderen oder lärmte. Er lernte: nicht zu stören und ruhig zu bleiben, das ist schon ein großer Erfolg bei einem unmäßigen Kind. Danach lernte er sogar sich zu bewegen und dabei auf die Kollegen zu achten, d. h. er wurde rot, wenn andere Kinder ihm zulächelten.

Auch wenn er nicht an den Übungen teilnahm, so verfolgte er diese mit großer Aufmerksamkeit. Riziero lernte auf diese Weise für ihn neue Verhaltensformen kennen und zu respektieren: Ordnung, Arbeit, Freundlichkeit.

Es ist reizend zu beobachten, dass nicht alle Kinder gleichzeitig tanzen und sich bewegen, einige sitzen außerhalb des Geschehens und schauen den anderen zu wie sie gehen, tanzen usw.

Offensichtlich entsteht so eine Übereinstimmung zwischen ihnen und der Lehrerin, die spürt, wie sich ein musikalisches Verständnis in den Kindern entwickelt und diese sich nach und nach unter diesem Einfluss verändern. Es ist nicht nur der Schritt, der sich der Musik anpasst, sondern der ganze Körper, der sich nach ihr bewegt: die Arme, der Kopf, der Oberkörper.

Schließlich schlagen die Kinder mit den Händen schon den Takt dazu, ohne die unterschiedlichen Takte gelernt zu haben, was z. B. 3/4 ist usw. Um den Takt zu erraten suchen sie sich Instrumente aus: Taktstöcke, Tamburine, Kastagnetten, so ist die Taktübung perfekt. Das Kind ist von der Musik ergriffen. Sein Körper gehorcht den „musikalischen Anweisungen".

Nun eine kurze Anekdote, die zeigt, wie weit das führen kann. Eines Tages betrat mein Vater einen Saal, wo ein kleines Mädchen aus Paris, das mein Vater sehr liebte, zum Rhythmus eines Klavierstückes marschierte. Normalerweise lief das Mädchen sofort zu meinem Vater. An jenem Tag rief sie zu Fräulein

Maccheroni, die Klavier spielte, als sie meinen Vater bemerkte: *„arrête! arrête!"*, weil sie meinen Vater begrüßen wollte. So lange die Musik spielte, konnte sie es nicht, weil diese ihrem Körper befahl, sich zu bewegen. Erst als Fräulein Maccheroni aufhörte zu spielen, lief sie zu meinem Vater.

* * *

Wir haben verschiedene Melodien ausprobiert. Es sind wenige Takte von sechs bekannten Musikstücken: diese wenigen Takte, die mehrere Male wiederholt werden, werden von den Kindern in ihrem Rhythmus gehört. Fräulein Maccheroni hat in einem „Kinderhaus" zum ersten Mal den Übergang vom Schlagen pro „Tempo" zum Schlagen nur am 1. „Tempo" des Taktes gelehrt. Die Kinder machten das quasi um Kräfte zu sparen, anstatt alle „Tempi" in schneller Abfolge zu schlagen, schlugen sie nur das erste.

Beim 4/4 Takt sieht das nun so aus:

Die Kinder schlagen die Tempi ohne Rücksicht auf den Takt an:

| | | | | | | | | | | | |

Dann kommt der Moment, in dem sie den Takt heraushören und sie schlagen ihn so an, d. h. nur am ersten „Tempo" des Taktes:

Maria Louise (kaum 4 Jahre alt) ging zu einem Marsch im 2/4 Takt ganz flink dahin. Plötzlich rief sie zur Lehrerin: *„Regard, regard comme je fais!"*. Sie sprang und erhob die Arme zum ersten „Tempo" des Taktes. Sie war außerordentlich glücklich und reizend dabei.

Manche Lehrer betonen nun das erste „Tempo" besonders stark und spielen die anderen „Tempi" leiser, damit die Kinder den Takt verstehen. Das hat aber nichts mit dem zu tun, was man in der Theorie „tempo forte" nennt, bei dem es sich um ein emphatisches, expressives *forte*, um den Ausdruck des Komponisten in der Melodie handelt.

Den Kindern, die diese 6 Melodien, von denen wir vorher gesprochen haben, immer wieder gemäß der musikalischen Interpretation hörten, gelang es, das erste „Tempo" des Taktes als „tempo forte" zu hören und so konnten sie 30 Musikstücke nach ihrem jeweiligen Takt erkennen. Auch im darauffolgenden Jahr verlangten sie immer nach neuen Musikstücken, bei denen sie den Takt heraushören konnten. Sie stellten sich an die Seite der Lehrerin, die Klavier spielte, und mit den Händen, Kastagnetten oder Tamburinen begleiteten sie die Lehrerin. Sie hörten sich in Ruhe den ersten Takt an und fungierten dann mit ihren Instrumenten als gut ausgestattetes Orchester. Sie genossen ihr Tun, während die Kleinen auf der Linie gingen.

Durch das „tempo forte" entdeckt man höhere musikalische Gesetze, denn es wird manchmal aus Gründen des Ausdrucks ziemlich leise gespielt, bleibt aber trotzdem dominant, kann auch synkopenreich sein oder ausfallen. So wie der Redner, der einen sehr ausdrucksvollen Satz leise spricht oder einfach eine Pause macht und schweigt: das beeindruckt sicher den Zuhörer.

Der selbe Fehler, der dazu anleitet, immer das erste „Tempo" *forte* zu spielen, leitet die Kinder auch dazu an, 4 Bewegungen für den 4/4 Takt auszuführen, dabei das erste Tempo mit einer ausdrucksvolleren Bewegung zu begleiten und die anderen nur anzudeuten. Wird die Aufmerksamkeit nur auf das erste „Tempo" gelenkt, so folgen die Kinder nicht der Melodie. Das ist so, als ob man einem dreijährigen Kind das Dreieck oder den Kubus präsentiert und die Seiten und Ecken dazu erklärt - das Kind ist damit überfordert.

Unsere Kinder kommen selbst dazu die Takte zu erkennen, z. B. beim 4/4:

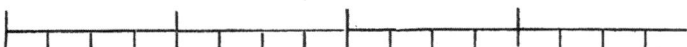

Sind sie wieder beim Ausgangspunkt angelangt, zählen sie: 1, 2, 3, 4 um im richtigen Tempo zu gehen.

* * *

Eine weiterführende Übung ist es, die Tonleitern mit 2, 3, 4 Tempi und mit Triolen zu spielen. Die Tonleiter eignet sich für so eine Übung am besten. Wer hat nicht Stunden am Klavier verbracht und dabei die Tonleitern auf und ab gespielt? Die Tonleiter von *do* kann so gespielt sein:

So:

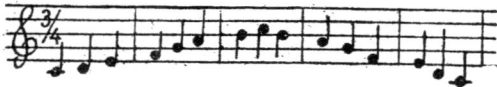

Oder so:

Das kleine Klavier¹ eignet sich sehr gut für diese Übung.

* * *

Die Kinder, die die Melodie in Takte einteilen können, verstehen mit großer Leichtigkeit den Wert der Noten. Das Kind braucht sich nur vorher jede Übung anzuhören.

Die Schreibweise stellt keine besondere Schwierigkeit dar, wenn das ganze Stück vorher angehört wird.

---

¹ Siehe die Abbildung in meinem praktischen Handbuch, in der schon zitierten englischen Ausgabe oder in der spanischen (*Manuale pratico del Metodo Montessori*, Barcelona, Araluce, 1915).

Zur Taktanalyse bieten wir folgende Übungen an:

Die Kinder begleiten diese Übung, indem sie zu jeder Note einen Schritt machen. Auch die vierjährigen Kinder, die die vorangegangenen Übungen mitgemacht haben, können diesen Übungen folgen und interessieren sich lebhaft für eine lange Note, bei der sie auf einem Fuß auf der Linie stehen bleiben, der andere Fuß berührt dabei nur mit der Zehenspitze die Linie.

Können die Kinder bereits die Noten lesen, bekommen sie einen grünen Karton (ähnlich der Dimension der Notenlinien), auf dem die Übung steht, die die Lehrerin am Klavier spielt und die sie auf der Linie ausführen. Beispiele:

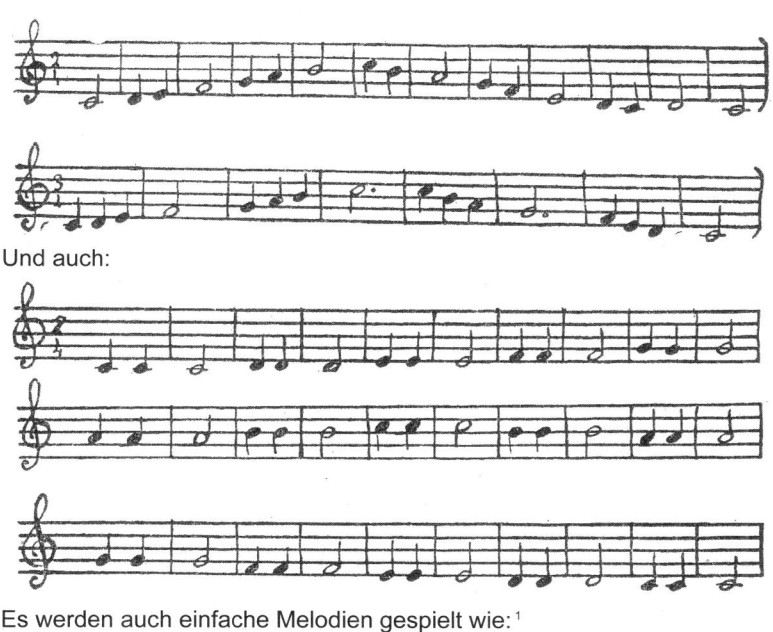

Und auch:

Es werden auch einfache Melodien gespielt wie:[1]

Es versteht sich, dass die Kinder früher oder später die Aufmerksamkeit auf die Verschiedenartigkeit der Noten lenken und die Tatsache erkennen, dass die verschiedenen Formen im Zusammenhang mit dem Wert der Note stehen.

Nun ist es Zeit, den Wert der Noten kurz zu erklären. Das Kind kann eine Melodie schon aus dem Gedächtnis aufschreiben, die die Lehrerin bereits einmal auf dem Klavier gespielt hat: fast immer schreibt das Kind sie mit exakter Genauigkeit und zeigt somit, dass es die Noten kennt, die in dieser Melodie vorkommen. Das Kind benutzt dazu eine grüne Tafel mit Notenlinien, auf der man herausnehmbare Noten im Holz fixieren kann.

Die Kinder schreiben danach die Übungen in ihr Heft. Diese Übungen sind so einfach, dass die Kinder sie selbst am Klavier spielen können. So gehen oft die Kinder alleine in den Klaviersaal, ein Kind spielt und die anderen gehen auf der

---

[1] Von Prof. Jean Gilbert der Montessori-Grundschule von Barcelona komponierte Melodien.

Linie dazu. Sie singen dabei die Tonleitern und die einfachen Melodien, von denen sie die Noten kennen, und sie sagen die Namen dazu: ihre Stimme wird so fein dabei, dass man das schon als künstlerischen Ausdruck bezeichnen kann. Wenn der Lehrer spielt, spielt er auch die dazugehörigen Akkorde, die der Tonleiter einen kraftvollen Höhepunkt verleihen.

Diese Übungen zum Takt haben sich auch als sehr nützlich für ihre Anwendungen bei Gymnastikübungen erwiesen. Zum Beispiel mit Bewegungen von Dalcroze, die sich für 2/4, 3/4 und 4/4 Takte eignen und die eine gewisse Ästhetik ausstrahlen. Einige dieser Übungen wurden wegen ihrer Komplexität als schwierig empfunden von denjenigen, die noch nicht so mit dem Wert der Noten vertraut waren. Daraus geht hervor, dass die vorhergehenden Sinnesübungen sehr wesentlich sind.

Danach kann man Besonderheiten der Notenschreibung zeigen: wie die punktierte Note,

die Triole,

Legato, staccato usw.
Beispiel für ein „legato":

(*Sonnambula*. Quintetto).

Dieses Beispiel zeigt auch den Wert der Noten:

Dazu bräuchte man eine Sammlung von Musikstücken, in denen der Wert der Noten offensichtlich ist, sodass die Kinder die verschiedenen Werte erkennen können. Diese Erkenntnis muss „hörbar" erfolgen, indem man die Musik anhört, und nicht mit dem Auge, während jemand die Notenzeichen erklärt.

Die 4/4 Note hat einen ganz anderen musikalischen Gehalt als die 1/16 Note. Ein Musikstück, das aus 1/16 oder 1/32 Noten besteht, hat einen eigenen Charakter und bedeutet Heiterkeit und Aufruhr. Ein Musikstück, das sich aus 2/4 oder 4/4 Noten zusammensetzt, beinhaltet etwas Heiliges, Religiöses, Wehmütiges oder Großartiges.

Manche glauben, dass man, wenn man für Kinder spielt, bestimmte musikalische Zeichen auslassen kann, das nimmt aber den Noten den Wert. Zum Beispiel die Zeichen für *legato* und *staccato*: ⌒ und ●

Die Kinder lesen sehr schnell diese musikalischen Begleitzeichen und wenden sie auch an, und sie kennen ihren Wert, weil sie sie gehört haben. Die farbigen großen Kärtchen mit nur einer Linie, auf der sie die Takte einzeichnen können, werden sehr gerne von den Kindern gelesen und auf den Glocken ausgeführt. Beispiele: Abbildungen 61, 62 und 63.

Abb. 61

Abb. 62

Abb. 63

* * *

Damit ist nun der Weg zur wahren musikalischen Erziehung geebnet.

Einmal spielte Fräulein Maccheroni ein religiöses Lied, das die Kinder zum ersten Mal hörten: „O Sanctissima". Die Kinder verließen die Linie und liefen alle zum Klavier um das Lied anzuhören: zwei oder drei Mädchen knieten sich nieder und andere posierten bewegungslos. Das zeigte ihre Sensibilität für die Melodie:

sie fühlten sich nicht bereit zum Gehen sondern zum Beten und Sich-in-Pose-Stellen.

Wir konnten noch kein musikalisches Material, das geeignet für dieses Alter wäre, ausprobieren. Es wurde aber schon oft versucht, den Kindern die Melodie und den sentimentalen Ausdruck der Musik schmackhaft zu machen. Deshalb steht auch die Zweckmäßigkeit von Konzerten für Kinder außer Zweifel.

Würden Künstler den Kindern die Sprache der Musik analysieren, wäre diese neue wissenschaftliche Anwendung der Kunst eine wahre Wohltat für die Menschheit. Wie viele Menschen, die fähig wären die Musik zu genießen, würden in Zukunft dadurch ausgebildet werden. Sie würden leidenschaftlich den ausdrucksvollsten Melodien in absoluter Stille folgen. Kein berühmter Künstler würde es sich heute je vor lauter Erwachsenen so erträumen! Keiner von den Zuhörern wäre weit weg mit seinen Gedanken: in ihren bewegten Gesichtern könnte man lesen, dass sie das Leben genießen. Wie oft wird das Herz eines Künstlers von einem knienden Kind, von einer bewegungslosen Pose, von einem in Staunen versetzten Gesicht berührt. Der Applaus einer Menschenmenge, die gleichgültig gegenüber dem Geschehen ist, kann niemals den selben Effekt erzielen. Nur jemand, der sich unverstanden fühlt von den anderen, abgestoßen von deren Grobschlächtigkeit, enttäuscht oder einsam, hört in der Musik die Stimme, die die Türen zum Herzen öffnet und den Geist in andere Sphären erhebt. Nur solche Menschen können die Musik als wichtige und notwendige Begleiterin sehen. Heute glauben wir, dass die Musik ein sehr ermutigender und aufbauender Faktor für die Soldaten ist, die in den Tod geschickt werden; sie wäre es aber auch viel mehr für jene, die leben müssen!

Diese Überzeugung lebt schon in den Herzen vieler, denn tatsächlich versucht man, die Musik für alle erreichbar zu machen - mit Konzerten auf öffentlichen Plätzen oder mit dem Erschwinglich-Machen der Konzertkarten für alle soziale Schichten.

Aber ist das nicht das selbe, als ob man alle Werke von Dante den Analphabeten vorsetzen würde? Die Erziehung muss vorher erfolgen, denn ein Volk von Tauben kann die musikalischen Köstlichkeiten auch nicht genießen, da das Ohr die Töne nicht wahrnehmen und schätzen kann. So kommt es dazu, dass die Gasthäuser voll sind, während Musik von Bellini oder Wagner auf öffentlichen Plätzen erklingt.

Unsere Kinder würden natürlich die Plätze füllen, es würden sich die Orte leeren, wo ungehobelte Menschen ihr Vergnügen suchen, wie räudige Hunde, die in den Abfällen nach fressbaren Dingen wühlen.

Der Gesang

Als erstes wird die Tonleiter gesungen, die Kinder werden dabei mit den Glocken begleitet und dann mit dem Klavier; zuerst singen sie ganz sachte, dann lauter, alle gemeinsam oder einer nach dem anderen oder in zwei Gruppen aufgeteilt, die abwechselnd singen.

Der Gregorianische Gesang hatte bei den Kindern den größten Erfolg.

Beispiele:

Die Kinder der Montessori-Grundschule in Barcelona waren von dieser Musik sehr begeistert und wollten sie auch am Klavier oder Monocord spielen.

Musikalische Beispiele für rhythmische Übungen

Hier sind nun die musikalischen Beispiele aufgelistet sowie die motorischen Bewegungen, die die Kinder dazu machen.

1. „Ancora un bacio", Mazurka, BASTIANELLI	langsames Gehen
2. „Si j'etais roi", ADOLFO ADAM	schnelleres Gehen
3. „Marcia Aquila", WAGNER	Marschieren
4. „Galopp", STRAUSS	Laufen
5. „Canzone popolare"	Hüpfen
6. „Pas des patineurs"	gesitteter, ernster Schritt

ANCORA UN BACIO
(Mazurka)

Bastianelli

SI J'ETAIS ROI

Adolfo Adam

MARCIA AQUILA

Wagner

MARCIA AQUILA (Fortsetzung)

GALOPP

Strauß

CANZONE POPOLARE

PAS DES PATINEURS

O SANCTISSIMA

DEAR LITTLE CHILDREN[1]

[1] Text und Musik von Fräulein HELEN PARKHURST, ehemalige Lehrerin einer normalen amerikanischen Grundschule und jetzt Inspektorin der Montessori-Schulen in den Vereinigten Staaten.

V. MUSIK ZUM ANHÖREN

„O Sanctissima" ist dazu als Einführung gedacht. Fräulein Maccheroni spielte dieses Stück, wie schon vorher erwähnt, eines Tages während der rhythmischen Übungen. Die Kinder, die gewohnt waren, die Linie, auf der sie gingen, nicht zu verlassen, liefen alle zum Klavier und verblieben dort unbeweglich, ernst und aufmerksam: während zwei oder drei von ihnen sich niederknieten und unbeweglich in ihrer Stellung verharrten.

Von dieser Beobachtung ausgehend hatten wir die Idee der Musik zum Anhören, das heißt: kurze Konzerte für die Kinder. Nach und nach finden diese den Zugang zur Musik. Sie erkennen auch die Gefühle, die durch die Musik ausgedrückt werden. So sagen sie z. B. dieses Musikstück weint, betet, lacht, schreit. Das verlangt aber auch viel Fleiß von ihnen. Die Kinder sind spezielle Zuhörer, es ist daher auch nie zuviel, was wir für die Kinder tun; die größten Künstler werden es vielleicht eines Tages als Privileg ansehen, „die erste große Liebe für die Musik in den unschuldigen Seelen erweckt zu haben" und aus der Musik eine Begleiterin, Beschützerin und Trösterin gemacht zu haben. Wir sehen es auch als unsere Pflicht an - ohne selbst große Künstler zu sein. Folgende Musikstücke benutzten wir dazu:

A) ERZÄHLUNGEN

Trovatore: „Tacea la notte placida".
Lucrezia Borgia: „Nella fatal di Rimini e memorabil guerra".
Lucia di Lammermoor: „Regnava nel silenzio".
Trovatore: „Racconto di Azucena".
Sonnambula: „A fosco cielo, a notte bruna".
Rigoletto: „Tutte le feste al tempio".
Fra Diavolo: „Quell'uom dal fiero aspetto".

B) BESCHREIBUNGEN

BEETHOVEN: „Il chiaro di luna".
Bohème, PUCCINI: „Nevica;qualcuno passa e parla". (Preludium des 2. Aktes)
Aida, VERDI: Preludium bis „Cieli azzurri", „Marcia trionfale".

C) LEIDENSCHAFTLICHE GEFÜHLE

Fröhlichkeit:
Traviata: „Libiam nei lieti calici".
Sonnambula: „In Elvezia non v'ha rosa fresca e bella al par d'Alina".
Traviata: „Sempre libera degg'io folleggiar".
Faust: „La vaga pupilla" (Bauernchor).

Bebende Freude:
Aida, VERDI: „Rivedrò le foreste imbalsamate".

Leidenschaft:
Traviata: „Amami, Alfredo".
Lucrezia Borgia: „Era desso il figliuol mio".

Angst:
Lucrezia Borgia: „Mio figlio, ridate a me mio figlio".
„Infelice, il veleno bevesti".

Bedrohung:
Cavalleria Rusticana: „Bada, Santuzza, schiavo non sono".

Verführung:
Barbier von Sevilla: „La calunnia è un venticello".
Iris: „La Piovra".

Narreteien:
Barbier von Sevilla: „Pace e gioia sia con voi".
Fra Diavolo: „Grazie al ciel, per una serva".

Eine Einladung:
Faust: „Permettereste a me".
Bohème, PUCCINI: „Che gelida manina, se la lasci riscaldare".

Empörung:
Sonnambula: „Ah perchè non posso odiarti, infedel, com'io vorrei".

Milder Schmerz des Entbehrens:
Bohème, PUCCINI: „Vecchia zimarra, senti".

Meditationen:
Romanzen von MENDELSSOHN
Musik von MOZART
Musik von CHOPIN

D) LIEDER UND REGIONALE VOLKSTÄNZE

VII VERSLEHRE

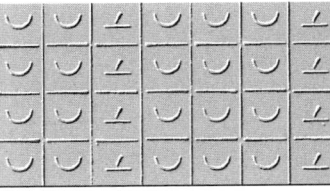

1. Das Studium der Verslehre in den Grundschulen

Die Verslehre war bis jetzt nur den Sekundarschulen vorbehalten, wir versuchten, sie auch in den Grundschulen einzuführen.

Die Liebe, die die Kinder für die Dichtung haben und ihr ausgezeichnetes Gespür für den Rhythmus brachten mich dazu zu denken, dass sie die Wurzeln der Dichtung in sich tragen. Deshalb bat ich Fräulein Maria Fancello, Professorin für Literatur und eine meiner Mitarbeiterinnen, diesen Versuch zu starten. Sie begann mit Kindern verschiedenen Alters und unter meiner Führung entdeckten wir die interessante Möglichkeit, den Grundschülern ein literarisches Grundwissen zu vermitteln, das von diesen gleichzeitig lustvoll erlebt wird. Sie können so in Kontakt mit den Seelen der größten Dichter treten. Das lässt uns an die Menschen der Antike denken, die in Versen sprachen und sich diesem Rhythmus gemäß bewegten. So schufen sie eine unsterbliche Kultur. Die Ergebnisse und Materialien dieser Studie könnten natürlich auch für andere Schulen verwendet werden.

* * *

Schon ab dem „Kinderhaus" interessieren sich die Kinder für Gedichte, die auch als Lesematerial verwendet werden können. Sie können die Verse zählen und lernen auch zwei neue Wörter dazu: Strophe und Vers; das erinnert an die erste Leseübung, als die Kinder den Dingen einen Namen gaben.

Wenn dann die Verse gezählt sind, können sie die Strophen nach der Anzahl der in ihnen enthaltenen Verse unterscheiden: Dreizeiler, Vierzeiler, Sechszeiler, Achtzeiler, usw.

Die nächste Aufgabe besteht darin, die Verse, die sich reimen, zu erkennen und färbig zu unterstreichen. Für die Siebenjährigen ist das eine sehr reizvolle Aufgabe, während es für die Acht- und Neunjährigen zu einfach und weniger interessant ist. Bei dieser Aufgabe sind die Sieben- und Zehnjährigen gleich schnell, verursacht durch das große Interesse beim jüngeren Kind und das mangelnde Interesse beim älteren. Die Achtjährigen machen bereits die nächste Aufgabe, nämlich die Verse mit Buchstaben zu versehen, z. B.: aa, bb, cc usw.

Auf dem Blatt sieht das dann so aus:

		Übersetzung:
1. Rondinella pellegr*ina*	a	Du wandernde Schwalbe,
2. Che ti posi sul ver*one*	b	du sitzt jeden Morgen
3. Ricantando ogni matt*ina*	a	auf meinem Balkon
4. Quella flebile canz*one*	b	und singst mir jenes weinerliche Lied.
5. Che vuoi dirmi in tua fav*ella*	c	Was willst du mir in deiner Sprache sagen,
6. Pellegrina rondin*ella*?	c	du wandernde Schwalbe?

Hier sieht man eindeutig den Unterschied zwischen Kreuzreim und verschränktem Reim.

* * *

Beim wiederholten Lesen der Verse betonen die Kinder die Reime spontan, um die Reimart zu erkennen. Es ist auch vom allgemeinen Unterricht bekannt, dass die Lehrer das leiernde Lesen, d. h. dass die Reime betont werden, korrigieren.

Eines Tages wiederholte ein Kind, das sich längere Zeit mit Zehnsilbern beschäftigte, während es am Gang der Schule wartete, „tatata, tatata, tatatatta" und bei jedem Schritt stieß es dabei mit der Faust in die Luft, um die drei Betonungen des Zehnsilbers hervorzuheben.

Die Erfahrung hat uns gezeigt, dass die Kinder in den langen Versen die regelmäßigen Betonungen sofort herausfinden, nach und nach auch zu den schwierigeren übergehen und dabei nach einer gewissen Ordnung vorgehen:

1. ZEHNSILBER: Beispiel:

> S'ode a **de**stra uno **squi**llo di tr**o**mba;[1]
> A sin**i**stra risp**o**nde uno **squi**llo
> D'**a**mbo i **la**ti calp**e**sto rimb**o**mba
> Da cav**a**lli e da **fa**nti il terr**en**.
> Qu**i**nci sp**u**nta per l'**a**ria un vess**i**llo:
> Qu**i**ndi un **a**ltro s'av**a**nza spieg**a**to:
> **E**cco app**a**re un drapp**e**llo schier**a**to;
> **E**cco un **a**ltro che inc**o**ntro gli v**ien**.
>
> (MANZONI, *La battaglia di Maclodio*)

(Übersetzung: Ein Trompetenruf erklingt von rechts; ein Trompetenruf antwortet von links; von allen Seiten erdröhnt die Erde vom Getrappel der Pferde und Menschen. Hier bricht eine Fahne ab: dort rückt eine andere flatternd vor: hier erscheint ein formierter Trupp; dort kommt ihm ein anderer entgegen.)

[1] Auf den fettgedruckten Buchstaben liegt die Betonung.

2. ZWÖLFSILBER: Beispiel:

Ruello, Ruello, divora la via,
Portateci a volo, bufere del ciel.
E' presso alla morte la vergine mia,
Galoppa, galoppa, galoppa, Ruel.
          (PRATI, *Galoppo notturno*)

(Übersetzung: Ruello, Ruello, lauf so schnell du kannst, Stürme des Himmels leiht uns die Flügel. Meine Geliebte ist nahe dem Tod, galoppiere, galoppiere, galoppiere Ruello.)

3. ACHTSILBER: Beispiel:

Solitario bosco ombroso,
A te viene afflitto cor,
Per trovar qualche riposo
Fra silenzi in quest'orror.
          (ROLLI, *La lontananza*)

(Übersetzung: Einsamer, schattiger Wald! Zu dir kommt das getrübte Herz, um Erholung zu finden in deiner angenehmen Stille.)

4. SECHSSILBER: Beispiel:

Pur baldo di speme
L'uom, ultimo giunto,
Le ceneri preme
D'un mondo defunto;
Incalza di secoli
Non anco maturi
I fulgidi auguri.
          (ZANELLA, *Loa conchiglia fossile*)

(Übersetzung: Der Letztkommende drängelt sich voller Hoffnung auf der Asche einer verlorenen Welt; und verfolgt die leuchtenden Vorzeichen noch nicht reifer Welten.)

Bei den Versen mit einer ungeraden Anzahl von Silben gibt es hingegen größere Schwierigkeiten - vor allem bei den Elfsilbern, die eine Kombination aus Sieben- und Fünfsilbern sind:

1. SIEBENSILBER: Beispiel:

Già riede Primavera
Col suo fiorito aspetto,
Già il grato zeffiretto
Scherza fra l'erbe e i fior.
          (METASTASIO, *Primavera*)

(Übersetzung: Nun kehrt der blühende Frühling zurück; der liebliche Zephir inmitten von Wiesen und Blumen.)

2. **FÜNFSILBER**: Beispiel:

Vivace simbolo
De la famiglia,
Le die la tremula
Madre a la figlia,
Le die la suocera
Buona a la nuora
ne l'ultim' ora.
    (MAZZONI, *Per un mazzo di chiavi*)

(Übersetzung: Als lebendiges Symbol der Familie ging es, in der letzten Stunde, von der sterbenden Mutter zur Tochter über und von der Schwiegermutter zur Schwiegertochter.)

3. **NEUNSILBER**: Beispiel:

Te triste! Che a valle t'aspettano
I giorni di cantici privi;
Ah no, non dai morti che t'amano,
Ti guarda, fratello, dai vivi.
    (CAVALOTTI, *Su in alto*)

(Übersetzung: Wie traurig, oh Bruder! Im Tal erwarten dich Tage ohne Gesang. Hüte dich nicht vor den Toten, sie lieben dich, sondern vor den Lebenden.)

4. **ELFSILBER**: Beispiel:

Per me si va nella città dolente,
Per me si va nell'eterno dolore,
Per me si va tra la perduta gente.
    (DANTE, *Divina commedia, inferno*)

(Übersetzung: Durch mich gelangt man in die schmerzerfüllte Stadt, durch mich kommt man zum ewigen Schmerz, durch mich gelangt man ins Reich der Verdammten.)

Durch diese Beispiele lernen die Kinder die unterschiedlichen Versendungen wie Trochäus (Betonung auf der vorletzten Silbe), Jambus (Betonung auf der letzten Silbe) und Daktylus (Betonung auf der drittletzten Silbe) kennen.

Beispiel eines Fünfsilbers mit Trochäus und Daktylusendung:

In cima a un albero
C'è un uccellino
Di nuovo genere ...
Che sia un bambino?
    (L. SCHWARZ, *Uccellino*)

(Übersetzung: Dort oben am Baum ist ein sehr seltener Vogel! Ah, es ist ein Kind!)

Im folgenden Zehnsilber wechselt der Trochäus mit dem Jambus ab:

Lungi, lungi, su l'ali del canto
Di qui lungi recare io ti vo'
Là, ne i campi fioriti del santo
Gange, un luogo bellissimo, io so.
(CARDUCCI, *Lungi, lungi*)

(Übersetzung: Weit, weit fort möchte ich dich auf den Flügeln meines Gesangs tragen. Dort in den blühenden Feldern des heiligen Ganges kenne ich einen sehr schönen Platz.)

Gedichte mit verschiedenen Versendungen, wie die vorangegangenen, sind für die Kinder eine wahre Freude und als Erholung beschäftigen sie sich mit Gedichten, die immer auf den gleichen Vers enden.

Beispiel dazu:

Eran trecento eran giovani e forti,
E sono morti!
Me ne andavo al mattino a spigolare
Quando ho visto una barca in mezzo al mare:
Era una barca che andava a vapore,
E alzava una bandiera tricolore.
All'isola di Ponza s'e fermata,
E' stata un poco e poi si e ritornata;
S'e ritornata ed e venuta a terra:
Sceser con l'armi, e a noi non fecer guerra.
(PRATI, *La spigolatrice di Sapri*)

(Übersetzung: Sie waren dreihundert, jung und stark, und nun sind sie tot! Am Morgen ging ich Ähren lesen aufs Feld; ich sah ein Boot im Meer: es war ein Dampfer, der die italienische Fahne gehisst hatte. Er hielt auf der Insel Ponza, blieb dort ein Weilchen und kehrte dann zurück ans Ufer: Sie stiegen aus mit Waffen, erklärten uns aber nicht den Krieg.)

Gleichzeitig mit den Betonungen, setzten die Kinder nun auch die Pausen in jeder Zeile, sie führten diese Arbeit mit großem Interesse aus. Ein sechsjähriges Mädchen kennzeichnete die Pausen in sechsundsiebzig Zwölfsilbern innerhalb von sechs Minuten ohne einen einzigen Fehler. Deshalb braucht man ausreichendes Material für diese Arbeiten.

Beispiel dazu:

Dagli atri muscosi, | dai fori cadenti,
Dai boschi, dall'arse | fucine stridenti
Dai solchi bagnati | di servo sudor,
Un volgo disperso | repente si desta
Intende l'orecchio, | solleva la testa
Percosso da novo | crescente rumor.
(MANZONI, *Italiani e Langobardi*)

(Übersetzung: Von den moosbedeckten Atrien, von den einstürzenden Foren, von den Wäldern, von den brennenden Schmiedeöfen, von den mit dem Schweiß der Sklaven getränkten Feldern erhebt sich plötzlich eine Horde von Männern, sie spitzen ihre Ohren, erheben ihre Köpfe, durchdrungen vom immer größer werdenden Lärm.)

* * *

Das Silbenzählen und Akzentesetzen ist vor allem eine Sinnesarbeit, denn dabei wird mit den Fingern auf den Tisch geklopft. So werden auch die schwierigeren Silben wie „Diärese" (= griechisch: Verseinschnitt) und „Synalöphe" (= griechisch: Vokalverschmelzung) erkannt. Beispiel:
La | so | mma | sa | pi | en | za e'l | pri | mo A | mo | re.

Dieses Beispiel bringen wir, weil ein Kind von sich aus spontan die Silbenteilung vornahm. Danach ist die Arbeit der Namensgebung für den „Silber" einfach: Zwölfsilber, Elfsilber, Zehnsilber usw.

Wir dachten, die Kinder würden folgende Beschreibung vornehmen: Die Zwölfsilber bestehen aus zwölf Silben, haben vier Akzente auf der 2., 5., 8. und 11. Silbe. Sie machten aber hingegen folgende Schemata:

	1	2	3	4	5	6	7	8	9	10	11	12	13
Zehnsilber mit Trochäusendung			3.			6.			9.				
Jambusendung			3.			6.			9.				
Achtsilber mit Trochäusendung					3.			7.					
Jambusendung					3.			7.					
Zwölfsilber mit Trochäusendung		2.			5.			8.			11.		
Jambusendung		2.			5.			8.			11.		

Dann stellten sie die betonten und unbetonten Silben auch grafisch dar.

Achtsilber	1	2	3	4	5	6	7	8	9	10	11	12	13
Il ritorno in Italia dopo la battaglia di Marengo	⌣	⌣	/	⌣	⌣	⌣	/	⌣					
	⌣	⌣	/	⌣	⌣	⌣	/						
	⌣	⌣	/	⌣	⌣	⌣	/	⌣					
	⌣	⌣	/	⌣	⌣	⌣	/						
La Lontananza	⌣	⌣	/	⌣	⌣	⌣	/	⌣					
	⌣	⌣	/	⌣	⌣	⌣	/						
	⌣	⌣	/	⌣	⌣	⌣	/	⌣					
	⌣	⌣	/	⌣	⌣	⌣	/						

Zehnsilber	1	2	3	4	5	6	7	8	9	10	11	12	13
La Passione	⌣	⌣	/	⌣	⌣	/	⌣	⌣	/	⌣			
	⌣	⌣	/	⌣	⌣	/	⌣	⌣	/	⌣			
Il giuramento di Pontida	⌣	⌣	/	⌣	⌣	/	⌣	⌣	/	⌣			
	⌣	⌣	/	⌣	⌣	/	⌣	⌣	/	⌣			
La Battaglia di Maclodio	⌣	⌣	/	⌣	⌣	/	⌣	⌣	/	/			
	⌣	⌣	/	⌣	⌣	/	⌣	⌣	/	⌣			
Lungi, lungi, ecc.	⌣	⌣	/	⌣	⌣	/	⌣	⌣	/	⌣			
	⌣	⌣	/	⌣	⌣	/	⌣	⌣	/	⌣			

Die komplette Arbeit besteht nun darin, Verse, Reime, Akzente und Silben zu kennzeichnen, sie zu unterscheiden und einzuteilen, was eine sehr angenehme Arbeit ist.

Ein Mädchen, das diese Arbeit mit vier Terzinen von Dante machte, rief die Lehrerin, um ihr mit Erstaunen zu sagen:

„Schauen Sie, wo der letzte Akzent hinfällt, beginnt der Reim!"

> Per me si va nella città dolènte:
> Per me si va nell'eterno dolóre:
> Per me si va tra la perduta génte.
> Giustizia mosse il mio alto fattóre;
> Fecemi la divina Potestáte,
> La somma Sapienza e il primo amóre.
> Dinanzi a me non fur' cose creáte ...
> (DANTE, *La Divina commedia*)

So kamen die Kinder von der Sinnesübung zum Verstehen mit dem Intellekt und zur grafischen Darstellung: sie werden zu Welterforschern, die die Gesetze selbst entdecken.

Anhang

BLATT
ZUM INDIVIDUELLEN STUDIUM
DES KINDES

Schulordnung der Schule, die das Kind besucht

JAHR . . . . - . . . .

Stundeneinteilung ....

Ferien ....

Unterrichtsfächer ....

....

....

....

Speiseplan ....

Schulleiter ....

....

....

....

Adresse ....

....

Beziehung innerhalb der Familie und zur Außenwelt ....

....

....

....

....

....

....

....

....

Allgemeine Aufzeichnungen über das Kind

Vor- und Zuname ....

Geburtsdatum ....

Vorstellungstag ....

Alter der Eltern   V. .... M. ....

Beruf der Eltern   V. ....

   M. ....

Unterkunft ....

Vorleben des Kindes ....

....

....

....

....

Aussehen des Kindes ....

....

....

Bemerkungen über die Familie ....

....

....

....

....

....

....

JAHR . . . . - . . . .

Name . . . . Geburtsdatum . . . .

Eintritt des Kindes . . . .

ANTHROPOLOGISCHE ANMERKUNGEN								Aufzeichnungen über die physische Entwicklung
Größe stehend (m)	Gewicht (kg)	Brust- umfang (mm)	Größe sitzend (m)	Kopf (mm)				
				Umfang	Durch- messer längs	Durch- messer quer	Anzeich. v. Kopf- schmerz	

ANHANG

292

JAHR . . . . - . . . .

Name . . . .

Geburtsdatum . . . .

Monat	Größe (m)		Bemerkungen
	stehend	sitzend	
September			
Oktober			
November			
Dezember			
Jänner			
Februar			
März			
April			
Mai			
Juni			
Juli			
August			

ANHANG

JAHR .... - ....

Name ....

Geburtsdatum ....

Monat	Gewicht in kg			
	1. Woche	2. Woche	3. Woche	4. Woche
September				
Oktober				
November				
Dezember				
Jänner				
Februar				
März				
April				
Mai				
Juni				
Juli				
August				

ANHANG

JAHR .... - ....

Vor- und Zuname ....

PSYCHOLOGISCHES TAGEBUCH

Tagebuch

Name des Kindes . . . .

Nummer des Blattes . . . .

Jahr . . . . Monat . . . . Tag . . . .

Anleitung zu den psychologischen Beobachtungen

ARBEIT

Aufzeichnen, ab welchem Zeitpunkt ein Kind beginnt, konstant bei einer Arbeit zu bleiben.

Welche Arbeit macht es und wie lange bleibt es dabei (wie lange braucht es, um sie zu beenden oder wie oft wiederholt es die gleiche Arbeit)?

Individuelle Besonderheiten bei der Anwendung der einzelnen Arbeiten.

Welchen Arbeiten widmet sich das Kind im Lauf eines Tages und mit welcher Ausdauer?

Gibt es Perioden, in denen es besonderen Fleiß zeigt und wie lange?

Wie zeigt es, dass es eine weitere Herausforderung braucht, um Fortschritte zu machen?

Welche Arbeiten wählt es in dieser Phase und bleibt mit Ausdauer dabei?

Ausdauer, obwohl es in der Umgebung des Kindes genügend Ablenkung gibt.

Kommt es vor, dass das Kind eine Arbeit, die es gezwungenermaßen unterbrechen musste, danach wieder aufnimmt?

VERHALTEN

Aufzeichnungen über Ruhe und Unruhe im Verhalten des Kindes.

Unmäßiges Benehmen.

Gibt es Veränderungen im Verhalten eines Kindes während einer Arbeit?

Aufzeichnen, ob folgende Phänomene in der Entwicklungsphase einer persönlichen Verhaltensstruktur des Kindes vorkommen:

Verlieren der Freude;

Heiterkeit;

Zeigen von Warmherzigkeit;

Anteilnahme an der Entwicklung seiner Kollegen.

GEHORSAM

Kommt das Kind den Einladungen nach, wenn es gerufen wird?

Aufzeichnen, ob und wann das Kind beginnt, sich an den Arbeiten anderer zu beteiligen.

Folgt das Kind den Aufforderungen, wenn es gerufen wird, wenn ihm etwas angeordnet wird?

Wann zeigt sich Freude beim Gehorsam des Kindes?

Die verschiedenen Phänomene des Gehorsams in ihren Abstufungen aufzeichnen:

a) mit der Entwicklung der Arbeit verbunden.

b) im Zusammenhang mit Veränderungen im Verhalten.

JAHR . . . . - . . . .   PARAPHE . . . . .

PRIVATE ERHEBUNGEN

JAHR . . . . - . . . . PARAPHE . . . . .

BIOLOGISCHE ERHEBUNGEN

ELTERN
___

Mit welchem Alter heirateten die Eltern . . . .
Sind die Eltern Verwandte . . . .
Ihre Krankheiten . . . .

KIND
___

Verliefen Schwangerschaft und Geburt normal . . . .
. . . .

Wurde das Baby gestillt oder nicht . . . .
. . . .

Gesundheitszustand des Kindes im ersten Lebensjahr . . . .
. . . .

Krankheiten des Kindes in den weiteren Lebensjahren . . . .
. . . .

Mit welchem Alter bekam es Zähne, begann es zu sprechen und zu gehen
. . . .
. . . .

ANHANG

JAHR . . . . - . . . .   PARAPHE . . . . .

SOZIALE ERHEBUNGEN

          Alter   Bildung   Beruf

Vater . . . .

Mutter . . . .

Besteht die Angewohnheit in der Familie, Aufzeichnungen über ihre Ausgaben zu führen? . . . .

. . . .

Gewohnheiten der Familie (Unterhaltungen, häusliches Leben)

. . . .

. . . .

. . . .

. . . .

Anzahl der im Haushalt lebenden Personen (wie viele Erwachsene und wie viele Kinder) . . . .

Gibt es Dienstboten im Haushalt? . . . .

Wie viele Personen der Familie verdienen? . . . .

Sind sie vermögend? . . . .

Haben sie Untermieter? . . . .

Gelingt es ihnen, das Haus in Schuss zu halten? . . . .

JAHR .... - .... PARAPHE .....

ANLEITUNG ZUR MORALISCHEN ERHEBUNG

Kriterien des Lobes und Prahlens in der Familie - (Aufzeichnen, womit sie prahlen: Religiosität, Patriotismus oder das Gegenteil davon - Arbeitsamkeit, Warmherzigkeit, Ehrlichkeit - Luxus - Adel - Wohltätigkeit - Nächstenliebe - Unabhängigkeit usw.). Soziale Beziehungen zwischen Ehemann und Ehefrau (Rechte - Privilegien - Gleichheit). Spezielle Auszeichnungen oder Verdienste der Mitglieder der Familie.

Kriterien des Tadels und Entschuldigens - (worüber man sich beschwert, zu Lasten der Mitglieder der Familie: Trinker, Fehlen von Warmherzigkeit, Spieler - Fehlen von Religiosität - Disziplin - Ergebenheit gegenüber den Autoritäten - Verschwendung - Müßiggang).

Erziehungskriterien in der Familie (Welches Erziehungskonzept haben die Eltern: Strenge - Milde - Belohnungen - Strafen - Freiheit der Kinder - Miteinbeziehen des kindlichen Bewusstseins).

Urteil der Mutter über das Kind.

Aufmerksamkeiten, die man dem Kind gibt und welche Rechte räumt man ihm ein.

Maria Montessori; Photograph courtesy of the archives of the Association Montessori Internationale, Amsterdam, the Netherlands.

Franz Eberhart
Benno Kapelari

**Handbuch
Freie Alternativschulen**

Fragen wie:
- Was sind Freie Alternativschulen?
- Was sagen Eltern, Lehrpersonen, AbsolventInnen?
- Wie entstehen Krisen und Spaltungen?
- Wie sind Freie Alternativschulen organisiert?
- Was sollten GründerInnen wissen?
- Was bringt die Zukunft?

werden in diesem Handbuch in übersichtlicher und einfach verständlicher Weise behandelt.

Die hohe Qualität der Inhalte wird sowohl durch eine wissenschaftliche Forschung, als auch durch die langjährige Erfahrung der Autoren in Alternativschulen garantiert.

Aussagen von Eltern, Lehrpersonen und AbsolventInnen ergänzen die einzelnen Themen und bieten vielfältige Sichtweisen.

208 Seiten, Paperback
ISBN 978-3-902625-15-1
€ 18,90

Informationen zu unserem Verlag sowie das gesamte Verlagsprogramm finden Sie auf

www.rgverlag.com

Tafel 1 Grammatikkästen

Tafel 2 Grammatikkasten: Nomen und Artikel

NOMEN

MÄNNLICH

EINZAHL		MEHRZAHL	
der	Vater	die	Väter
der	Sohn	die	Söhne
der	Baum	die	Bäume

WEIBLICH

EINZAHL		MEHRZAHL	
die	Mutter	die	Mütter
die	Tochter	die	Töchter
die	Blume	die	Blumen

Übereinstimmung in Geschlecht und Zahl des Nomens — Tafel 3

Grammatikkasten: Artikel, Nomen, Adjektiv - *Der größte Kubus* — Tafel 4a

Tafel 4b Grammatikkasten: Artikel, Nomen, Adjektiv - *Der dünne/dicke Zylinder*

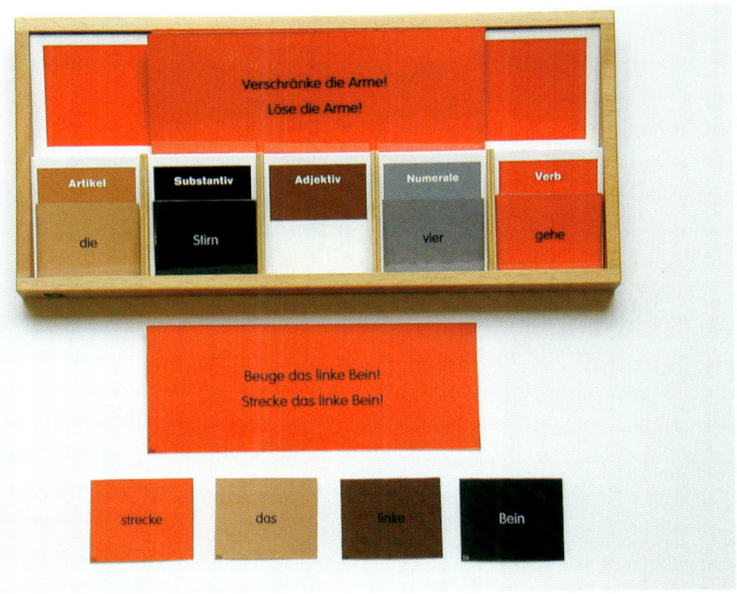

Tafel 5 Grammatikkasten: Artikel, Nomen, Adjektiv, Numerale, Verb

Grammatikkasten zur Konjunktion	Tafel 6

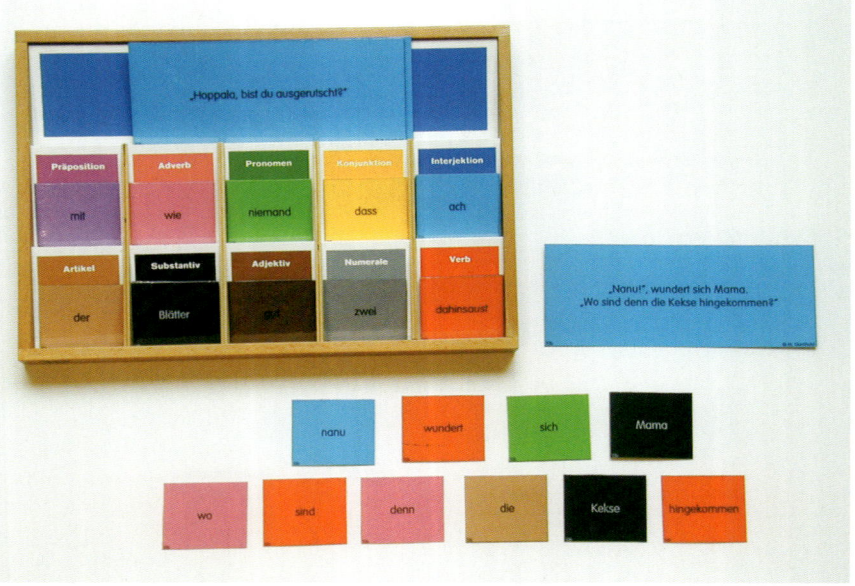

Grammatikkasten zur Interjektion	Tafel 7

Tafel 8 — Satzzerlegungstabelle

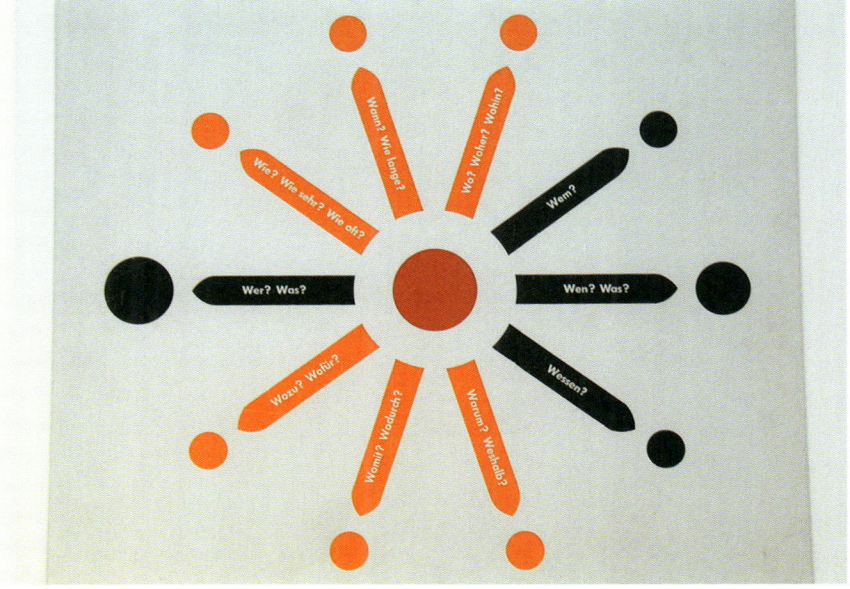

Tafel 9 — Satzstern

Kasten mit bunten Perlenstäbchen　　　　　　　　　　　　　　　　Tafel 10

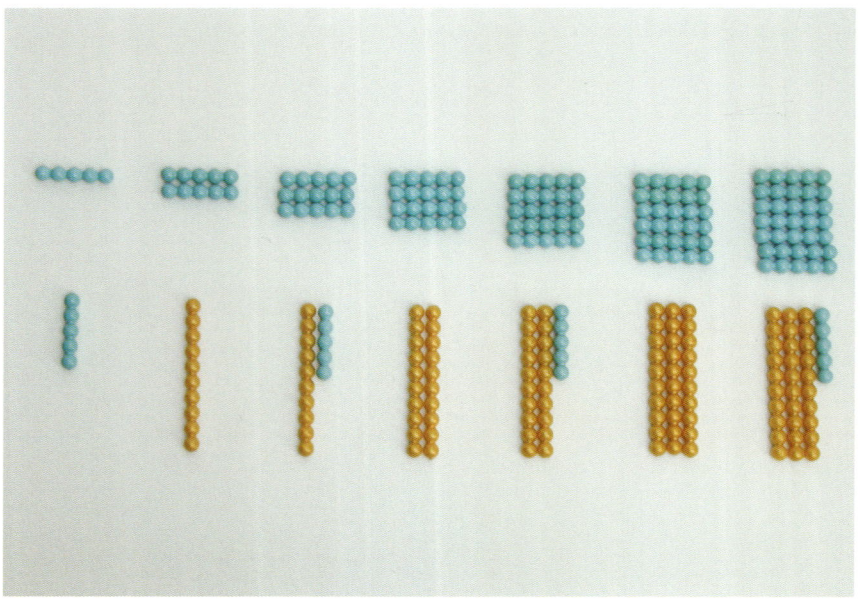

Arbeit mit den Perlen: Multiplikaiton von 5　　　　　　　　　　　　Tafel 11

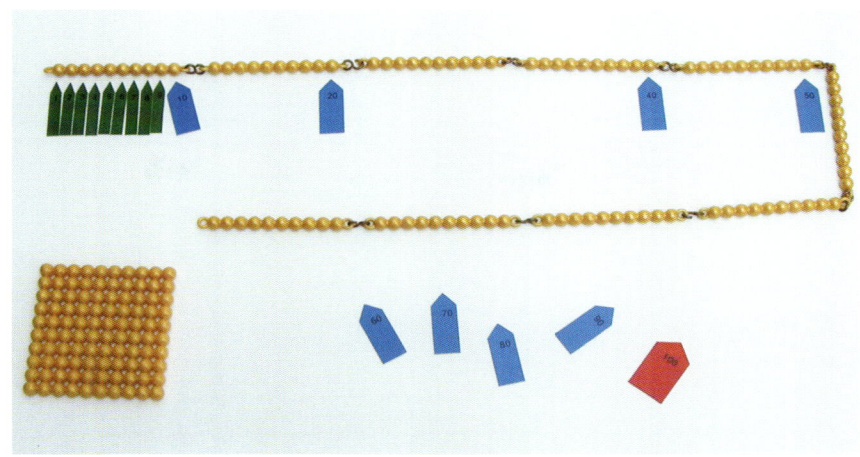

Tafeln 12a + b   Die Hunderterkette

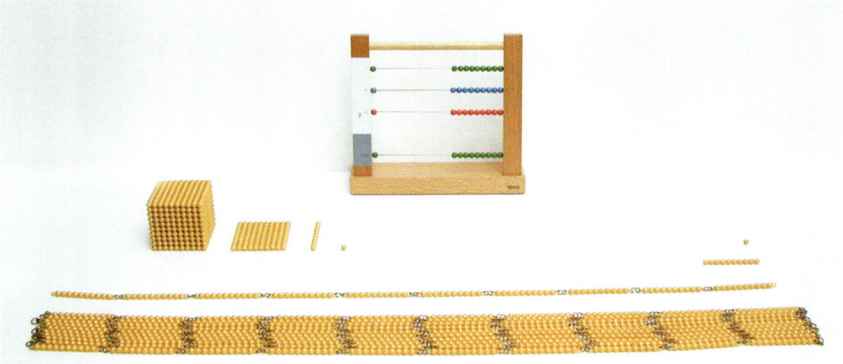

Tafel 13   Darstellung der Zahl 1111 am kleinen Rechenrahmen
                    und mit dem goldenen Perlenmaterial

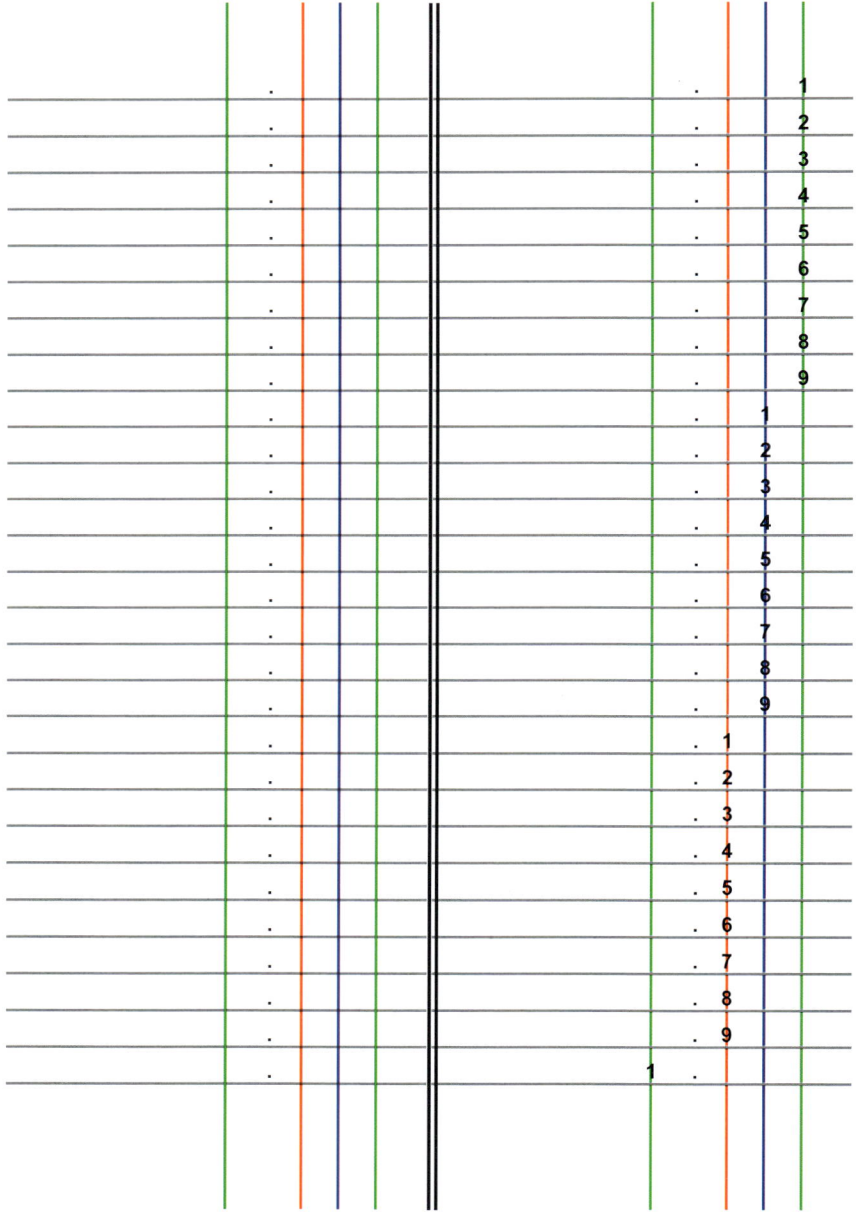

TABELLE E   Tafel 14

	.					1
	.					2
	.					3
	.					4
	.					5
	.					6
	.					7
	.					8
4	.	8	2	7	.	9
	.				.	1 0
	.				.	2 0
	.				.	3 0
	.				.	4 0
1	.	9	1	6	.	5 0
	.				.	6 0
2	.	0	4	9	.	7 0
	.				.	8 0
4	.	7	0	0	.	9 0
	.				.	1 0 0
	.				.	2 0 0
	.				.	3 0 0
	.				.	4 0 0
	.				.	5 0 0
	.				.	6 0 0
	.				.	7 0 0
	.				.	8 0 0
	.				.	9 0 0
	.				1 .	0 0 0

Tafel 15

TABELLE F

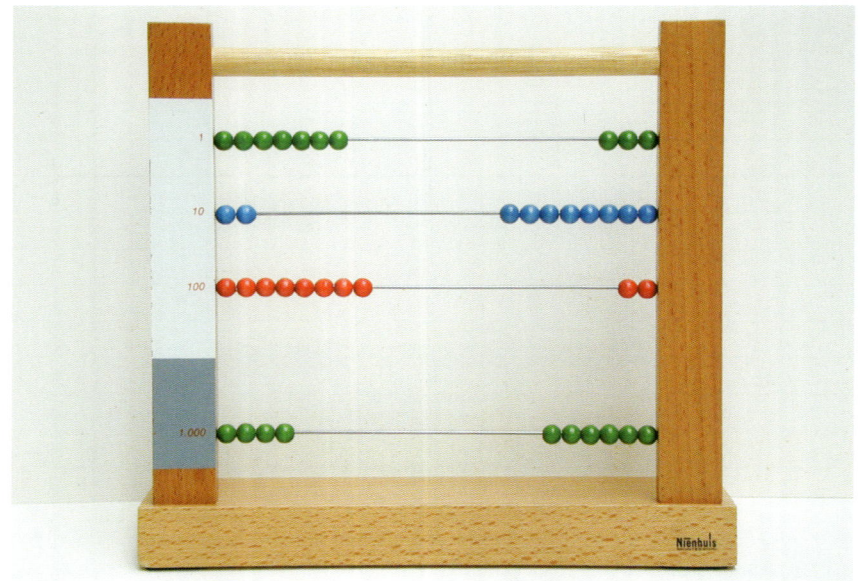

Darstellung der Zahl 4.827 am kleinen Rechenrahmen   Tafel 16

Darstellung der Zahl 6.201.818 am großen Rechenrahmen   Tafel 17

Millionen	Tausender						Millionen	Tausender					
Einer	Hunderter	Zehner	Einer	Hunderter	Zehner	Einer	Einer	Hunderter	Zehner	Einer	Hunderter	Zehner	Einer
													1
													2
													3
													4
													5
													6
													7
6	2	0	1	8	1	8							8
													9
												1	0
												2	0
												3	0
1	1	1	1	1	1	1						4	0
												5	0
8	6	4	0	8	5	0						6	0
												7	0
1	5	0	0	0	0	0						8	0
												9	0
3	7	8	0	0	0	0					1	0	0
											2	0	0
5	8	4	0	7	1	4					3	0	0
											4	0	0
7	0	0	0	0	0	0					5	0	0
											6	0	0
	7	2	0	0	0	0					7	0	0
											8	0	0
	5	0	0	0	0	0					9	0	0
										1	0	0	0
	4	3	0	0	0	0				2	0	0	0
										3	0	0	0
		3	5	8	4	0				4	0	0	0
										5	0	0	0
		8	0	7	2	4				6	0	0	0
										7	0	0	0
		1	5	2	2	9				8	0	0	0
										9	0	0	0
			1	2	4	0			1	0	0	0	0
									2	0	0	0	0
									3	0	0	0	0
									4	0	0	0	0
									5	0	0	0	0
									6	0	0	0	0
									7	0	0	0	0
									8	0	0	0	0
									9	0	0	0	0
								1	0	0	0	0	0
								2	0	0	0	0	0
								3	0	0	0	0	0
								4	0	0	0	0	0
								5	0	0	0	0	0
								6	0	0	0	0	0
								7	0	0	0	0	0
								8	0	0	0	0	0
								9	0	0	0	0	0
							1	0	0	0	0	0	0

Tafel 18   TABELLE G

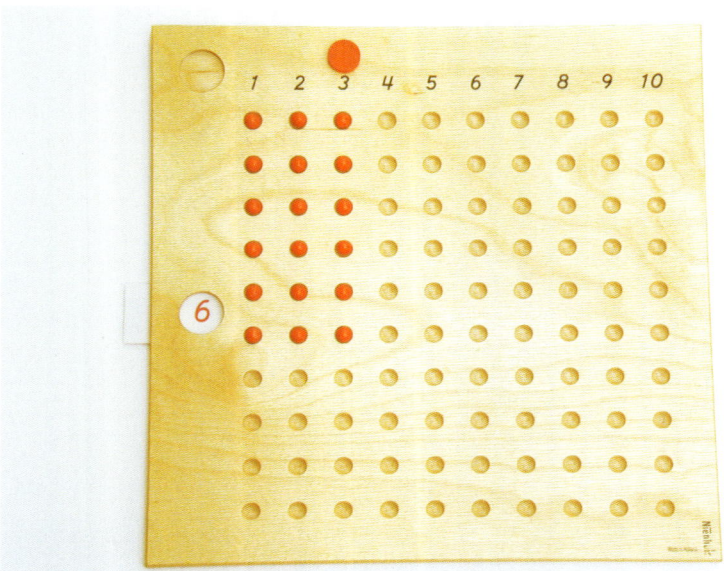

Multiplikationsbrett - 6 x 3   Tafel 19

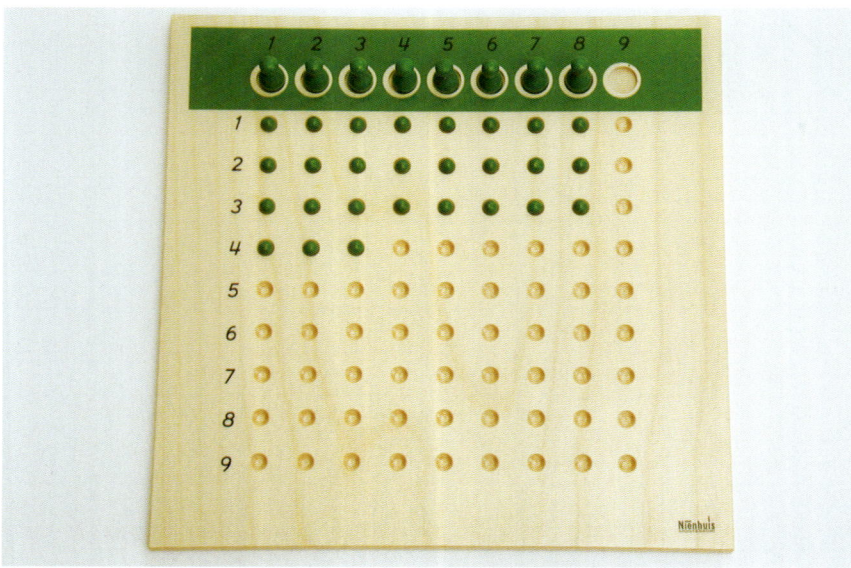

Heute übliches Divisionsbrett - 27 : 8 = 3, Rest: 3 (Die Perlen werden von links nach rechts auf die Kegel aufgeteilt.)   Tafel 20

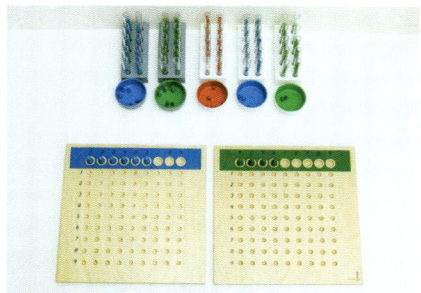

Tafel 21a

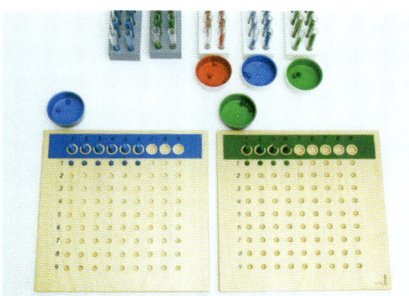

Tafel 21b

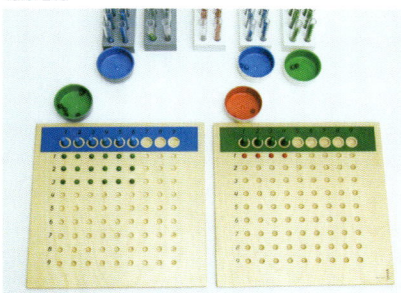

Tafel 21c

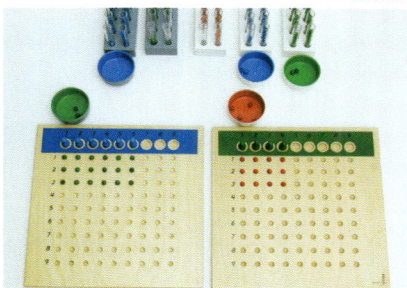

Tafel 21d

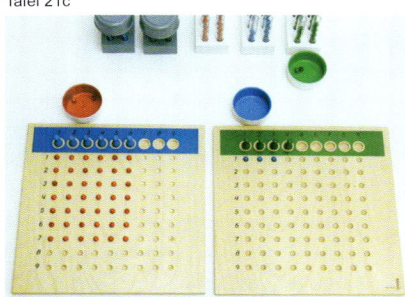

Tafel 21e

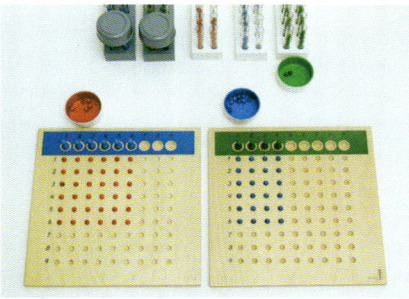

Tafel 21f

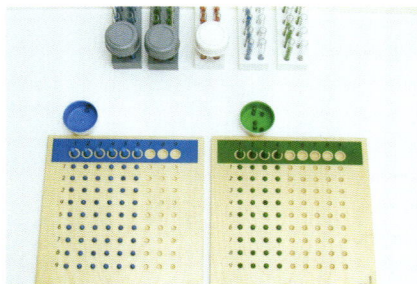

Tafel 21g

T. 21a: Schüsseln mit abgezählten Perlen, Bretter und Kegel für die Division hergerichtet.
T. 21b: Beginnend mit den ersten beiden Schüsseln, die Perlen aufteilen - Quotient 1.
T. 21c: Restliche Perlen tauschen, Bretter abräumen, Schüsseln nach links verschieben, Perlen aufteilen.
T. 21d: Restliche grüne Perlen in rote tauschen und verteilen, bis sich wieder ein gleicher Quotient (3) ergibt.
T. 21e: In gleicher Weise fortfahren - restliche Perlen tauschen, Bretter abräumen, Schüsseln verschieben, Perlen aufteilen ...
T. 21f: Quotient 6.
T. 21g: Quotient 9, Rest 16.

Mehrstellige Division - 87.632 : 64 = 1369, Rest: 16

„Kettenkasten" mit dem kompletten Satz Perlenmaterial Tafel 22

Turm aus Perlenkuben

Tafeln 23a und 23b

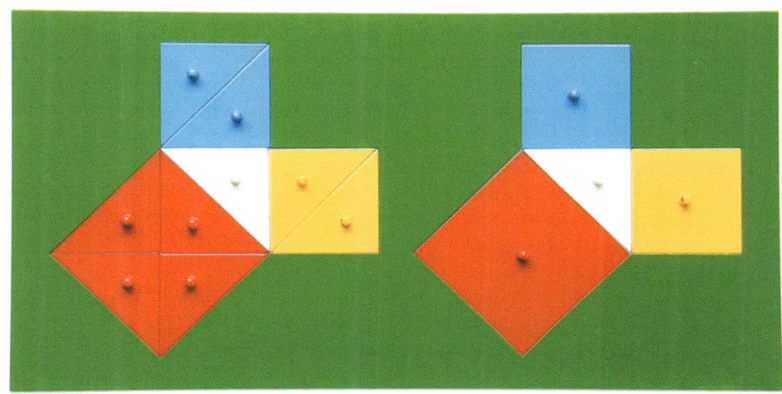

Tafel 24 Geometrische Einsätze: Der Satz des Pythagoras

Tafel 25
Der Rahmen in normaler Position:
$3^2 + 4^2 = 5^2$

Tafel 26
Die kleinen Quadrate sind so verteilt, dass die Quadrate der Katheten mit den kleinen Quadraten der Hypotenuse gefüllt sind, während dieses mit den kleinen Quadraten der Katheten für ein Muster bereit ist.

Die Glocken   Tafel 27

Die Klangstäbe (Ausschnitt)   Tafel 28